民國的痛苦：王國維與絕望的一九二七

李建民　著

目次

圖一　羅振玉在滿洲國時期。請看他身上披戴的日本帝國贈與的累累勳章。（圖片出處：存萃學社編集，《羅振玉傳記彙編》，香港：大東圖書公司影印，1978）。

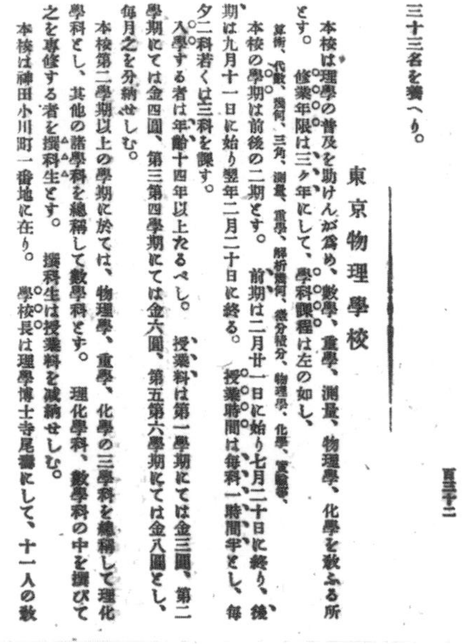

三十三名を算へり。

東京物理學校

本校は理學の普及を助けんが為め、數學、重學、測量、物理學、化學を敎ふる所とす。　修業年限は三ヶ年にして、學科課程は左の如し、

算術、代數、幾何、三角、測量、重學、解析幾何、微分積分、物理學、化學、實驗學、

本校の學期は前後の二期とす。　前期は二月廿一日に始り七月二十日に終り、後期は九月十一日に始り翌年二月二十日に終る。　授業時間は每科一時間半とし、每夕二科若くは三科を課す。

入學する者は年齡十四年以上たるべし。　授業料は第一學期にては金三圓、第二學期にては金四圓、第三第四學期にては金六圓、第五第六學期にては金八圓とし、每月之を分納せしむ。

本校第二學期以上の學期に於ては、物理學、重學、化學の三學科を總稱して理化學科とし、其他の諸學科を總稱して數學科とす。　理化學科、數學科の中を撰びて之を專修する者を撰科生とす。　撰科生は授業料を減納せしむ。

本校は神田小川町一番地に在り。　學校長は理學博士寺尾壽にして、十一人の數

百三十二

圖二　王國維第一次到日本留學，讀的是三年制的東京物理學校。校址在東京神田小川町一番地。王國維不到半年就回國了。

圖三　這是東京物理學校當時翻譯的《小物理學書》卷一的書影。

圖四　1916 年，王國維離開京都之前，與羅振玉攝於在京都的別墅。那一年羅振玉 51 歲。（圖片出處：存萃學社編集，《羅振玉傳記彙編》。）

圖五　思想家梁漱溟之父梁濟，在 1918 年 10 月在北京積水潭投水自盡。不到十年王國維也投湖自殺。

圖六　寫作期間我多次到台北故宮博物院觀看散氏盤。王國維曾經用大克鼎比較散氏盤。克鼎見陳佩芬，《上海博物館中國古代青銅器》（London：Scala Books，1995），頁70-71。

圖七　作者參觀王國維住過的清華園。

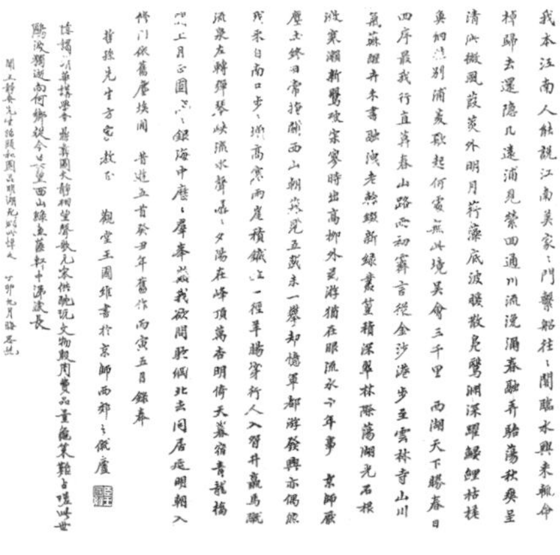

圖八　王國維自殺前夕寫給史學家李思純的書法〈昔遊五首〉。

圖九　我這本書採用Arthur Kleinman（前排右四）醫療人類學的方法。我初次見他是在1996 年的一次會議：第 21 屆谷口會議。

圖十　非常年輕的時候，在京都會見山田慶兒教授（中間）。京都學派的科學史研究目前還是世界級的。

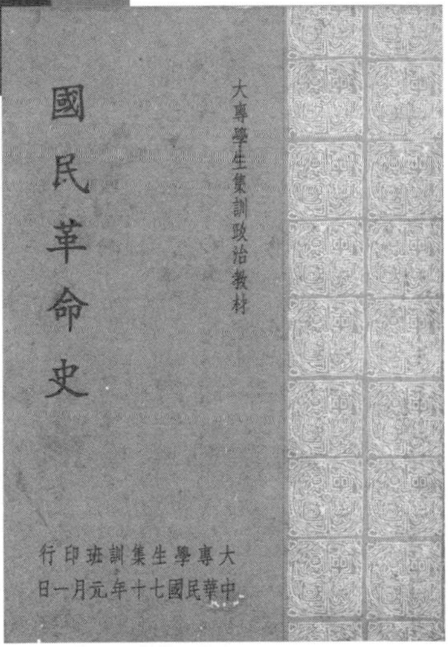

圖十一　我當兵時候熟讀的一本歷史：《國民革命史》（國防部總作戰部，1981）。快40 年前讀的中國近代史，如何重新理解？

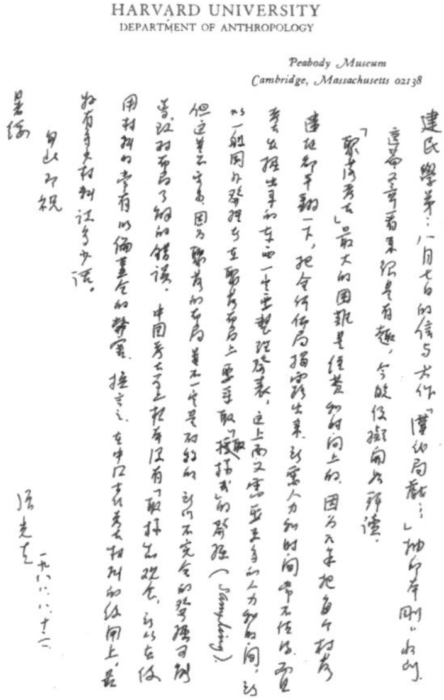
HARVARD UNIVERSITY
DEPARTMENT OF ANTHROPOLOGY

Peabody Museum
Cambridge, Massachusetts 02138

建民學弟：八月七日的信与大作「[illegible]局戲」抽印本剛收到。這篇文章看来很是有趣，今晚便擬開始拜讀。

「聚落考古」最大的困難是經費和時間上的，因為要把每个村落遗址都平翻一下，把全部布局揭露出来，所需人力和时间常不能作。要出報告的東西一定要整理發表，這上兩項需要更多的人力和時間，所以一般同行發現在聚落布局上要采取「抽樣」的辦法（sampling）。但這並不妥當，因為聚落的布局並不一定是對稱的，所以不完全的發掘可以導致對布局了解的錯誤。中國考古學上根本沒有「取樣」的觀念，所以在使用材料時常有以偏蓋全的弊害。換言之，在中國古代考古材料的使用上，是[illegible]有許多材料討論手法。

匆此即祝
暑佳
張光直
一九八八、八、十六

圖十二　這是張光直先生 1988 年 8 月 16 日給我討論考古學的一封短信，提到考古聚落的布局問題。

亞洲研究
58
建民兄指正
弟光宇上
100年5月20日
香港珠海書院亞洲研究中心

圖十三　我的同事宋光宇在民國 100 年 5 月 20 日送我的一篇文章上題字。他的去世讓我聯想到許多事情。

圖十四　本書最早的初稿之一，王德威先生（右二）提供了一些寫作上的意見。這張照片拍攝於哈佛大學旁邊的一家中餐廳。

圖十五　李亦園先生寫過有關自殺神話的論文。我曾經向他請教，他笑而不答。

圖十六　京都的一年。作者在最右邊（哈佛大學栗山茂久教授在中間）。眼前是碎石所鋪成的庭園、其中幾顆苔蘚的小石頭，及流動的山水風景。

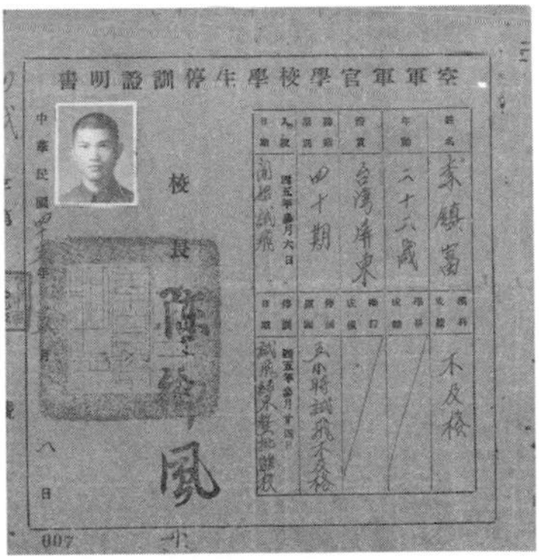

空軍軍官學校學生停訓證明書

李鎮富
二十六歲
台灣屏東
四十期
不及格
校長
風

圖十七　這是 1956 年空軍軍官學校學生停訓證明書。父親的照片在左上角。

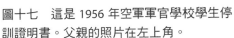

序　王國維，我們的同時代人？

但那受過痛苦的，必不再見幽暗……

——《以賽亞書》九：一

每次探望母親後總到赤峰街四十七巷片刻低徊。那是一排二層樓老厝，及進門仄仄石階在二樓的一爿書店。午後陽台幾個綠色盆栽，這季節的樹影搖動明暗迭代落在門檻貓食區。書店廁所外洗手台貼著一張海報：I will not suicide! Never, ever。[1]多風的巷口，我摩娑這本書的插圖。選了二十多張，刪了四張都跟溥儀有關的。

遽爾，決定把羅振玉在滿洲國時期的一張獨照擺放在本書的第一張。李歐納・科仁（Leonard Koren）指出擺放物件與物件之間有一種修辭：「有些擺放看起來應該有些含義，但又似乎沒有含義的時候，就出現了神祕感。」[2]仔細看羅氏鬍髭，歷歷栩然。我也注意到王國維後來也留起了鬍子。[3]

羅振玉這張照片攝於他七十一歲時，滿洲國康德三年（一九三六）。他身上披戴的是當時日本帝國贈予他的一等瑞寶勳章。這種勳章是一八八八年始，日本只授予對國家（哪個國家？[4]）有功的官吏。學者陳學霖討論中國國號金與清朝的清來自於女真語。他認為改變國號「要建立一共同體的標幟」。[5]羅振玉應該認為清與滿洲之間有微妙的關係。至於中華民國是不存在的？滿洲國成立那一年，「日人以鄭孝胥為總理，振玉僅得參議官，怏怏不得意，請辭。」後來溥儀賜與羅氏監察院長一職。[6]羅振玉工於宦術。

也就是羅振玉熱心權力。瑞士思想家艾彌爾．布魯諾（Emil Brunner）的〈論權力〉指出，權力的支配不是一種學究式的空談。他提問，為何一個人特別「渴望支配他人」？[7]如何發揮自己的權力（通常只有少數人擁有），讓他人產生隸屬與依賴？在不同的政治體制，例如君主專制政體，這裡的少數人其實就只有幾個人。而王國維對羅振玉的生計依賴最後成了自發性的。如何理解中國歷史上屢見不鮮的道德幌子？在民國時期打著革命旗號的社會，安排權力與導引權力為何失效？

羅氏在滿洲國期間正式進入日本十五年戰爭時期（一九三一—一九四五）。如馬克弟（Mark Driscoll）對滿洲國的研究：「那時日本人大肆劫掠中國的黃金和藝術珍品。裕仁天皇的兄弟秩父就將最低級的投機行為加以奇異化」。[8]羅振玉也在長春持續他的古董生意。高明先生論：「民國六十年來，對中國文化之貢獻至大，而其品德至不足道者，則羅振玉其人是也。」[9]莫洛亞（Andre Maurois）創造大量傳記人物，主張一個人的真實應該包括「所有使他變得偉大的事情」。[10]我這本書特別關心當時學者的生活處境（life setting）。[11]

陳永發先生指出：「政治人物的言行，受民族主義、意識形態和個人權力野心三個要素影響」。[12]羅振玉一身大禮服，胸口還有三枚較小顯眼的勳章。這些擺放如果換在王國維身上，會不會有一種神秘感？例如一種嗒然若失的感覺。

危險關係

羅振玉拍這張照片時，王國維已自殺多時。凝視這張照片，彷彿其中「內心裡的某樣東西，我們也有，所以我們深受其吸引，渴望了解那樣東西是什麼。」[13]要了解王國維學問及生命奄忽的內情，羅振玉在我的這本書作為不可缺少的映襯（foil）。

並不是所有遺民都想當民國的官。並不是想當官的都想當大官。溥儀與婉容的老師陳曾壽就不願意當官，只願到東北看守溥儀祖先的陵墓。王國維曾說「眾芳蕪穢，美人遲暮」令人感到無比的痛苦。這兩句都出自《楚辭・離騷》，美人指的是美好的人格。[14]如葉嘉瑩教授所言，「所有的花都乾死了，不但屈原沒有完成，當時楚國就沒有一個清醒的人能夠從危難中把楚國挽救回來！」[15]

羅振玉一九四〇年去世。他自知去死不遠，用四個年份回顧他的一生：「半生沉淪桑海，溯自辛亥乘桴、乙丑扈蹕、壬申于役、丁丑乞身，補天浴日竟何成。」[16]這四個年份都跟羅政治事業的起伏有關。壬申（一九三二），羅氏六十七歲，滿洲國建立。丁丑（一九三七）蜩螗，羅在滿洲國新京。他退休寓居旅順。直到幾年後去世，羅每年必詣新京向溥儀請安。一個人人生有限，他舉出的四年也都跟溥儀的政治事業有關。乙丑是溥儀出宮的隔一年。如果我以現在往前選擇我生命中最重要的年份會是哪些？一九七三、一九八四、二〇〇五、二〇一六？

我這本書談到羅振玉與王國維的危險關係。一個人與朋友或敵人的交換，與權力關係有何不同？龔自珍詩有云：「從來才大人，面目不專一。」布勞（Peter Blau）則指出個中問題：「什麼東西把個體們吸引到交往中來，以及他們的交易是否對稱。」[17]羅振玉與王國維之間在學術及情感方面的彼此吸引，卻形成了不對稱的挹注關係。兩人三十年的交往形成不對稱的權力？王國維無法克服的生計問題，與他一九一一年跟隨羅振玉去京都生活，又如何導致日後無法彌補的痛苦？羅振玉必須施予適當的恩惠（包括羅氏獨佔的考古文物），以確定兩人之間無法改變的權力關係。

王國維與羅振玉的危險關係是種「函數關係」。這兩個男人都有自己的主體。但羅振玉主體性更強，變化不大。王國維的學問跟生計狀態變動是比較劇烈的。兩個人三十年的友誼無論多麼接近，始終沒有脫離一種函數的區域。「死亡可以同化於一個科學上可定之事物狀態，像是獨立變數的函數，或甚至像實際經歷狀態的函數，但也可像是個其差變與生命共同攤展的純粹事件般現身」。[18]羅振玉在滿洲國功成身退更像是前兩者，而王國維的自殺是民國時代純粹的死亡事件。人與人關係不是數學。

王國維對羅振玉的情感，說也說不清。以下這首詞應該是王國維寫給羅氏的：「斜行淡墨，袖得伊書跡。滿紙相思容易說，只愛年年離別。羅衾獨擁黃昏，春來幾點啼痕？厚薄但觀妾命，淺深莫問君恩。」[19]這首詞不僅出現羅的暗示，另外「伊書」也指羅振玉寫給王國維的親筆書信。文學的設喻無法用白話翻譯的。男人作閨語，相思的信隨便說來容易，只是年年別我而去。[20]在孤單的黃昏擁著錦被（衾），幾點啼痕，相思而泣。王國維自比為妾之綺語，君恩冷暖不能忘記。[21]一隻狐狸不會理解刺蝟想什麼。反之亦然。繆鉞的〈二千多年來中國士人的兩個情結〉寫到，有兩個主要的問題困擾讀書人，其一「士為知己者死」的知己。為什麼死亡會與知己有關？羅振玉會是王國維的知己嗎？繆鉞在這篇文章也提到了王氏，答案是否定的。[22]

王國維在清華的同事梁啟超，在王國維的告別式哭得最厲害。羅氏做一些大家都會稱讚他的方式來紀念王國維（例如找了大量的日本友人，開了一個紀念會）。當時的梁啟超則在「最後的幾年，可以說是他生平最消沉的時代。」[23]梁氏的夫人剛剛好與王國維同一年而死。梁的老師康有為在這一年三月因食物中毒在青島去世。他自己的腎病非常嚴重，奄然待斃。

痛苦感的歷史

如果本書的主角王國維站在我們面前：他只有一百五十公分左右高，[24]面露暴牙，菸不離手，一開口說話感受到他有口吃的問題（說的是寧波口音）。留學時候剪了辮子，回國以後又留了一根小辮子。多病。我這本書研究王國維生命，包括他自述日常的白色大便，這種生活的細節如何構成歷史？

羅振玉如何看待朋友的自殺？羅氏如何幫助王國維減少或解決生之痛苦？「死生亦大矣。」這是古聖賢對死亡的警語。「朝聞道，夕死可矣。」死這件事而說可，「人生的理想，本在大道的開發，一朝發心聞道，也算不虛此行了。」[25]不一定真的要夕死而自殺。一個人再有學問、再有道德，「這種種的意識、事象一旦推到生死岸頭時，當世俗繁華紛紛擺落之際，聰明伶俐、百家知識又從何得力呢？」[26]知識在生死岸頭無力，明末清初的心學殿軍黃宗羲認為死亡的痛苦，「蓋世間所最不可忍者，只有死之一路，功夫到此，都用不著。」[27]

吳宓提到王國維的死：「陳寅恪王觀堂先生輓詞中『北門學士邀同死』指膠州柯鳳孫先生劭忞。」[28]為什麼約王國維一起死的男人，後來都不敢赴死？

傅斯年曾提到有件事在當時成為笑談：「約同死者多矣，每成笑柄。柯某仕袁為參政，勸進數列名，其後歷仕北方軍酋，乃下逮張宗昌、褚玉璞[29]之類，並與潘復[30]一類鼠竊狗偷者為友，真不堪之極矣。羅君虛偽，猶自有此意氣，若柯則真不足齒矣。」[31]傅先生認為羅振玉表面看起來的道德只是虛偽。

也是遺民，與王國維齊名的詞家況周頤在〈鏡中見鬢絲有白者〉對辛亥革命以後的描述：「念歡事少，憂心悄，吾衰早，復奚辭。長似此，星星矣，欲胡為。莫頻窺。一樣傷心色，行滋蔓，到吟髭。金粉改。江山在。」[32]

大部分的人歡事少，部分的人對痛苦感覺深切。如何是痛苦？《黑格爾辭典》從黑格爾的作品中摘錄對痛苦各式各樣的論述：「感到痛苦是高級動物所特有的權利，動物越高級，它所感到的不幸就越多。……偉大的行為僅僅發自深切的痛感。」[33]痛苦感是人類感受到（所謂感，每人不同）不幸的各式各樣的感覺；相對於其他生物，人的痛苦感是更多的。

王國維的病弱痛苦（invalidism）是一種特有的個人權利。[34]他的痛苦感覺，借用西非喀麥隆哲學家發明的術語，是與他個人的無窮盡的學術勞動結合在一起的痛苦存在（being-in-pain）。[35]路易斯（C. S. Lewis）的指出，痛苦是種特殊的感覺。「心理的痛苦，比身體的痛苦，較少戲劇性，但較為普遍而難堪。」[36]一個人比較容易表達自己的牙痛，但內心的苦痛（mortification），特別長期苦痛，往往是難堪而說不出口的。曾是中共黨員的楊度指出「自死以斷痛苦，謂自殺者」。[37]我這本書討論的是痛苦感的歷史。

王國維與摯友羅振玉最大的差別在於對痛苦感的巨大差異。痛苦人人皆有，但對一心追求權力與利益的人，只是種積極的痛苦。王國維認為，相對於積極的痛苦，空虛的各種痛苦尤為人所難堪。後者並無任何方法可以解決。「考靜安此種苦痛之根源，乃因其少時原具有極強烈的積極活動之生命欲，其後為個性與環境等所阻，強逼此強烈的欲望成為內傾，於是對空虛的苦痛益能敏感。」[38]王國維的欲望是強烈的，他對空虛的痛苦體驗同樣。

自死真的可以斷去痛苦嗎？看丹麥導演阿恩比（Jonas Alexander Arnby）的創作《自殺遊客》（Suicide Tourist），這部作品表達的是就算自殺（self-destroying）是完全合法的，就算自死合乎自己的意志或善意，生活還是有另外的選擇。如何想像王國維的自殺心理？如何想像將死之人其實並不想去死？

遺民之痛

清代遺民的心態幽微難解。例如一九二六年夏，也就是王國維自殺的前一年，章太炎即贈其著作給詩人陳衍。陳衍寫了一封答信，其中一句提到三位遺民：「亭林淺嘗，只可供梁鼎芬、林紓之仰止。」這是什麼意思呢？亭林即顧炎武，為清初一代之大儒。為什麼說顧炎武淺嘗？顧炎武這位遺民曾六次親謁明思宗及其后妃墓葬思陵，同時七次謁清順治帝及其后妃的孝陵。這些行動對曾經幫助張勛復辟的梁鼎芬、翻譯家林紓這兩個人什麼樣的啟示？為什麼陳衍要將章太炎與梁林兩位遺民相提並論？[39]

羅振玉又如何供王國維之仰止？王國維評論張勛復辟，稱讚張勛「志在必死」、「三百年乃得此人，庶足飾此歷史」。一九一七年，張勛取得當時十三省軍閥盟主的地位，六月三十日奏請溥儀復位，但復辟只演了十一天。[40]羅振玉之孫羅繼祖評論王氏提到三百年如何如何，「純屬遺臣口吻」。[41]

同樣成為遺民，不同時代所面臨的困擾不同。我讀過史語所的語言學前輩周法高的《柳如是事考》。我最早見到周先生是在傅斯年圖書館內。我讀大學時，寒暑假會到傅斯年圖書館看書。我見到周先生的那一次，他在傅斯年圖書館重重摔了一跤。

周先生研究具有文才、喜歡女扮男裝的柳如是，她在四十七歲上吊自殺。自殺的原因不一定是為了同一年死亡的錢謙益。周法高寫道：「柳如是不惜以自殺來保全家族」。[42]柳如是為了保全錢氏的家族。錢謙益晚年很窮，「牧齋晚年鬧窮和柳如是因拿不出三千兩銀子而自縊」。[43]這些銀子到底花到哪裡去了？周先生認為錢用到反清復明的工作上了。[44]

仔細讀吳景洲的《故宮五年記》，這本書花極多的篇幅討論什麼是受人嘲弄的遺老。「止要留一條辮子，盡可自由出入總統執政之門，口稱遺老、遺老，搗亂則保護之，幹出真正的復辟戲則曲恕之，口頭好像游戲的，內容實是認真的，難道對方會不變其嘲弄態度也成認真麼？」[45]

吳景洲在諸多遺民中特別提到羅振玉對金錢的態度：「至於羅振玉，不但專販國粹、假造古董，為東洋巨騙，一部分日本人痛惡之，即彼二十年前在我們蘇州吞沒師範學堂建築巨款，至今懸案未結」。[46]東洋巨騙更直白的說就是東洋大騙子。羅振玉使用公款案真相如何，懸而未決。

溥儀復辟失敗的這一年，也就是第一次世界大戰，中國對德國宣戰。此時只據廣州軍事政府的孫中山，與北方政府的分裂更為嚴重。一戰結束之後，由日本取得原先德國在中國內部的殖民勢力。而這之後「蔣介石耗費了大量時間精力只為了將共產黨趕出井岡山，他急於摧毀共產黨而非日本人這一事實使得反蔣思潮在中國的知識分子中間日漸蔓延開來」。[47]換言之，民國內戰，第一波是在一戰之後，接下來，是北伐之後的中原大戰。

遺臣未必一定要死。我台大老師阮芝生先生最佩服的歷史人物是張良。顧炎武也曾以張良自況，不以匹夫之勇自豪，而留有用之身以圖遠大：「子房天下才，是時無所託。東見倉海君，用計亦疏略。」「既已報韓仇，此志誠不怍（慚愧）。遂赴赤松要，無負圯橋諾。」[48]張良為韓國之遺民，曾用計暗殺秦始皇未成。[49]吳宓認為顧炎武此詩之意：「今日一切危亂及精神絕滅，此亭林之大志（心）猶未伸也。」[50]

阮先生退休後處理所有藏書，一本不剩。他送我一九八三年版的《王國維遺書》。阮先生從不臧否人事，愛好古典音樂，不做行政，不辱身、不降志。他只佩服古人。一九九〇年五月七日，我在中研院史語所「第四組」做一個學術報告。那一天下午來了十四位先生：芮逸夫、蒲慕州、黃寬重、張寅成、廖伯源、邢義田、陳鴻森、朱鴻林、桑秀雲、蕭璠、莊申、康樂、管東貴、杜正勝先生。[51]這些先生除了杜先生以外，都已退休或去世。我初次感到史語所討論緊張的氛圍。其中讓我印象深刻的是，康樂先生公開為我講了一些話。演講後有幾位先生包括我在內，又到康先生的研究室談了很久。事後，阮先生問了這一天的細節，只聽不說。

我實在不記得，那天康樂先生帶我們幾個人去吃晚餐的餐廳何在。晚餐他喝了酒，問我日後想研究什麼題目？那是一九八〇年代，李澤厚的作品在台灣已經非常流行。李澤厚提到王國維，說學者都把王氏作為「否定的歷史人物來對待和論述」。理由是什麼？康先生還是喝酒。

李澤厚評論中國思想：「王在哲學上一方面不滿足嚴復那種膚淺的經驗論，提倡超一時功利的形而上學，指出中國民族缺乏抽象思辨」。[52]這又是什麼意思呢？多年以後，有天清晨我從自己的研究室醒過來，走廊上一位同事告訴我，康先生去世了。多年以後，我每次，回到一家叫武藏的日式料理小店，會跟服務生多要一個小酒杯。

一九九〇年八月十三日我進中研院史語所，阮先生為我入所慶祝。開車到新店「大香山慈音巖」訪茶。那一天阮先生隨意而坐，他再一次為我講述鴻門宴的故事。劉邦與項羽那次宴會中，司馬遷「無端將坐次描出」。[53]但細讀起來並無深意：「古人筵宴，中間誠有離席休息之時，且或歷時頗久，然亦必有一個限度；乃漢高祖可招張良、樊噲[54]等同出，與噲等脫身回向本軍，張良度其已至，然後入謝。」[55]阮先生講的是劉、張之間的危險關係。

鴻門宴同一年，當時反秦的共主楚懷王芈心被項羽刺殺，而「漢之帝統，親承義帝，而義帝真當時共主也。」[56]張良此時追隨的是韓國公子韓成，而鴻門宴時劉邦尚未自立為關中王，張良非屬漢初功臣集團中嫡系的淮泗集團。[57]張良徘徊在韓成與項羽幾個勢力之間。歷史人物的心理動機幾乎沒有什麼實物證據可證。

羅振玉的器物生意

二重證據法最早起源於羅振玉。雖然羅氏沒有給予正式的方法名稱，但是他利用極為驚人的收藏，將實物作為一種主要的研究焦點，有效地將學者研究的關注力導引到各式各樣的實物。

二重證據的「二重」，主要是建立在各式各樣的實物與出土文獻與之間的橋樑推論（bridging inference）。實物與傳世文獻之間的距離，有近、有遠。實物或文物與另外一端的文獻的距離有時候還比較曲折。[58]實物證據中，有些案例與傳世文獻，經學者的結合變得過度相關（too relevant）；有些實物與特定的歷史脈絡進行對話，甚至無法在其他脈絡與相關的文獻對話。

實物史料的形成有一個無法避免的過程。而研究者所提問的問題與了解考古材料形成的過程有關：「研究者在研究一組器物以回答某個特殊的考古問題時，他決定問題的中心應該放在這個流程的哪個地方。」[59]問題不在什麼大問題，而是這個問題的中心在哪裡？[60]實物與傳世文獻之間，必須靠著不同的橋樑將它們銜接起來，往往不是直接就可以與傳世文獻建立起可靠的關係（referential）。可靠的關係必須由搭建不同的橋樑來建立。

王正華在她討論現代器物學（器物並不等於金石）這個新分類成立的論文中，提到羅振玉「層出不窮的經濟問題迫使他必須靠著買賣古物而過活」。[61]買賣真假古董這門生意並不是一般學者可以支撐起來的。古物買賣的利益與商人造假的技術有關，「要之好者日多，值所以日昂，偽者獲利日厚，所以效尤者日眾。」[62]

羅振玉買賣的文物更包括大部分收藏家不買的墓裡明器，這些盜墓所得的各種明器有廣大的海外市場。所謂明器，又稱為鬼器、凶器等。[63]唐代是墓中使用明器的最高潮。從宋代以後，民間的明器改用紙製明器。一般人是不會收藏明器的，更不要說買賣明器了。

民國時期的文物市場是難以想像的混亂。〈混亂的民國文物市場〉一文提到「偽滿滅亡時，被溥儀攜帶出宮的歷代書畫珍品一千兩百餘件散失民間」。[64]偷竊盜賣文物的事件時有所聞。羅振玉散氏盤拓片、佟濟煦[65]出版的宮中所藏書畫集在當時古玩市面上都賣了高價錢。羅振玉將文物走私到日本也是人盡皆知的事。陳寅恪主張學者不妨經商，生計畢竟是做學問的基礎：「要當於學問道德之外，另謀求生之地，經商最妙。」[66]為什麼呢？

清室其實有能力成立皇宮博物館，各界也樂觀其成，但被溥儀之父攝政王否決。金梁《光宣小記》寫道：「東三省總督錫良奏請盛京大內設立皇宮博物館，攝政王朱批『著毋庸議』，遂作罷。」[67]清朝從庚子一役之後，人才消磨殆盡。大量清室的收藏，並無適當的人可以管理。慈禧太后習勞勤政，但無人足以輔佐。

辛亥革命之年，羅振玉必須把自己收藏的古物運到日本。根據他的回憶：「盜起武漢，元凶柄國。不忍坐視宗社之變，乃亟鬻服用之物以充行資，攜孥浮海。圖書長物百餘篋，運之逾月乃竟，又棄其重大不易致者。」[68]這裡所謂的盜，指的是一九一一年前後的革命軍。

羅振玉就這樣在日本作了多年富翁。劉體仁在《異辭錄》中比較明代遺民與所謂清遺民：「遙想明末，刳腸決腹諸君子，前仆後繼，死亡枕藉，士氣不其壯與？」而清遺民：「辛亥鼎革，先朝遺老不肯屈節，避居夷場，輒以餘貲作富翁而享清福」。[69]

羅振玉做為古器物保存的資本家，對過剩的收藏品必須拿出來進行交易。借用大衛・哈維（David Harvey）的話，「資本家必然握有較多東西，即一種剩餘（surplus），然後他們就會面對明天要拿剩餘做什麼的問題。」[70]大量的器物不只是為了鑑賞，也不只是滿足私人的嗜好；過多的文物必須透過學術的方式喚起其他人對古物的需要，例如有讓錢商人把他們多餘的錢用來買古董。收藏文物要累積資本，同時也就是要進行器物的買賣。

仔細讀羅振玉的朋友、也是遺民沈曾植的《海日樓題跋》，不難看出，莫說昂貴的古物，就算是很普通的傳世文獻，講究的收藏家也得考慮價格：例如宋版殘存的幾頁《史記》「價昂不能得，悵然還之。」又例如地理書《吳地記》「此書二十五頁，以十一元得之，可為其貴。」[71]又如《晁氏三先生集》「所值百元，折實為七十元。太息而罷。」[72]又例如沈曾植所收藏的老蓮畫，他擔心自己也因為缺錢而出賣：「恐貧家不能久守，此時見取，他年為愛別苦也。」[73]這裡的貧家指的是沈氏自己。所有的收藏家都存著不忍割捨的痛苦。

羅振玉的器物學，不只是傳統的金石學，還包括他收藏的車馬具、明器及佛像等等。羅振玉的時代古器物的商品化已經超過金石的範圍，只要是古物，什麼都可以賣賣。「器物學的研究方法及基本假設與古物保存風潮密不可分」。[74]問題是器物的來源主要是來自於盜寶私藏，只要有些學者或收藏家企圖保存這些文物，就會有人在市場炒作買賣。器物學是一種貴族的學問。

重點是大量前所未見的器物，如何與歷來的傳世文獻建立橋樑推論？由哪些不同的橋樑？根據文獻所呈現的核心主題，個別的傳世文獻也表現其不同的重要性。王國維的二重證據法與羅振玉的不同。

自沉的一九二七

余英時先生整體評估王國維的學問最好的在西學（主要是西方哲學）。王國維在中國一九二〇年代代表當時學術的最高峰。「二十年代下半期到三十年代上半期，可以說是二十世紀中國學術史上的黃金時代」。[75]王氏「在二十世紀初年，他代表了西學在中國的最高水平」。這些西學的精髓對王國維的影響「是一種整體性的，不在一枝一節之間。」[76]

王國維的死，與他對西學的體驗有多少關係？勞榦以為王氏之死，「當時正是海內大動盪之時，從思想上的出路到國家民族的出路都成為當前的大問題，因而喚起當前治哲學時一些苦悶的回憶。」[77]王國維的自殺也是一九二七年的大問題。

為什麼是一九二七年？這是現代中國學術史的重要一年，借用陳平原富有史識的說法：「一九二七年以後的中國學界，新的學術範式已經確立，基本學科及重要命題已經勘定，二十世紀影響深遠的眾多大學者也已登場。」[78]眾多大學者登場，包括隔一年史語所成立；而王國維以自殺謝幕。

中華民國期間，可稱為革命的年代不多。什麼是革命？革命通常跟死傷枕藉的恐怖行動及一套集權化相關。魯迅提到一九二七年：「我是在二七年被血嚇得目瞪口呆，離開廣東的，那些吞吞吐吐，沒有膽子直說的話」。[79]連很愛罵人的魯迅都被血嚇到。北伐是失敗的。戴季陶在一九二八年提到北伐引出許多社會問題：「這一回的北伐戰爭何以一到長江，便生出很多破綻來？」[80]而蔣的暴力行動主要是為了找回國共合作年代的純度：「恐怖行動不只涉及清除黨內異己或派內對手，更清楚一點是，權力的敵人」、「重新找回革命計畫原有的純度」。[81]

中華民國期間的政治氛圍，如何導致知識分子死生的抉擇？辛亥之後，為什麼立刻就發生二次革命？主張議會民主政治的宋教仁，一般教科書都說是被袁世凱派人暗殺？這件事與孫文有關嗎？他認為自己的革命事業是共產世界革命的一部份。接受俄國列寧式「革命傳統絕對主義」[82]的孫中山，認為自己的民生主義就是共產主義、社會主義。[83]後來曾任延安大學校長的共產黨人吳玉章回憶，一九一三年同盟會員任鴻年對中華民國局勢失望：「我的一位朋友任鴻年在杭州烟霞洞投井自殺。」同一年吳玉章的二哥得知袁世凱想當皇帝，也覺得中華民國沒有希望，在家上吊自殺。[84]

一九二七年的重要性，不只關乎王國維個人的生死抉擇，放在近代史的變化更顯乎王氏之死的時代意義。王國維輕聲酌答，一開始他只能為了生計，後來竟奉獻所有給學問的三種境界的追求。他一生角色扮演國學大師直到筋疲力盡，直到選擇自死而如釋重負。許倬雲先生將中國歷史分做七大時期，其中一九二七年的情況，「經由政治途徑或工商途徑上進的人士，局限於都市的人口。農村佔了全國人口最大部分，但是在各種權力結構中很少有發言人。」[85]如何理解王國維生存的年代缺乏重心（溥儀也不是重心所在）的各種權力結構？

熊十力認為中國革命其實與蘇聯不同。「蘇聯革命，二十年而已大強。吾國自清末以來，只見腐敗勢力之逐層崩潰。而實難言革命。人材衰敝，乃至如斯。蓋自晚明諸子之沒，將三百年。而士之所學，唯是瑣碎無用之考據。」[86]除了古物買賣，重視證據的羅振玉與王國維之學，也是「瑣碎無用」的考據學之一支。

王國維的西學，包括他年輕時候翻譯的各式各樣西方學問：《法學通論》、《教育學》、《農事會要》、《日本地理志》、《算術條目及教授法》等。[87]這些書看起來像教科書。令人想起了「覆瓿」這個詞。瓿是用青銅或陶作成的一種小甕，也有醬瓿的說法。「覆瓿」指的是有些書別人想看都不想看，只能拿來蓋蓋醬瓿。

王國維晚年讀過《資本論》，讀的可能是日譯本。[88]王氏曾預言共和中國最後走向社會主義。王國維的道德政治學，與馬克思的生產方式的資本學說不同。[89]借用法國思想家阿圖塞（Louis Althusser）的話：王氏閱讀《資本論》有著「意識形態方面的困難」。[90]人與人之間互相剝削是歷史持續階級鬥爭的動力之一。

羅振玉曾經預言第一次世界大戰以後的情勢，他將參戰的兩大政營區分為國家主義與社會主義之爭：「此戰將為國家主義及社會主義激爭之結果，戰後恐無勝利國，或暴民專制將覆國家主義而代之，或且波及中國。」[91]當時的中國人民可以選擇的政治體制不多。這裡的暴民專制指的是持續不斷地共產革命。

這本書講的是王國維的民國史。什麼是民國史？民國史的下限，為何與王國維自殺的時間就是同一年？民國的生存狀態與他在這段時期主動結束自己生命有何意義上的關聯？十九世紀義大利詩人里歐帕迪（Giacomo Leopardi）感喟：「我們還是能知道，沒有任何事物能阻止人主動了結生命，迎向死亡——唯獨對彼世的恐懼例外。其他理由顯然理據不足，他們都在衡量存在的善惡時做出錯誤估算，時時對生命抱持強烈依附感、或是活得心滿意足的任何人，都會在判斷、目的、或甚至是事實依據上做出誤判。」[92]

三十六歲因自殺而死的暢銷作家張純如，她的母親寫了一本厚厚的書，找到女兒自殺的原因。[93]翟志成〈王國維尋死原因三說質疑〉，反駁王氏死因的主流論述。[94]自殺總不難找到原因，問題是這些突梯滑稽的原因為什麼那麼容易就被推翻？自殺事件往往會有想當然爾的各種說法。事件表面上的合理說法，往往離歷史真相很遠。

五十年來，只欠一死？

我不同意王國維殉清而死。清末民初文人陳衍曾寫到，所謂清朝遺民的詩，用典都不適當：「自前清革命，而舊日之官僚伏處不出者頓添許多詩料。黍離、麥秀、荊棘、銅駝[95]，義熙[96]、甲子之類，搖筆即來，滿紙皆是。其實此時局羌無故實，用典難於恰切。」事實是清遺民「出處去就聽人自便，無文文山、謝疊山之事也。」[97]也就是清末民初，沒有南宋文天祥、謝枋得之類的遺民。王國維的遺囑引用謝枋得的典故。出處去就既然聽人自便，那麼王國維的死又為了什麼？

從王國維與羅氏最後十年往來書信來看，「在王國維的時代，經濟關係或是金錢關係已逐漸滲透進人際交往之中。」[98]除了不可解的金錢關係，王氏在一九二四年面對長孫女令嘉之死，僅二歲半。隔一年，另一孫女，年僅三歲的令臧也去世。[99]

王國維死因不明。他留給世人的話「只欠一死」，可以理解為在痛苦的生活中「等死」——等待及渴望死亡。[100]王國維的學問及相關的生計生活，無法用太明確的文字可以描述，他生存在民國時期的「闇黑狀態」。[101]借用林國華的話，王國維的自殺是「我去死」（I-to die）。[102]是我去，也就是王國維是近代以來自覺地為自己的痛苦而死。他的學問在清華期間不存興會。一個人受打擊的通常是生活中所發生最美好的事。

陳寅恪關注王國維之「私人道理」[103]，與其個人的家族史有關。他未完成的自傳〈寒柳堂記夢未定稿〉，特別提到他的祖父陳寶箴在晚清戊戌政變的地位。陳氏提到其祖與榮祿[104]的關係：「那拉后所信任者為榮祿，榮祿素重先祖，又聞曾保舉先君。西人Backhouse所著慈禧外紀言及此事，寅恪昔舉以詢先君，先君答言不知」。[105]陳寅恪也不了解自己祖父的歷史，他引用英國漢學家巴克斯（Edmund Backhouse）的著作，是非常不可靠的。巴克斯曾經虛構光緒與慈禧的死因，作品充滿同性戀等色情情節。他說的歷史建立在偽造的史料上。[106]

對於王國維之死，陳寅恪則指出：「蓋今日之赤縣神州值數千年未有之巨劫奇變；劫盡變窮，則此文化精神所凝聚之人，安得不與之共命而同盡。」王國維真為中國文化而死？陳寅恪也是此文化精神所凝聚之人。若王國維與中國文化共命而同盡，如桑兵的提問，那麼陳寅恪本人：「其不與觀堂一致行動，豈非苟活？」[107]理念與王國維一同，但陳寅恪在行動時卻另有考慮。

晚清重要學者劉師培寫了相當多反省清代學術史的論文。整體而言他認為清代學術比明代更差，表面上講求實學，主要追求各種利益。[108]這裡提到的利祿、利權（享有利益的權利，特別是金錢）等都是學問以外的利益。[109]王國維自殺不也有實不副名的一面？他的自死是為我之實益？

傳統朝廷有所謂謚法的制度，[110]給予死者一個特殊的稱號，或褒或貶。「賜謚之權完全掌握到了皇帝一人手中」。[111]王國維竟然死後有一個謚號「忠愨（讀音確）」。這個謚號與他的五品官無關。根據汪受寬的研究受謚的情況有各式各樣的包括「有因學問聲名，而獲特謚。」[112]愨的意思是表裡如一。比較特殊的是，為什麼已經是民國時期，還在實行帝制賜謚？

我多次引用讀過無數次的夏目漱石的小說《心》。這本一九一四年的小說表達自殺是如何「利己」？[113]一個人自死，除了利己還有其他什麼理由？日本有所謂私小說的說法。這個從一九二〇年起流行的文學術語，小說中的敘述者「我」[112]，往往與作者本人有一種危險、等同的關係。夏目漱石的《道草》故事中的主角健三就是作者。這本小說講的是他自己與養父、岳父之間的危險關係。

夏目認為生命是徒勞的，如道邊之草。他為所有人提問：「你究竟為了什麼誕生在這世上？」[115]在現代中國文學作家與其作品中的敘事者雖然有關，但中國文學中並沒有真正的「私」傳統。私的自我體驗絕對化（死）。從《心》所引發的問題是，王國維的死只處理他個人各式各樣的利己問題方式之一。

我這本書的主旨是：什麼樣的「痛苦感歷史」有助於我們了解自己？如何從民國時代一個大知識分子的痛苦，體會自己現存旁邊人的痛苦感？

「人為什麼會這樣？」[116]中國人對人性的了解又如何？這個世界主要的文明都講修養工夫，方法不同。《孟子》認為每個人「所惡有甚於死者」。不過在王國維的時代，捨身的人實在少得可憐。人如果是為了活下去，「為什麼不用可以活下去的方法？」[117]因為有比死亡還要痛苦的存在。

（請克羅埃西亞音樂家Stjepan Hauser為王國維演奏一曲：Adagio for Strings）。

每次探望母親時總經過南陽大橋。從左到右的基隆河迤邐而過。風未定，凍雲低。淺瀨流芹。她忘了喝水、改了潔癖的習慣。現在，她只記得竹田火車站這地方，還有她當幼稚園老師領著小朋友唱歌的舊時光。母親的話都是流水帳。榮悴歲月已逝。蟪蛄不識春秋。對話與溝通已不可能。

「只有在一個解放的社會，其成員之自主與負責已實現，溝通才會發展成為非權威性的且普遍實施的對話。相互構成之自我同一的模型以及真正共識的觀念，通常都是從這種對話中，隱約推衍而得的。就此而言，陳述之為真乃是基於對現實美好生活的期待。」[118]我永遠相信母親說的話是真的。

中國式的悲劇

王國維那些年在京都的生活岑寂得很。我來到王國維生活五年的京都。我一直期待京都的雪。看花詞客去多時，花逝更待後遊人。我就是百年後的那個遊人。

我為王國維在街上買了一束花，放在京大他整理從中國運來古物的地方。我體會他一個人在京都僧寮獨居的日子。[119]他研究學問的寂趣，及永遠解不開的自殺之謎。學人宿舍外櫻花疊瓣濃密落英紛紛。我觀察王國維在窗外靜靜地抽菸。我在京都的每個街道巷弄遇見他。我重遊嵐山。我在賀茂川一帶閒步。[120]邊走天色漸晦漸陰，一盞盞黃色的燈點亮了。我蹲在安樂寺的楹下聽綿綿雪聲。我吃著跟王國維一樣京都特有的醃鹹菜。

我們擦身而過。我在京大宿舍夜裡做了一段黑白舊夢，供養一紙芬芳，為了王國維生命中曾有的酡顏。陳芳明提問：「王國維以死表達對滿清傳統的眷戀，這究竟是中國文化力量的偉大或墮落？」[121]

我在這本書多次比較王國維與同時代京都大學的歷史學者內藤湖南的歷史觀。一九〇〇年，明治三十三年內藤開創日本現代漢學的新時代。[122]在內藤的《中國繪畫史》特別討論中國南畫（文人畫）的傳統。他認為日本的文人畫意境遠遠落後於中國。中國的南畫藝術具有一種國際性格。中國的藝術品味受著「文人模式的支配」。[123]

內藤湖南討論中國繪畫史，所舉例的收藏很多都是出自於日本私人的收藏家，其中多次提到羅振玉的收藏。他欣賞中國文化藝術之餘，同時感嘆：「有人說中國今後會出現國民階層，希望光明前途遠大，但是從政治和社會狀態上來看，有一種不切實際的感覺。」[124]一個沒有國民階層的國家到底是怎樣的一個國家？

年輕的王國維熟讀《紅樓夢》，深刻認識中國式的悲劇與西方不同。[125]前者主要是由人與人之間不平等的相互關係，及彼此地位不同所造成的。人與人的溝通，存在權力關係。說話者必須被有權力的人承認才獲得語言慣習。「我國最常見的，就是這最後一種悲劇，可以說天天都在發生，只不過習以為常，覺而不敏罷了。王國維的深刻處，在於他對此有清醒的認識」。[126]

整個中國歷史就是悲劇。《紅樓夢》描寫許多人的死，「在總體上說來，他們的死亡，大都是封建制度封建家庭的腐爛與罪惡」。[127]例如賈府中的丫頭晴雯，從王熙鳳、花襲人、王善保夫人口中，她應該是書中的第一美女。她不是病死，而是

「那些造謠生事的小人們和封建家庭勾結起來對她的殘酷迫害和卑鄙陰謀！」[128]如何理解中國式的悲劇？

我蒐集若干史語所前輩徐高阮先生的史料，讀過徐先生的《費正清與毛共》，感受一九六〇年代的學術界氣氛。史語所早期一位研究同仁陳文華，曾經寫過一篇紀念徐先生的文章，文章最主要的內容是談到徐先生的生計問題：「他的窮困是遠超過我所了解的」。[129]

陳文華提到徐先生的死因，並不是外界所知道的。[130]他回憶他死前的前一年，「有一天晚上十點鐘左右，他到我宿舍裡告訴我，他當時正進行的某事若有錯誤，他準備自殺，至於他的家屬則『托孤』[131]給我。」[132]什麼是正在進行的某事？徐高阮自殺之前也先做了準備。梁啟超討論民國時期的自殺現象：「當以死易自由，不當以死謝自由。」[133]這裡的謝有認錯、告別的意思。

這一類中國式的日常生活的悲劇，不一定經由死亡得以解脫。「悲劇也不是對死亡和痛苦的所有反應。」[134]那麼還有哪些悲劇的反應？英國思想家威廉斯（Raymond Williams）指出，悲劇可以用來「定義人的孤獨、人與人之間關係的喪失，以及隨之而來的人類命運的盲目性。」[135]例如王國維與羅振玉的危險關係。

如何理解人與人之間關係的喪失？三島由紀夫奇異的小說《音樂》，指出男性的痛苦是精神上的。他們的性慾也是偏向精神：「男性的性慾本來就是觀念性的」。[136]如果觀念性的性慾經過昇華而失敗，就會引起極大的痛苦。歷史學家顧頡剛有長期失眠的習慣，也特別喜歡作夢。他作夢的對象之一是本書討論的主角王國維，而不是女性。在一九二三年六月的日記，他寫著：「夢王靜安先生與我相好甚，攜手而行」。如何理解相好甚與手牽手的夢？顧頡剛一九二四年三月三十一日的日記又寫道：「予近年之夢……與靜安先生遊為最多」。[137]顧頡剛經常夢見王國維。

人的生計問題也是無法逃避的，知識分子的生計問題可選擇的有限。吳宓的女兒吳學昭復原其父吳宓在北伐時期對生計的考慮。吳宓在一九二七年四月三日的日記寫道：「近頃人心頗皇皇，宓決擬於政局改變、黨軍得京師、清華解散之後，宓不再為教員，亦不從事他業。」[138]不再從事學術及其他生計，人生可選擇也不多。

皇權與道德

生計作為王國維與羅振玉的生活基礎（base），與他們共同的買賣文物的學術研究上層建築（superstructure）之間是曖昧的。前者之所以可能存在，是為了支撐後者的基礎。不過導致王國維陰鬱的個人歷史，是他高不可攀的道德目標。「主宰歷史的，是人性，而人性（a）荒廢受損、亟待整修，（b）卻絕對無法改變。因此，最大的蠢事（或更該說是慘事），就是在人們面前揮舞著他們先天就無法達到的理想。」[139]人性的軟弱是無法改變的。

李澤厚提到，中國式的政治就是道德。傳統知識分子將道德交付（hand-over）政治，他們共同的命運，「一般很少能在意識和行動上衝破這個倫理—政治的政教結構，而總是心甘情願地屈從於皇家權力和綱常秩序中，以謀得一定的政治地位和社會榮譽，政治上的人身依附和人情世故關係學極為嚴重，始終缺乏獨立的近代人格觀念。」[140]

羅振玉從事買賣文物，同時從事國學的研究，也是屈從皇家權力及善用官場上的人情世故關係學。周作人提到，《老殘遊記》的作者劉鶚是不會對甲骨造假的，但寫到羅振玉時，則稱他是買賣古董的老板，他諷刺：「假如說他的親家（羅振玉）賣假貨色，那就無人懷疑」。[141]

一九一二年一月十二日，溥儀遜位主要是因為他得不到「中國各省的信任」。在第一次世界大戰之前，「昔日的帝國分裂為許多集團，中國各省處在各種人物的領導之下，蒙古人宣布獨立，西藏人立即追隨，滿洲和新疆實際上同長城以南各省關係淡薄。」[142]

溥儀只是為了再當皇帝而成為滿洲國的傀儡？[143]王國維進入民國以後，又如何思考皇權的問題？

王國維思考的皇權，其實就是道德問題。他在上溥儀的奏摺裡面提到政教合一、官師合一的中國傳統：「道出於一」。梁啟超晚年思想也趨於保守，他比較西方道德認為：「大抵中國善言仁，而泰西善言義。」這裡的仁是孔子最核心的思想。[144]皇權也是道出於一。道德為一。

熟讀尼采學說的王國維，知道人類的道德應該是自然的。人類的道德並沒有諸神的保證，也沒有形而上作為基礎。尼采反對的是主人式的道德：「少數的強而有力的人物，為了行動上的便利，為了積極地掌握世界，為了肯定自我的發展，給自己及類似的同類立下各樣的準則，並進而給整個社群立下了行動的指導」。[145]王國維對羅振玉的道德不是道德的自然化，也就是說王國維遵守的是私德。[146]私相授受的個人之德。

勞思光思考中國自身傳統文化包括思想制度所產生的問題時，指出「中國之衰亂，決非由於人們先不信從傳統文化理想而來；反是由於傳統的失效而來。」[147]例如君臣之義、朋友之信等等，在當時的中國社會多發揮其反面作用。台灣也是輕諾寡信的社會。中國的道德生活面臨的是各式各樣的難題。所謂的理想只存在一種間接的、分裂的關係。

我緩慢地寫作，同時重看黃錦樹的《民國的慢船》，這篇小說講七個馬來西亞華僑為了種種生計來台灣生活的故事。這裡的民國指的是台灣。故事之一是一位可以用九種語言寫情詩的政治犯，也是從馬來西亞坐船來基隆的。民國這條慢船已經沉下去：「我已告別馬來西亞，囚禁我的垂死的民國有什麼好留戀的，視野窄小的台灣，也看不到什麼未來。」[148]王國維一九二〇年代的霿靆昏暗。

民國時代連皇帝都不快樂。洋名Henry的溥儀在位三年，二十歲被逐出宮。清朝對繼承人的選擇，一開始是由貴族會議推選，後來改為先帝遺命或秘密建儲制。以慈禧為主的政府，為了掌權改為幼兒入繼制。[149]小兒比較容易控制。曾經與溥儀接受改造的劇評家新鳳霞回憶，溥儀親口對她說中國歷來的皇帝都不幸。溥儀其實不想結婚，有幾任妻子，「都不曾有過愛情和夫妻生活。」溥儀最後一任妻子同情他，溥儀對新鳳霞坦白：「可是我年歲大了，更不能盡丈夫的義務了。對不起她呀！」[150]一個男人想盡一點義務又不能，還有什麼比這個更痛苦的？

一九二四年溥儀出宮，是西北軍發動的首都革命的一部分。一九二四年秋第二次直系與奉系軍閥大戰。奉系聯合其他各系軍閥對抗當時的中央政府直系。奉系的馮玉祥「馮於十月十九日回師北京，推翻了曹、吳的統治，並把溥儀逐出故宮」。[151]

四一二事件的震撼

一九二七年，王國維離世那年，中華民國發生「四一二事件」。白崇禧回憶四一二事件的當日籌謀定計，他在上海召開龍華會議：「可是蔣介石先生因為他自己手中所指揮的軍隊，很多中下級軍官佐是共產份子，不服調遣，若著手清黨，恐怕激成劇變，他的環境如此，便消極得很，口口聲聲說沒有辦法了！即刻要回奉化去！」[152]四一二事件主要是由白崇禧主導。

按照白崇禧的說法，如果沒有清黨，國民黨很可能就難以存在了。蔣介石在一九二七年二月十九日明確的表示：「我只知道我是革命的，倘使有人要妨礙我的革命，反對我的革命，那我就要革他的命。」張玉法先生提到一九二七年的四月，「十二日將共黨組織的上海總工會糾察隊三千人繳械，一般即以清黨始於此日。」[153]當時國民黨內部同時出現包括西山會議派[154]的三個中央黨部同時並立的分裂局面。[155]蔣在四一二事件同時查封上海環龍路四十四號西山會議派黨部。[156]根據楊天石的研究，除了蔣介石的北伐以外，與蔣對立的武漢北伐軍討伐奉軍與討蔣是同時的。「武漢政府既失去了東征的時機，北伐也中途夭折。」[157]國民黨大老居正後來與國民黨早期右派許崇智等謀劃倒蔣。[158]

李達嘉詳細地討論四一二事件的本末。當時中共已在上海有所布置。中共迫蔣介石接受上海臨時市政府，並引武漢左派政府為後盾。上海商界領袖如虞洽卿、王曉籟等都是國民黨與共產黨共同拉攏的對象。「商界反共的話語都是在『四一二』以後發出。」[159]蔣之所以奪權成功，主要也是靠著財閥的幫助：「在一九二七年革命發展到長江流域時，大買辦虞洽卿馬上從上海跑到南昌蔣介石的總司令部去充當掮客，答應在蔣介石發動大叛變後借給他六千萬元鉅款，作為反革命的費用。」[160]

當時北伐總司令部秘書長邵力子並未隨軍出發，而是到蘇俄訪問。邵氏回到上海面對這麼大的動亂感到心緒紛亂。曹聚仁推測四一二事件起因：「蓋與莫斯科方面的托洛斯基與史太林的政權鬥爭有關，國民黨元老派便想藉此脫離蘇聯方面的控制，所以不顧一切，倉促間發動政變。」[161]這是四一二事件的共產國際背景。[162]斯大林在國民黨左派與右派之間搖擺不定，「導致了一九二七年那一段至今說不清的公案。」[163]我在這本書利用大量的傳記及文學史料描述當時的恐怖氣氛。王國維不受其擾、死得其時。

例如共產黨人徐懋庸提到他的家鄉浙東上虞縣的情況：「說省裡也發生反共屠殺，中共浙江省委書記宣中華和其他一些領導人被殺害了；還說不久清黨就要清到上虞來。」[164]中共第一代的領導人、工運領袖鄧中夏經歷了四一二以後的廣州暴動：「那時，黨內的思想非常混亂，由於廣州暴動失敗，廣東省委書記張太雷[165]等都犧牲了，損失很大，同志們意見紛紛，情緒激動，爭論十分激烈。」[166]

一九二七年也因為四一二事件有更多的知識分子加入中共。例如侯外廬。[167]也有的知識分子在當時的氣氛下離去，例如南社詩人柳亞子偕妻女逃至日本東京；[168]並在《民國日報》一九二七年五月二十八日澄清：「國民政府指鄙人有共產嫌疑，下令逮捕，不勝驚異。」[169]可以說，北伐期間成就了許許多多的共產黨人。

歐陽山的小說《三家巷》，從晚清末年一直寫到一九二七年。為什麼是一九二七年？男主角周炳一心立志成為共產黨人，主要是在一九二五到一九二七年間共產黨在廣東的受挫而形成的。周炳最後跑到上海參加更積極的革命活動。[170]

這一年聞一多二十九歲，他去武漢參加國民政府總政戰部的工作。聞繪製了反軍閥的大幅壁畫。一九二七年秋天他擔任中山大學外文系主任一職。[171]四十八歲時他因被認為是共產黨員的罪名遭到暗殺。

不僅在國內，曾任國民黨左派的文人夏衍提到四一二事件時期他任東京國民黨的組織部長，「幾天之後，在東京的西山會議派分子，由方治（安徽人）[172]帶頭，糾集了一批留學生，搗毀了我們設在神田中國青年會的總支部，雙方混戰一場，我們奮勇奪回了總支部的全部黨員名單，和空白黨證。」[173]

一九二七年東北情況惡化，「滿洲軍閥及其白匪走狗的胡作非為，在一九二七年夏和初秋達到了頂點。」[174]這裡的白匪指的是當時國民黨軍隊包括白崇禧部隊的稱呼。

左派文人黃源提到四一二事件以後，國民黨在上海江灣創辦了勞動大學：「國民黨辦這個學校的意圖，是要辦成一個無政府主義的大學來抵制馬克思主義」。事實上有不少左傾的學生都讀過這所大學：「社會科學院中大部分學生是四一二之後因被國民黨注意而流亡出來的青年，如許滌新[175]、彭柏山[176]，我都是在勞大認識他們的，徐懋庸是農學院中學部的學生，他們都在勞大讀書。」[177]

無所不在的暴力

王國維自死幾個月後，魯迅在上海勞動大學演講，內容關於當時的知識階層何去何從？魯迅的演講雖然沒有直接點名，但以下的話應該有感而發：「自己活著的人沒有勸別人去死的權利，假使你自己以為死是好的，那末請你先去死吧。」「我們窮人唯一的資本就是生命。以生命來投資，為社會做一點事，總得多賺一點利才好；以生命來做利息小的犧牲，是不值得的。」[178]有誰以為死是好的？

曾經參加北伐的謝冰瑩也多次思考自殺：「死，就是表示你的失敗，禮教的勝利。封建社會，這殺人不見血的惡魔，每天都張開著血嘴，在吞吃這些沒有勇氣奮鬥的青年，你也甘願給牠吞下去嗎？」[179]在謝冰瑩的時代，殺人不見血的禮教往往是自殺合理化的理由。

王國維自殺的隔一個月不久，汪精衛發動七一五政變。「武漢國民黨中央、國民政府質變。」[180]國民政府也開始建立以孫中山崇拜為主的「無處不在的符號暴力」。[181]

一九二七年七月二十九日，人在北京大學的周作人寫了一封長信給民俗學家江紹原。這是王國維去世不到兩個月北京學界的巨大變化：「安國軍現將合併九校，此舉我雖未必贊成，覺得這樣辦亦無妨，因我也覺得北大或其他各大之毀壞殊不甚足惜也。」安國軍指的是張作霖的部隊。張下令將北京大學等九所大學合併為京師大學校，並任命北洋政府總統府顧問劉哲為校長。

周作人提到北伐導致北京許多學者南下：「聞現代諸公在東南甚得法，新月書店又已開張，喜可知也！殊令人有蔣總司令的革命乃是為伍們而革的之感焉。」[182]伍們是浙江方言，意思是他們。所謂現代諸公，指的是一九二四年到一九二八年由胡適、王世杰等人所辦的刊物《現代評論》。「自此中共中央，即由武漢遷至上海，利用租界掩護其秘密，分頭派員到各地策劃暴動。」[183]北伐之後中共全面暴動。

一九二八年，清大教授朱自清明顯感受到一切權力都屬於黨的時代氣氛。「一個人得按著黨的方式而生活，想自出心裁，是不行的。」[184]才五十歲出頭的王國維如果還留在清華，是否也只能按著國民黨的方式而生活？

一九二七年六月十一日，中共領袖陳獨秀撰文批判四一二事件。七月二十一日同樣是中共領導人瞿秋白「向中共中央提出改組中央及大革命失敗的責任問題。」[185]也就是要陳獨秀負責下台。這一年的八月不平靜，「八月，南昌起義爆發，第二次國內革命戰爭開始。」[186]這裡所謂的國內第二次革命指的是中共所領導的革命。

最重要的是這一年的八月七日，中共中央在漢口召開會議。奇怪的是，陳獨秀人在漢口卻未與會。會中批判陳獨秀的右傾機會主義。會後決議要陳獨秀去莫斯科報到。陳不去，並表達國際共產對四一二事件也有責任。[187]「八七會議」之後的行動，對日後中國革命的走向具有關鍵性。[188]國共兩黨志在奪權。在漫長的中國歷史，一直到二十世紀「參與到底是意味著公民更大程度的參政，還是政府對社會更大程度的滲透和控制，人們仍然不甚清楚。」[189]

有哪些動力，在一九二七年後革命的動力與國際上及中國傳統力量重組？俄國革命家斯大林對上海四一二政變的評論：「蔣介石的政變表示民族資產階級退出革命」。[188]這是無產階級革命的變化。「一九二七年中國革命在無黨階級、農民、小資產階級的共同努力下剛剛取得勝利的時候，他們就一腳踢開了這些人民大眾，獨佔了革命的果實，轉過頭來和帝國主義及封建勢力結成了反革命聯盟」。[191]這是一種頭重腳輕的結果。

一九二七年日本發生金融大恐慌。由田中義一組閣。一九三一年英國的李頓（Victor A. G. R. Lytton）的調查團「承認滿洲的特殊性，勸告中日兩國商定新約」、

「允許東北高度自治權」。[192]日本從此放棄與國際協調，並準備發動戰爭。

從當時整個世界局勢來看，一九二〇年代末期進入經濟大恐慌。也有的歷史學家指出，早在一九一七年以後歐洲就被美國及俄國兩股力量所支配。「美國與俄國的勢力取代了西歐自一六〇〇年之後對毗鄰的地區的優勢。」[193]其中，蘇聯從一九二一年到一九二八年進行新經濟政策。「一九二七至三三年間，國際借貸額驟降了百分之九十以上。為什麼會有這種經濟停滯的現象發生呢？」[194]包括美國在內，「一九二〇年代的繁榮現象其實相當虛弱，甚至美國亦然，當時美國農業已經開始不景氣。」[195]中國共產革命也進入白熱化。

毛澤東一九三〇年二月寫的詞：「此行何去？贛江風雪彌漫處。命令昨頒，十萬工農下吉安。」[196]這裡提到共產黨活動的軍事地點在離井岡山九十里的吉安。中華民國此行何去？「北伐後，國民政府繼續推行中央集權政策，中共政權亦行中央集權。」[197]

我上過李守孔老師的中國現代史。這是一門必修課。每當他講到自認為是民國秘辛的時候，總會刻意的壓低聲量，那時候可以接觸到的民國史料相當有限。曾經當過國防部長的徐永昌將軍提到「所謂北伐成功」，在四個集團軍中，二三四軍團佔領中國不同的省份。蔣的軍事範圍也相當有限，「真正中央所轄省分僅有蘇、浙、閩、皖、贛而已。」[198]蔣甚至無法控制廣東的局面。

北伐緊接的中原大內戰，徐永昌分析其最大的原因，「不論二、三、四集團，即所有其他雜牌小單位都想存在，而第一集團軍則不但要存在，且要擴大，以圖壓制各單位，故逼出一個十九年大內戰。」[199]中華民國持續不斷的大內戰何時停止？北伐到底什麼時候結束？「自十九世紀中期以後，中國軍隊開始傾向私軍化，至二十世紀初期，軍隊的派系性、地方性日益嚴重。」[200]中華民國只有蔣軍、馮軍等私軍。

蔣介石拉攏曾任台灣行政院長的閻錫山對付他的結拜兄弟馮玉祥。一九三一年五月三十日，「蔣介石到石家莊同閻錫山會晤，秘密達成了一樁政治交易，即蔣將京、津和河北省的軍政大權交給閻，以換取閻對蔣統一領導的支持。」[201]也就是說馮閻兩人內鬨，而導致蔣最終的勝利。陽明山上閻故居沒說的民國史。

王國維之死，未必是對中華民國絕望；他的朋友梁啟超以為：「彼捧其萬斛愛情以向世界，而竟不見答，無可奈何而以身殉之。」[202]

為何而生？為何而死？

我讀過楊念群的〈什麼是中國式自殺〉。我讀過他這篇文章多遍以後還是搞不懂什麼是「中國式」的？他舉的例子都發生在當代的中國農村，自殺者以女性特別多。[203]人的道德生活有自我控制的一面。[204]民國初年以投水自盡的梁濟，曾以戲劇《女子愛國》提倡仁義道德。他取材《列女傳》中的故事。魯國漆室這個地方的一位女性，未嫁並失去兄長。她憂心魯君年邁，而太子年幼，國恐有難。三年之後魯國果大亂，齊伐其城。[205]

孟東籬[206]發揮心理學家的說法，每個人天生具有愛死（necrophilia）的傾向。[207]不只王國維想死，「否定性的生命衝力是每個人固有的」。[208]否定性的生命衝力例如意志在人生存的各種表現。自殺是一種非經驗（non-experience）。我們討論王國維之死，是探索他的道德懷疑[209]主義，以及民國時期集體的文化危機。

疫情期間讀到報紙頭條：〈美正上演最糟劇本〉。[210]於是我仔細閱讀那一陣子的各種真假消息。[211]我想起閱讀過的葛林布萊（Stephen Greenblatt）的提問：是什麼「導致一個國家放棄自己理想甚至利益的心理機制」？[212]黃仁宇指出中國社會向來頭重腳輕。中國歷來留下的史料最主要的是政治及制度史，而且這個社會只注重形式，「權威既然凝聚在上，底下實際的情形經常無人過問。」[213]也就是絕大部份人民的生活、民主等可以說無足輕重。瞿秋白在四一二事件以後指出一般小農的生計問題及相關的土地問題，是中國革命的基本條件。[214]

我閱讀王國維完整的《全集》。有些部分看得比較快。王國維所說的道德是人性各種表現具體的實在。當我不斷追索王氏自殺之由（accounting for），我也以同情憐憫回應（make defense）他的死亡。詩人王揖唐指出，王國維乃「今之傷心人別有懷抱者」。[215]他是一個大寫的男人。雖然他死的時候胸前並沒有掛著琳瑯滿目的勳章。

每一次探望母親總拿著幾張新舊照片，做為對話的媒介。這些照片中的主角都是她與家父。有的她還有一些記憶，有的她完全不記得了。「這個是誰？」那是父親一九五六年的一張照片。日本詩人寺山修司提到人想從「現在」逃脫的欲望：「如果認為實際上沒有發生的事，也在歷史之中，唯有透過改寫過去，人才會從現在的束縛獲得解放。」[216]母親還記得的部分（改寫過去），也跟我的很不一樣。

父親曾經想從軍，他是中華民國空軍官校四十期肄業學生。家父曾經說他如果當上空官的話，日後的命運也許很不同。母親看著六十四年前，一張貼在停訓證明書上的父親的照片：「五小時試飛不及格」。我把這份文件做為我這本書所附的最後一張照片。父親也提到他一九五〇年代的民國史，每一次都有一些微妙的差別。例如我問他，為什麼年紀那麼大才去當兵？

父親是標準影迷。從一九七〇年代後期開始，到一九九〇年代初期，偶而我們一起看一部電影。出身錫蘭的作家翁達傑（Michael Ondaatje），他故事中的主角是一位會開飛機的匈牙利籍歷史學家。父親對這個主角的關注，不只因為男主角也是一位飛行員。這個故事提到一個不可能的愛情故事：「一九三九年。她丈夫的飛機墜毀了。那是她丈夫設計的一起自殺……謀殺計畫，要我們三人同歸於盡。我們那時其實已經分手了。」[217]三個痛苦的人最後都面對死亡。[218]

二重證據法的極限

我在本書中舉了許多具體的案例，討論王國維利用實物所發明的二重證據法。黃侃就對王國維的研究方法有所質疑：「言甲文者，前時不見『鬼方』之字，竟謂古無高宗伐鬼方之事；後發掘龜文有『鬼方』字，始信其有。誠如所說，使甲文終已不見，則《易》之為書，其偽也乎？」[219]出土資料擴大史料的範圍，但不能用實物或出土文物之有無來證明傳世文獻的記載。

王國維的二重證據法雖然比羅振玉來得精密些。問題是如何對待史料所呈現有意的或無意的間隙（lacuna）。特別有些歷史事件，所保留的史料無疑涉及到該事件話題的轉移（topic-shift），例如看起來像同一個段落或章節的文獻，講的是未必有關聯的事。這些文獻存在間隙，後來的講述次序（telling order）經常與最初事件的次序是不同的。對於史料中斷的部分，每一個學者都要建立傳世文獻與文獻之間，或者文獻與實物之間的一種回溯參考關係（back-refential）。

王國維的病源考證學（etiologies），雖然利用較之前人更多的實物證據，但他仍然無法避免他個人的微妙的道德信念（credo）。例如王國維「一再引述〈召誥〉、〈康誥〉[220]中之重德思想。」[221]王國維通過自己痛苦的語言，表達等待死亡的學問。[222]

再舉一個例子。一九一二年王國維剛到京都的隔一年發表了〈簡牘檢署考〉。他會做這篇論文主要也是跟羅振玉的收藏有關。[223]所謂檢署，又稱為封檢。封檢像今天的信封。檢的下方有一個凹槽，用繩子綁起來以後蓋上封泥。[224]古代的文書是為珍貴物品之一。寫好必須把文書封閉起來。不過當時王氏能掌握的實物非常有限。有文字內容的簡牘，不只是書籍，也有各種類別及功能的。

王國維的主要論點是認為，這些木簡的形制：「古策有長短，最長者二尺四寸，其次二分而取一，其次三分取一，最短者四分取一。」[225]「簡之長短皆二十四之分數，牘皆五之倍數，意簡者秦制，牘者漢制歟！」[226]如何理解古代書寫簡牘的加減？簡的尺寸比例：簡的尺寸最長的是二尺四寸，次之一尺二寸，次之八寸，最短的六寸。牘的尺寸最長的有三尺，次之二尺，次之一尺五寸，最短的是一尺。不同尺寸間的差距是五的倍數。

目前簡牘數量超過二十萬片以上，無法用二重證據法證明王國維的說法。例如有記載菜單的簡冊，長達四十六公分。也有記載曆譜的木簡長達六十九公分。一般的簡冊大概都在二十三公分左右。也就是傳世文獻所記載的簡牘制度，大部分與實物不合。[227]當然，簡牘的形制如果較長大者，可以顯示擁有者的身分地位。

如果春秋時代末期孔子弟子將老師的話記下來的話，會用哪一種東土的文字？除了口傳的傳統以外，目前最早的出土《論語》[228]是公元前五十五年以前的本子。離較早的《論語》抄本已經有數百年了。這個漢代抄本錯誤很多。換言之出土文獻未必比傳世文獻更正確。如果利用王國維的二重證據法，如何研究？「大抵論語所記，自應有一部分為孔子弟子當時親手所記錄」。[229]我們日後可能發掘到戰國時期魯系的文字所寫的《論語》？漢代初年有三種系統的《論語》。其中的古論語一派，有孔安國、孔騰等傳授。這一派到了東漢時期只有洨長一人傳授。西漢時期還有一種《河間論語》抄本的流傳。

提起《論語》，大部分的人都在中學時期讀過。隨著年紀增長對孔子的教導體驗也有不同。《論語》中談最多的是「仁」的價值。[230]「仲弓問仁。子曰：『出門如見大賓，使民如承大祭。』」[231]孔子在這裡以統治者出門在外與役使人民為例來談什麼是仁。賓與祭相對，羅振玉利用二重證據法指出賓也是一種祭典：「為殷代祀先妣（按：先祖之母）的特祭」。[232]

不過孔子講的這句話原文出自晉國的大臣、曾追隨晉文公流亡的胥臣。《左傳》僖公三十三年，胥臣曾經路過山西河津縣的一個小國冀國。他正好看見冀缺在耨草，冀缺之妻送飯態度相當恭敬。胥臣對這件事的評論是：「出門如賓，承事如祭，仁之則也。」「敬，相待如賓。」也就是以夫妻相待之道，比喻君臣也應如此。杜預註解這個故事反過來用《論語》的話「如見大賓」。[233]「仁更是農村公社鄉里出入的原理」。[234]所謂的大賓指的就是重要的貴賓。[235]羅振玉的理解是錯誤的。研究其他學者已注意的大題目，補上新史料，二重證據法導致對傳世文獻的嚴重誤解。

王國維一定非常困惑、同時也帶著熱情從事新的實物研究。「古代歷史是否能讓我們更好地理解現代文明的衰亡？中間只有小小的一步。」[236]這是英國學者內維里・莫利（Neville Morley）在《古典學為什麼重要》一書中的重要提問。古代文明與現代之間的差距的小小一步，這中間有一些是不變的。他引用修昔底德（Thucydides）的短語「人類狀況」，這個帶有穩定說法的觀察中，人類的國家行為始終受恐懼、利益、榮譽等力量所支配，而形成國與國之間真正衝突的起源。[237]

與王國維生存狀態相似的例如作家沈從文。沈從文在一九四九年以前就發表非常重要的文學創作。[238]他跟王國維的轉變一樣，後來主要從事古文物的研究。一九四九年三月二十八日沈在家裡自殺。他用剃刀割破自己的頸子，同時喝了煤油。他也把兩隻手腕的脈管割傷。雖然遇救，他的創作也隨著自殺經歷而絕望了。[239]他自殺後幾個月寫了一篇很長的痛苦告白，表達在自殺後認識了人類狀況：「經過了游移、徘徊、極端興奮和過度頹喪，求生的掙扎與自殺的絕望……反復了三個星期，由沸騰到澄清，我體驗了一個生命的真實意義。」[240]沈從文的白話文字，如周作人一樣平淡，語調更悲些。

他回顧他在中華民國期間就是一再失業：「先是大小軍閥的分區割據，對人民就業根本無所謂計畫。」[241]他也不斷的做思想改造、不斷的自我責備。沈從文解釋他改行做古文物的研究：「一個沒有政治野心，也缺少權勢欲望的人，一心只想盡這點有限餘生，來為博物館點點滴滴盡一點力，來報答人民，報答毛主席對我的厚恩。」[242]沈從文痛責自己是「完全虛偽的舊民主自由主義者」。[243]我看著自己書架上，一九八〇年代在台北舊書店購買的沈從文的繁體字版的文學《邊城》，還有由他作品改編的電影。[244]

王國維一生及「洵美且異的生命意義」[245]又是什麼？什麼是「在平凡的生活中學一節自悟無知的功課」？[246]

為何而寫？

人的一生有些時刻，促使一個人對於具有絕對價值的事實忽有體悟。羅洛・梅（Rollo May）寫道：「我懷疑任何人是否會完全認真地對待自己的生命，直到他認識到自殺完全在他自己的能力範圍之內。以任何形式出現的死亡都是這一種使得當前的時間成為某種具有絕對價值的東西的事實。」[247]

再一次，透過王國維的案例，我提問：為什麼應該選擇具有絕對價值的生命？為什麼無窮無盡的痛苦與成功有關？[248]

二〇一九年八月，我參加韓國全州的科學史大會（第一五屆ICHSEA）。我看過韓國導演李滄東（他當過韓國的文化部長）所有的作品。他的電影不多。無論在電影或我所觀察到的韓國女性都很能喝酒，男人們很會唱歌。

全州會議期間，每天天亮之前都到旅館附近散步。天色在韓屋的階前與檐前，青靄靄的深遠處有雨。槿籬花落。會議的最後一天我在全州到仁川的直達巴士站等車，同行的有韓國的吳在根教授等。在上車的一個小時內，我們談論歷史學上那些大問題的不可靠？[249]一個人自己認為的規範，其話語與歷史實體混為一談？[250]在確定哪些是大問題之前，借用弗雷勒（Paul Freire）的提問「必須先釐清何為最小課題論域（minimum thematic universe）的觀念」。[251]

這個必須思考的最小課題論域，指的是有些問題是必須處理的，或必須先解決之後才能接著問大問題。歷史研究必須處理的各式各樣問題中，在資源或時間的限制下（有些學者很有辦法取得資金），有哪些範圍的題目是無法避免的？我告訴我的韓國朋友想研究一位現代的學者王國維的生活及學問。在同一時代，韓國有沒有可以比較的學者？一個學者為了什麼，為了追求什麼而去死？吳宓認為「殉情即是殉道」？[252]

「我為什麼、尤其是為了誰而寫作？」這是每一位學者必須提問的。我為了誰花了那麼長的時間寫了這本書？這是一個無法迴避的一個小問題。布赫迪厄（Pierre Bourdieu）寫道「其實最終，自相矛盾地，儘管歷史化與一個作者保持距離，這個作者被保存和囚禁在學院評論的裹屍布裡，歷史化也提供了手段，以接近作者並把他變成另一個真正的自我，甚或變成一個在老手藝意義上的出師留用學徒，他像所有人一樣有微不足道而又至關重要的問題。」[253]

我作為一個寫作者，與學術界有權勢的裹屍布存在著什麼關係？如何自相矛盾地與這個作者保持距離，最終轉變成為一個真正的自我？

當時從仁川飛桃園並不順利。機長很早就廣播台灣北部有颱風經過。飛機到了桃園機場上空，整整盤旋了一個小時左右。機長廣播飛機所蓄儲的油量可能不夠。他決定將飛機開到可以降落的沖繩機場。這是我第一次到日本的沖繩縣。難以形容的出關、隔天再一次入關的檢查過程。航空公司安排所有旅客到沖繩不同的旅館度過一宿。到旅館都凌晨四點了。我又累、又不敢很放心的睡。隔天一大早必須到那霸空港再一次報到。我坐在一家離機場大概半個小時車程的旅館的七樓，天色慢慢亮了。我一直還想著全州車站未完的王國維（亡國維）話題。開窗，眼簾是三分之二的一碧萬頃海水及藍藍天空。

大疫之三年，李建民自序於史語所六〇五研究室

在最後的人之後，還有尋死的人（l'homme qui veut périr）。254

第一章

「沒有任何事物比死亡更長久」[1]

痛苦的故事是人的故事。最終，所有故事中次要的配角總會死於外力。如卜若雅（Anatole Broyard）寫道：故事裡那個真正的悲劇英雄，「獲准從內心死起」。[2]

人類痛苦史是歷史研究中不朽課題。痛苦與死，相知相惜。德國思想史學家呂森（Jörn Rüsen）回顧自己一生的學術生涯，最後引用十九世紀瑞士歷史家布克哈特（Jacob Burckhart）的話結束他的回憶：「這是一切事物的永恒中心——人類的痛苦及奮鬥。就像他過去、現在以及永遠所做的那樣。」[3]人的永恒史是所有人經歷的痛苦。

我所敘述的不是一個清末民初學者的痛苦；痛苦是每一個人的體驗。每一個人在他不同的時刻，例如痛苦的生計、持續的病痛等，他們如何去做選擇？英國思想家路易斯寫道：「苦難（tribulation）隨時可能降至性格完整之人，順應頗良之人及審慎之人，恰如其隨時降至其他任何人。」[4]因此歷史學家對於歷史具有一種悲劇性的情感。[5]

我這本專書探究王國維[6]的痛苦生存狀態（ipseity）及其生命最後發明的研究方法「二重證據法」之間的關係。[7]二重證據法如何是一種厚概念（thick notion）？歷史如何透過對證據的省思重新被塑造與轉化？

思考一個人的自殺抉擇，應嚴肅以待。如何探索一個學者崩潰的個案（a burnt-out case）？我想起了凱博文（Arthur Kleinman）曾將自己痛苦的故事寫進學術專書。[8]人往往生活在自己所不相信的生活裡。而「所有會成為人們關注的倫理議題，都必然出自於現實生活中道德—情緒—政治上的混亂。」[9]我審慎的考慮王國維形成其獨特性格和學術事業所面臨的情緒問題。

不知死的不可知，人如何活下去？「但若從來不思考這個問題，則是對於思考的放棄。」[10]我這本書是對人類永恆史的迴向思考。

夏目漱石的《我是貓》，我讀過最少幾種不同的中文譯本。貓說：「只敘述大事而忽視小事，自古以來便是歷史家常犯的弊病。」死亡不是小事。雖然我討論王國維的新傳記，也涉及到一九一一年、一九二四年、一九二七年與一九三二年的大事件，但一九二七年這個自殺的落腳點有何意義？「王國維先生祭奠的該是整個中國傳統文化。清代只是他的落腳點。」[11]明治時代的大作家夏目漱石的預言：「死是萬物注定的命運，生而無大用，早死也許是聰明之舉。依諸位先生之說，人類的命運終將走向自殺一途。」[12]

人的痛苦感如何推動人的歷史？史都華・克拉克（Stuart Clark）在討論法國年鑑學派時，提到人類歷史中大人物的重要性。更重要的是人類歷史中，有些力量也控制了這些大人物的行為：「在這一世界中，大人物會有規則地出現來組織事物，就如同指揮家組織合唱家一樣。但他們未能認知另外的力量。這些力量與他們相分離，但卻決定了他們的所為。」[13]痛苦就是人類一種未能認知的力量。

王國維具有敏感的自我。如萊恩（R. D. Laing）所提問，每一個人究竟在多少程度會忠於自己。[14]而這種「我」具備一種明確尋死的方向性。芸芸眾生以死亡為息肩之所。人之痛苦尚不止此，死亡與學者形成中的學問的關係又為何？王國維自殺是本書問題性的最終形式（為什麼在那個時間呢？在哪兒？用什麼方式？王氏的自殺為何有意義？）

「死亡是『說』的不能，因為死去的總是他人，一旦死去，則使言說（解釋、死亡的經驗談）永恆缺席。」[15]歷史書寫的啟動，使得王國維的自殺及相關事件的缺席宛如在場。

什麼是人的痛苦？外科醫生班德（Paul Brand）認為「受苦是一種精神狀態，影響整個人。」不是身體的痛苦，受苦是整整一個人的痛苦。個人的受苦，如同李歐梵《看電影》中的提問：「涕淚交零在歷史文化框架中的意義又是什麼？」[16]痛苦無法與他人分擔：「痛苦沒有外在的實質存在。兩個人可以同看一棵樹，卻不能分擔對方的胃痛。這就是為何處理痛十分困難。沒有人，不論是醫生、父母或朋友，可以真正進入另一人的痛經驗。痛是最私人、最孤獨的感覺。」[17]我這本書第一次探索王國維死的孤獨。

王國維生長於清末。牟宗三形容「清代三百年是中國民族最沒出息的時代」。[18]王國維在這個沒有出息的時代，如何對待自己的生存？楊聯陞〈朝代間的比賽〉這篇大論文以長歷史的眼光比較中國各個朝代的長處與缺點，他認為明清相較之前的朝代的確比較保守。[19]牟宗三又說：「人又能放棄自己的生命，最顯然的例，就是人能自殺。自殺雖不好，但確能表示人能提起來，駕臨於他的自然生命以上，而由己以操縱之。」[20]

一九二七年，王國維結束自我生命。這件自殺事件長期以來已引起各式各樣的討論。[21]剛剛過世的英國詩人艾瓦里茲（A. Alvares）的《自殺的研究》花整整一章的篇幅討論西方世界對自殺者死後懲罰的歷史：「歐洲各地的處置方法，雖各有異，但對自殺者的鄙視則同。在法國，依各地的習慣，縛住屍體的腳，用囚車拖在街上走。然後火化，棄於垃圾堆。」現代社會對自殺者寬容多了，但「許多都是基於他們對人類的漠不關心」。[22]

王氏處於兩個時代之中。周中孚曾提問：「凡一人屆兩代之間，作史者宜應傳在何處？」周氏設一比喻，如果一位女性跟過不只一位男人，「或以臣道比妻道，當如婦人屢嫁，以最後所適為定，似太拘泥。」[23]意思是一人屆兩代之間，也可以前代為定。

王國維為何不死於一九一一年？一個人死亡的時間，與其預備自殺的時間之間的差異「與因果連續不互相依賴的」。[24]決定自殺並沒有想像中的容易。思考自殺與最後死亡之間，因果並無依賴的關係。大部份自殺「總是被當成一種外在事件，以一種艱困處境呈現（失敗、意外、疾病、災難）。然而，這種必要難道不也會來自靈魂？」靈魂究竟與自殺有何關係？[25]王氏延遲的自殺至一九二七年實現。

一九二七年是王國維自殺的一年。也是許多知識分子無法忘卻的一年。一九三〇年曾擔任左聯黨團書記的馮雪峰回憶這一年對他的改變：「李大釗先生和別的一批革命者，被張作霖絞死了（一九二七年四月二十八日），消息傳來，我的腦子曾有一兩分鐘失去感覺，有兩三天像鬼迷似地心裡沒有一點主意。這個刺激，是他對我的最後的影響，我覺得對我是有確定我一生做人的作用的。」[26]馮雪峰在作家張天翼的介紹之下，在這一年加入北京大學的共產黨。[27]同樣對時代黑暗敏感的王國維，為什麼一九二七年一定會死？在那個知識分子一個又一個死亡的年代。

同一年，魯迅以極特別的形式，提及王國維及其一生的朋友羅振玉對待其研究古文物的關係：「中國公共的東西，實在不容易保存」，為什麼？借用薩伊德（Edward W. Said）的話，羅振玉是民國時期一位「有權勢的知識分子」。[28]

魯迅指出，羅、王二人將新出土的許多文物及古物「偷完」。[29]如何偷？羅振玉「偏將古董賣給外國人的，只要看他的題跋，大抵有『廣告』氣撲鼻」。羅、王兩人具有買賣古物廣告意味的題跋？桑兵提到的學問知識「本來就是二三荒江野老的志業」。[30]王國維的志業更接近這種境界。羅氏變賣國寶是其一生生意，深溺於生計大慾不可自拔，而此事王國維「往往和羅振玉一鼻孔出氣」。[31]魯迅點出了羅振玉與王國維之間的危險關係。王氏代表作《觀堂集林》（一九二一），大量以「題跋」體發表的作品，是否有著買賣古文物的意味？[32]

魯迅在一九二七年紀念王國維的短文，為什麼不提到王氏的自殺？魯迅的小說《孤獨者》中的主人翁魏連殳，以肉體及精神的雙重自殺，這篇作品表達了知識份子對當時的中國進行報復。魏連殳是一位同情兒童的孤獨知識人。故事的主人翁也為生計所綑。魏連殳在故事中自問：「然而就活下去麼？」[33]魯迅不會不了解王國維的自殺是一種對中華民國的報復。[34]

早在一九二四年，魯迅寫給他朋友的信中就曾說：「我也常常想到自殺，也常想殺人，然而都不實行」。[35]魯迅無時無刻不讓內心深處的絕望將自己淹沒。我一九八四年購買的第一本魯迅的傳記，曹聚仁的《魯迅評傳》，其中提到魯迅的黃昏之戀，他在一九二三年認識了北京女子高等師範學校的女學生許廣平。許廣平關心魯迅老師的生活：「在牀褥下搜尋傳說中他準備用來自殺的短刀。」[36]不自殺的魯迅也只比王國維多活了五歲。

羅、王兩人有長達三十多年的依賴關係。後者依賴前者更多，一開始王國維不是獨立學者，而是羅氏的學術助理。王對羅氏的依賴，無論是金錢、學問材料等各種方面，是否逐漸讓他扭曲了自我？

王氏之死確有外緣，如北伐（一九二六至一九二八間）。胡適晚年回憶多次提及王國維：「王國維的死，是看了任公的驚惶才自殺的。」[37]梁啟超在北伐這件大事的一九二七年間在怕什麼？[38]這一年，梁啟超寫給他的兒女思順：「認為共產黨弄得南方民不聊生，國民黨不過是共產黨的還魂之屍，也不好，什麼為主義而戰，都是騙人。」[39]在這本書的第三章第三節，我再會詳細討論王國維為什麼會死在這一年。

張灝先生力作《危機中的中國知識分子》以四個時代相近的知識分子：康有為、譚嗣同、章太炎、劉師培等，在「危機中」的不同反應。其中，皈依康、梁改革運動的譚嗣同，以死亡面對政治理想。他的殉死，也為了「證實了他對某種實在幻境的虔誠」。[40]同樣在一九二七年死亡的共產黨人李大釗，提到中國人民在列強及軍閥壓迫的二重痛苦：「我們相信在今日列強的半殖民地的中國，也就是本黨總理所說的次殖民地的中國，想脫除列強的帝國主義及那媚事列強的軍閥的二重壓迫」。[41]

在王國維自沉昆明湖之前兩年，正式進入清華大學研究院，年四十九歲。顧頡剛認為羅氏的甲骨研究，「或謂即為王氏所作，而以五百金售之羅氏的。」[42]「王氏一生屢代羅振玉捉刀，難以具數。個中緣由，未易一言以斷。從學術的角度看，王、羅二人的關係確非一般。」[43]

沈培在專門討論羅振玉的學術論文中，特別提到王國維的學問較之羅氏，可謂是後來居上。雖然他們的學問稱為羅王之學，但羅振玉似乎帶著嫉妒的口吻評論王國維的學問：「固知繼我有作者必在公矣，不謂（不謂是沒想到的意思）捷悟（聰明到這樣子）遂至此也。」[44]羅振玉這段評語意味著什麼？羅氏知道王國維有天份，但沒想到王氏的成就後來竟然超過他。胡適推薦王氏到清華國學院任院長，而不是看上羅振玉。

羅氏如何看曾與他一起寫題跋、賣古物的後輩？當上清華大學教授的王國維為什麼非死不可？出於羅振玉的學術嫉妒（academic jealousy）？「我國大抵傑出人才必遭各樣嫉妒傾軋，研究歷史，識之熟矣」。[45]他究竟為何而死？

我在本書也會做一個同時代殉死的比較，看的是滿清皇帝制與同一時代鄰近的日本「天皇制」有何異同。小森陽一指出，江戶時代之前的天皇與近代明治維新之後的天皇並非一脈相承。[46]明治時代的天皇制度更加極權。這個政府用了二十餘年將日本內部各自獨立的藩統一。一八九〇年，明治政府也通過《教育敕語》對全國人民進行忠孝的教育。[47]一位明治時代的知識份子，當明治天皇去逝時會如何考慮殉死？

法文與英文中的自殺（suicide），sui指的是自身，cidaere指的是分割，最早使用大概是十七世紀中葉左右。[48]不過這個行為古今中外都有許多案例。李亦園的〈自殺神話〉描述美墨交界之處的莫哈族的印地安人神話，他們的祖先Matavilye看早期的人類都是長生不老，於是他用自殺的方式成為一個先例。這個祖先的自殺解釋了人類為什麼開始有死亡。李先生指出莫哈族的自殺類別跟現代人的想像不一樣。後者的自殺，跟人類的自我意志的成形密不可分。莫哈族的死亡神話，「認為人類天生有自我毀滅的慾望，並相競效」。[49]人類的自殺史是歷史的大題目。

問題在於自殺是一種義務還是權利？如果為文化、為清朝等等原因而死，屬於前者。杜亞泉將痛苦與自殺連繫在一起討論：「吾人皆以死為受苦痛之事，故以自殺為義務，於不能避免時勉為之；歐人則以死為脫離苦痛之事，以自殺為權利，可以自由之意志處置之。」[50]中國的自殺缺乏後者。王國維應該是同時代人中對個人權利更敏感的人。

我將集中聚焦王國維短暫生命中的三十六歲至四十歲間（從一九一一到一九一六）在日本京都的生活。將京都與自殺聯繫在一起的文學值得思考。與王國維同時期的作家森鷗外，描寫一個自殺的故事，故事背景就在京都。一位公差押送一位據說是謀殺自己弟弟的罪犯放逐外島，罪犯的弟弟企圖自殺，將死未死：「我以為割了氣管，大概馬上就會死的……可是光從……那兒漏氣出來……卻死不了……我想還要更用勁往裏頭一推……沒想到竟往旁邊滑去了。」[51]哥哥為了解決弟弟的痛苦，協助這次自殺的完成。

二重證據法的起源，與王氏在京都這幾年研究關懷的變化有何關係？王氏的文物二重法，與第一代京都學派又有何關連？[52]「人間總是堪疑處，唯有茲疑不可疑。」[53]唯有懷疑才是學問之方法。

但「疑」其實有不同的方法。閱史一深，寄託自遠。錢鍾書提到王國維對懷疑的執著，並不是一般學問的悔悟。王氏之疑，相當「曲折」。[54]也就是「他認為人生的目的是死亡，不是快樂。」[55]如何了解王國維的生存狀態及他創作的不可靠方法？他為何在入清華大學生計最穩定的那兩年，即結束了自我學術生命「斷層」？[56]

大學時代讀陳垣的《通鑑胡注表微》。書名中的胡氏指的是南宋史學家胡三省，宋代滅亡以後他不做元朝的官。與王國維一樣，胡三省也是一個遺民。而陳垣這本書也引用了王國維的代表作《觀堂集林》。

我把陳垣這本書熟讀了一遍，其中對中國歷史中重要人物面對死亡的事蹟有所評論。陳垣指出，人生在亂世之中，必須措意於生死之際。[57]中國人重視死生。每一個人的人生都會面臨死亡，早晚何殊？陳垣為什麼非寫這本書不可？他寫道：「我自己更是時時受到威脅，精神異常痛苦，閱讀胡注，體會了他當日的心情，慨歎彼此的遭遇，忍不住流淚，甚至痛哭。」[58]陳垣的痛苦從胡三省的遭遇得到了安慰。我自問，為什麼想要寫完王國維這本專書才退休？我把自己生活中最好的部分完全傾注在這本書。

張廣達先生認為與王氏同時代的漢學家相比，內藤湖南就不會去跳湖。張先生寫道：「這絕不是說王國維沒有現實關懷，恰恰相反，正是他極其關切時局，才有他的投湖的悲劇。他也不是不知道原來的王朝體系、和親體系、朝貢體系已經過時了。但是，在新的世界體系裡，中國的學術如何重新定位？王國維就不如內藤湖南看得更清楚。」[59]

柏拉圖《斐多篇》討論自殺這個永恆議題，他不反對自殺：然「有些時候對某些人來說是生不如死」。[60]是什麼時候？

我同年出生的學者石計生，在他的〈自殺的邏輯〉認為自殺的原因不可考，而且只「留下謎團」。我們對他人的自殺總認為活著比較好。問題是想死的人早就覺得自己已活在人間地獄中。「靈魂，如果有的話，也在惶惶終日當中不能自己。」[61]

王國維學問中所發明的二重證據法，如何放在中國學術重新定位？《中國大百科全書》形容王國維是「中國近代歷史學家、金石學家。」[62]但王國維的二重證據與傳統的金石學關係不大。[63]早期古典考古主要是為了鑑賞：「自北朝、隋、唐之士，以翰墨自娛，鍾、王書翰，珍若拱璧，遂啟好古之風。然彼之珍書翰者，以其美而珍之，非以其古物而珍之也。」[64]中國古典考古主要是研究古代器物形制及禮俗的關係。[65]

對王國維而言，問題在如何重新對待具有歷史性的實物？什麼樣的實物可以當證據？實物作為一種證據，如何成為追尋歷史真相的「緊跟思想的行動（an act of thinking-after）」？

本書一開始提到的瑞士歷史學家布克哈特，在他研究歐洲史古代晚期的經典中，從不使用數量極大的碑刻和遺址等文物作為主要證據。他使用最多的還是傳世文獻。他花最多精力是反覆闡釋希臘人的核心觀念 philotimia（名聲的世俗力量）。換言之，歷史學家不一定重視實物證據。[66]

中央研究院歷史語言研究所館藏的拓片近三萬張，內容包括一九二七年六月三日由林志鈞書寫、王國維好友馬衡篆額的王國維碑銘，作者是陳寅恪先生。[67]很可惜我對陳先生的說法有所保留。

這本書的目的是探索三個男人的痛苦及各色的狼狽難堪：王國維、他的朋友羅振玉，及最後一個皇帝溥儀。溥儀是光緒皇帝的姪子。他們的三角人際關係是什麼？清室懿親溥心畬經歷人世的痛苦[68]，他感嘆「仗義每逢屠狗輩，負心多是讀書人。」[69]這三個人到底存著什麼危險關係？

里爾克（Rainer Maria Rilke）這位與王國維同時代的詩人寫道：「誰提及過往，即是說謊。」[70]王國維或羅振玉的哪些過往？誰在說謊？

勒熱訥（Philippe Lejeune）質疑一個人說自己的往事：「從他們所展示的東西看，人是各不相同的；從他們所隱瞞的東西看，人是大同小異的。」[71]

羅振玉到底隱瞞了什麼？

第二章

時間斷裂及「驚嚇感」

我試圖尋找王國維研究從未引用的史料。再一次，我看一九一六年王國維離開京都之前，與羅振玉的合照。[1]這張照片拍攝的地點是日本京都淨土寺町的永慕園。永慕園是羅振玉以私人之力在京都建造的別墅。王氏留下的照片很少。埃爾金斯（James Elkins）用一個字眼「在眼前出現的存在物」（presence），形容當我們看到影像的驚嚇感。[2]照片中羅氏的表情，一絲得意的微笑。

羅振玉的笑？「生命便是死神唇邊的笑。」[3]

羅振玉到京都的第二年就收到溥儀的來信。他在日本買賣文物、流連風物有不得已的痛苦。羅氏的孫子羅繼祖追憶：「第二年的二月十二日清帝遜位詔書到達海東，祖父做了亡國逋臣。身居異國，於祖國理亂可以不聞不問，但內心卻很痛苦。」[4]詔書內容講什麼？羅振玉難道沒有思考「亡國之民身居他鄉，為什麼沒有殉國」的大哉問？[5]如果我們相較於明末清初的遺民，例如方以智，[6]清代遺民的晚節末路取譏後人？

大部分晚清遺老都並不想真忠於故君。如果真要殉國，豈有竊取古物東渡日本之理？譚嗣同臨死之前對梁啟超說：「不有行者，無以圖將來，不有死者，無以酬聖主。」譚嗣同是真為君臣之綱而殉死。[7]但民國時期的作家林庚白即指出：「遜清遺老，什九皆虛憍，非真忠於故君也」。共和以來，政尚寬大，不僅未興文字之獄，若清代者然，且遺老之仕於民國，而又兼事溥儀之小朝廷者，亦不加譴責，故此輩遂首鼠兩端，益無忌憚矣。」大部分遺老靠賣祖產過日子，比之前的遺老遺少日子過得好些：「此輩以一身出入於清代與民國，又數竊取清室所藏古物書畫，鬻得鉅金，竊嘆錢牧齋生早，弗獲遭際此時會也。」[8]

羅、王在一九一一年逃至日本，走為上策。孟森在北京大學講授明清史，指出：「清中葉以後，君之處臣，必令天下頌為至聖，必令天下視被處者為至辱，此則氣節之日卑。至亡國之日，殉國者清乃不及明千百之什一。」[9]有權者以拍馬謀私，士大夫以受至辱為常，為清亡而殉，愚者為之。

清末擔任工商部章京（即專員）、後擔任巡警部教養局總辦的梁濟提出一個問題：「辛亥壬子之間，自親貴皇族八旗官員，以至全國大官、小官、臣庶、無一人因清亡而死者，實為歷史上最奇特之事。」清亡無人肯殉，「無氣無骨，斷送清國，亦可斷送民國，於中國立國之本根，大有關係。」[10]梁濟解釋自己為何非死不可：「我何為死？曰：我確見國性不存，國將不國。國性何以不存？自清季秕政醞釀，風俗日媮。至民國，當局與政客，提倡詭謀，賤棄正義，遂至非奸險邪曲，無以自存。」[11]王國維在清亡之時未殉國。

一九一〇年日本明治時期，發生社會主義者及無政府主義者集體刺殺明治天皇的大逆事件。一九一一年處死其中的參與者大石誠之助被處死。詩人佐藤春夫寫道：「一九一一年一月二十三日，大石誠之助被殺了。背叛多數嚴肅的人的規則者，應當被殺啊。」[12]同一年王國維再一次來到日本度過長達五年的定居。

一九一一年即有為辛亥革命而自殺者。熟悉晚清掌故的金粱在《道咸同光四朝佚聞》提到一位名為沈蘭徵的秀才，其父在清咸豐年間投水自殺。而沈氏也因「辛亥亂起，悒悒彌甚。九月八日，仰藥自盡。救之，謝曰：吾父死於忠。吾今日，猶夫父之志也。遂絕。年五十有三。」[13]

這一年溥儀年僅六歲。醇親王府的奕譞為皇帝之祖（咸豐帝之弟），處事謹慎。[14]其子載灃為溥儀之父。金粱提到宣統期間之大事：「元年設軍諮處，攝政王代為海陸軍大元帥。二年，設資政院。詔於宣統五年開國會。」而國會後來在宣統三年改成內閣，授袁世凱為內閣總理大臣。[15]

載灃勤寫日記，時間從一九〇〇年到一九五一年。仔細讀他一九一一年的日記，內容抄錄了許多當時的公文檔案。例如宮廷的改革：「閱視官報，內有『凡我臣民均准自由剪髮，改陽曆，著內閣妥速籌辦』之旨二道。」[16]那麼為什麼王國維至死都留著他的長辮？這一年日記載灃抄錄大清皇帝辭位之後種種優待條款：「大清皇帝辭位之後，暫居宮禁，日後移居頤和園，侍衛人等照常留用。」[17]王國維自殺地點選擇溥儀移居的頤和園，難道沒有特別的用心嗎？

但羅振玉與王國維為什麼要在一九一一年到日本？大部分所謂的遺民或遺少都選擇留在中國，例如繆荃孫在宣統三年時年六十八歲，他的〈藝風老人年譜〉時間就停在一九一一這一年：「府君身閱滄桑，厭世已久，垂暮編摩，至是多已就緒。」「竊惟府君手定斯譜訖於辛亥，隱寓絕筆之意」。[18]年譜訖於辛亥這一年不往下記，表示繆荃孫絕筆厭世。

同樣地，詩人陳三立在戊戌政變以後就不再與聞政治。陳三立批評中國「舉五千年之帝統，三百年之本朝，四萬萬人之性命，而送於三數昏妄大臣之手。」所以是臣子有問題，帝統不可改。對西方已經實施數百年的民權與憲政，陳氏認為不適合中國。對大家常常說的，中國是人治的體制，陳三立則主張：「幸而偶有其人也，遂偶有其政也，易一人則未可知也」。[19]陳氏還是在期待溥儀其人。入民國以後陳三立則以寫詩為志。[20]

瞿鴻禨也是遺老，陳三立提到他與費氏的詩社生活：「迨國驟變，大亂環起，四方人士暨生平相識親舊類，辟地羈集滬上，三立與公亦先後俱至。居久之，無以遣煩憂，始糾其儕輩十許人，時時聯為詩社，公之詩遂稍多。」[21]這也是遺民自我放逐的一種姿態。

辛亥之變有人選擇殉國，有人選擇留在國內；羅振玉有意願到日本避難，但有意願也要有財力來配合。一九一一年羅氏的好友汪康年先去天津，並與羅振玉相約至天津相會。結果汪康年死於該年。一般的說法，羅振玉去日本不是他主動，而是日本友人如藤田豐八的勸駕。[22]

從京都回中國十一年之後，王國維就要自殺了。約翰‧伯格（John Berger）分析照片證物具有時間的預見：即「與時間斷裂所造成的驚嚇感（a shock of discontinuity）有關。」[23]為什麼從前述這張照片可以預見王氏不久之後的死亡？

一九二七年，王國維自殺前一天，與學生交談，提及想回日本避難，然而再也回不去。

遺民必須嚴肅考慮是否為國、為君自殺的問題。作為中華民國的遺民陳寅恪先生，曾經花十年的時間，為明末江南一位名妓柳如是立傳。這本書長達八十餘萬字。柳如是自殺的時候年僅四十。同一時代的學者錢謙益為南京禮部尚書兼翰林院學士，清兵入關，柳如是勸錢謙益自殺，錢謝不能。不僅如此，錢謙益在南京傾覆的時候，率先投降，並且接受清政府的新職。「錢氏之為人，蓋不足取，迎降與阿附閹黨，皆為略具羞恥之心者所不忍為。」[24]柳如是拒絕與錢隨行。一男一女，在大節之處如河漢迴異。[25]

陳先生重視錢謙益的學問，輕視其為人不如一女性。陳寅恪研究的方法，以詩證史，用的就是二重證據法。[26]王國維的自殺史，與他生命中豐饒的痛苦經驗，會給我們什麼樣的啟示？

見過王氏的同時代人，都說他沈默寡言、深藏淵藪。一個人有哪些事是難言之隱？曾經被所愛的人出賣過？他的史學方法也像海底的珊瑚緩慢的形成。如何從時間斷裂中讓王國維開始說話？瑪格麗特・愛特伍（Margaret Atwood）寫道：「前去死者國度，將某個已死之人帶回人世——這是一種人心深處的願望，但也被視為極大的禁忌。但寫作可以帶來某種生命。」[27]

我重寫王國維的生平，才能再一次讓他說話。

一、王國維的明治青春

王國維的青春與日本明治有著不解之緣。我把他二十二歲至二十四歲，也就是明治三十一年至三十三年，做為他生命成長的一個重要階段。這一年的三月二十二日，王國維進入羅振玉辦的東文學社學習。王國維的最高學歷就是東文學社。這個學校只辦了三年，人數並不比台北市南陽街的補習班多。這所位於上海新馬路的學校是一所私自設立的日語補習班。第一批學生只有六位，包括入學考試不及格的王國維。當時還在《時務報》當校對的王國維，每日向報社請假，至東文學社學習三個小時。

王國維的青春平淡無奇，像現在許多活動台北南陽街補習班的學生一樣。王氏除了學日文，這幾年也自修德國的哲學。此時他也認識了在東文學社教書的老師、也就是後來京都大學著名教授藤田豐八，王國維的史學即接受藤田豐八的薰陶。[28]

王國維敏感的心靈也感受到中國將有大變：「瓜分之局已見榜樣，如何如何！」[29]明治三十一年（一八九八），也就是王國維入東文學社讀書的那一年，俄國租借中國的旅順與大連，德國租借山東青島的膠州灣。原田敬一以日清、日俄戰爭重寫日本的明治時代，以戰爭動員的角度談當時日本政治、文化等各方面的變化。一九〇一年九月中國與十一個國家簽訂辛丑條約，大量外國軍隊屯駐北京等地，日本的軍隊一直到一九一二年在天津都有長駐的軍隊。[30]

一九〇〇到一九〇一年間，王國維至東京物理學校（專科）求學，約四、五月即因腳氣病回國。[31]查考一八九五年出版的《東京遊學案內》的資料，這所專科學校位於東京神田小川町一番地。[32]王國維非常短暫的留學生活，「以幾何為苦」。[33]他一邊病腳氣，一邊學習自己並不感興趣的數學。支持他留學的羅振玉勸他早日回國。那是明治天皇間創造的「近代」日本，天皇在一八八二年八月四日也被確斷為腳氣病。[34]對清國仍有認同的王氏，必定感受留日的中國學生間的反清廷的氣氛。[35]

從一九〇〇年到一九一一年，王國維再次來到日本的這十年間，中國面臨天翻地覆的巨變。楊國強以這十年的中國新政為主軸，提到中國政治社會的整體崩潰：「西太后五十年王政一統之局遂在載灃手裡被肢解掉了。宮中的隆裕、府中的老福晉，以及身為皇帝叔父的載洵、載濤都成了各據重心的一方。」「十年之間，君權推行了新政。然而在新政犁過的地方，為君權墊底的基石卻先被撞碎。曾經使疆吏、樞臣、朝官、親貴、縉紳、武將和眾多附著於科舉制度的士人合為一體的那些東西，在這個過程中日趨分崩離析，隨後產生的是一個個分異的利益群體。」[36]

根據統計，一九〇〇年在日本的留學生約有一百名左右，到了一九〇二年快速增加到約一千名。王國維在這個時候是極少數可以到日本留學的中國年輕人。以色列東亞研究專家史扶鄰（Harold Z. Schiffrin）指出那些年的日本留學者：「許多人接受的是一種縮短了的膚淺的教育，大多數人是為了將來回國謀求差事。但重要的是，有少數人變成了有政治覺悟的人。他們學的雖少，卻足以削弱他們對清政權和儒家文化的忠誠。」[37]王國維那幾個月學習物理，無疑是一種膚淺的教育。他對清政權的忠誠是毫無疑問的，他這個時期最主要的困惑是對人生的質疑。

同樣作為明治時期的留學生周作人認為，當時的中國留學生對日本都抱著「興亞（東亞）的意氣的」。[38]也就是抱著佩服明治維新的熱烈情感。同樣作為明治時期的作家永井荷風比對江戶時代的文化與明治時期的相關藝術，認為日本文化正在衰敗中：「明治維新以來，東西兩大文明接觸，對他們是利多，對我們則無益，宛如看到野蠻島嶼拿砂金換玻璃珠似的。」[39]他舉了各式各樣的江戶時代的藝術，例如浮世繪從藝術的領域大量生產成為粗糙的商品。

荷風寫道：「到了明治五年（一八七二），芳幾（按：指落合芳幾）的單幅畫終於題名為《東京日日新聞》。然而，浮世繪傳統的美人及役者（歌舞伎演員）繪並未就此杜絕。」他嘲笑明治時代的浮世繪等同於報紙。「維新當時，國事多端，政府無暇顧及市井小民的風俗，畫匠更是肆無忌憚地畫起女子澡堂內部，或是選定《田舍源氏》的遊戲，描繪御殿女中（指的是在宮中或官員家中工作的仕女）裸體打雪仗。」[40]王國維對同時的中國文化應也有相同的懷舊。

曾仔細閱讀王國維早期作品的楊牧指出：「王國維在早年的文字裡，即多少流露出他雙重人格的傾向。」看似早熟憂鬱的人，另外一方面卻非常勇於批評。例如王氏沒有拿到任何學位，就用非常不堪的口氣批評留學生。[41]王國維說：「近數年之留學界，或抱政治之野心，或懷實利之目的，其肯研究冷淡乾燥無益於世之思想問題哉？」[42]也就是留學生講求功利，對研究興趣不高。王氏又說讀大學只想當官：「日本明治七年間，日人謂其大學校曰官吏製造所。試問我國之製造官吏者，獨一大學而已乎？」[43]

王國維年輕的時候就有口吃的困擾問題。他不是不會說話，而是口吃而很少說話。口吃問題是一種人生的痛苦。根據跟他接觸的日本友人內藤乾吉回憶，這位東洋法制史的學者說王國維會用日語溝通，「可是不善談吐，而且口吃。」[44]有口吃習慣的王國維，如何面對學生教書？

如何理解有表達障礙的王國維？艾瑞克森（Erik H. Erikson）研究歷史人物的青春時期，認為有些天才一直存在著「長期終身的危機」，有些一般青少年淺嚐即止的問題，他們卻認真地思考。艾瑞克森舉例，在一些所謂的「最後的問題」上，如對死亡的思考，他們已經非常成熟。[45]有點性格封閉的王國維大約如此。

以自殺結束的多產作家三島由紀夫的回顧〈我青春遍歷的時代〉，在他青春的年代，感覺自己無法跟社會適應，所以投入寫作。如何在寫作中體驗那個最接近活著的「我」？他寫道：「無論現在或瞬間或時時刻刻都在思考死亡」。[46]三島思考死亡，一如一九五五年發表的《金閣寺》中天生口吃的年輕僧侶：「口吃的人，為了發出最初的字音，內心的那種焦急煩躁，活像是一隻想要從濃濃的黏液中脫身，而做掙扎的小鳥。」[47]我同情說話結結巴巴的學者王國維。

王氏年輕時候有一位好朋友：樊少泉。他這位朋友是他在東文學社認識的。樊少泉在東文學社沒有畢業，體弱多病。但也有文學方面的天賦。王國維的少作《人間詞話》出版時找了樊少泉作序文。有一些文學史家認為樊少泉並無其人，其實樊少泉是王國維年輕時候的同性好友之一。羅振玉之弟羅振常指出：「樊少泉茂才炳清，與人間（指的是王國維）肄業東文學校，交甚契。顧體羸多病，怠於進取。嘗自憾志行薄弱，遂更名志厚，字抗甫，故序後所署如此（其後仍用原名）。」[48]

王國維這位好友多次改過名字。這位王國維青春時期曾一起討論文學的好友遂被認為是虛構的人物。樊少泉還曾與羅振玉繼室丁夫人的姪女結婚。王氏會請他作序，交情自然很深。劉雨〈人間詞序作者考〉提到王國維與樊少泉在一八九八年左右認識。兩個人進入東文學社考試都不及格。王國維與樊少泉都熱愛文學，有非常長期的交往。[49]

王國維短暫幾個月的留學生活，一邊生著腳氣病，一邊學習自己並沒有興趣的數學。這個窮留學生，應該沒有心情去看看東京的江戶時代留下來的古蹟。王國維去過淺草嗎？他曾經在下課後到宿舍附近的居酒屋喝一杯嗎？他在天氣晴朗的時候，是否會拖著清國的長辮、趿著日本木屐到墨田川附近踽踽獨行；失眠的深夜望著書桌上的幾何課本，隔壁傳來一陣陣三味線的樂聲，突然痛哭失聲？

歷史的道德團體

一八九八年，王國維二十二歲從浙江家鄉來上海。一九一一年以前，在他的哲學、文學的探索時刻，[50] 王國維提出「歷史團體」的概念。此說提出於一八九九年。所謂的歷史團體，即東方各國自為一歷史團體，以「固有之文化」與西洋之歷史團體不同：

歷史有二：有國史，有世界史。國史者，述關係於一國之事實。世界史者，述世界諸國歷史上互相關係之事實。二者其界斠然，然其不可無系統則一也。抑古來西洋各國，自為一歷史團體，以為今日西洋之文化。我東洋諸國，亦自為一歷史團體，以為東方數千年來固有之文化。至二者相受相拒，有密接之關係，不過最近世事耳。故欲為完全之世界史，今日尚不能。於是大別世界史為東洋史、西洋史之二者，皆主研究歷史上諸國相關係之事實，而與國史異其宗旨者也。又曩之所謂「西洋史」者，亦大抵不過西洋各國國史之集合者，不得稱西洋史。其稱東洋史、西洋史者，必自國史雜沓之事實中，取其影響及他國之事變，以說明現時之歷史團體者也。[51]

這是王國維為京都學派第一代桑原隲藏《東洋史要》中文譯本撰寫的序文。王氏思考的「團體」之說，略似於德國歷史家朵伊森（J. G. Droysen）。[52]它是歷史所形塑的形體組織，又被個人以參與的方式得以發展，也是一種「道德團體」。[53]個人道德的獨特性只有通過歷史團體實現其「理念」。[54]歷史團體指的是王國維開始思考將自己的未來連接到歷史意識的思考：「歷史意識活動並不提供人類對過去全盤的瞭解，也不提供對客觀本體的陳述。歷史意識活動是人們將自己安置在從過去到現在聯結成的事件脈絡中的說明。」[55]王國維強調歷史團體自是那個時代的麥秀之遺音。

王國維所謂的歷史團體，主要指的是中國（原文是我東洋諸國）。東洋史與西洋史主要是以國為團體。也就是王國維有什麼樣的中國認同？他如何理解中國作為一種歷史團體的存在？

陳寅恪〈陳垣元西域人華化考序〉探究近代學術，以經學最盛，而歷史學遠遠不如宋朝。清朝經學最盛的原因主要是跟利祿相結合：「往昔經學盛時，為其學者，可不讀唐以後書，以求速效。聲譽既易致，而利祿亦隨之。於是一世才智之士，能為考據之學者，羣捨史學而趨於經學之一途。」陳寅恪以為治經學者，主要是熟讀少數的古典，而同一時代的學者對歷史學是不關心的：「雖有研治史學之人，大抵於宦成以後休退之時，始以餘力肆及，殆視為文儒老病銷愁送日之具。當時史學地位之卑下若此，由今思之，誠可哀矣。此清代經學發展過甚，所以轉致史學之不振也。」[56]

王國維作為清末民初新史學第一人，結合新眼光及實物，一掃清代經師之舊習。中國雖然經歷許多王朝政權的更迭，清朝與中華民國仍然是華夏系統國家。[57]中國者，按王國維的說法，為一個道德國家。

道德的德，在殷代的文獻是沒有的。這是周文明的主要特色。侯外廬是最早研究中國古代城邦，同時也比較希臘城邦型態的學者。他指出周代城邦中的先王與他們敬拜的上帝分離之後，由先王之德表現出一種社會屬性。主要是通過典禮祭祀表現出道德的社會屬性。與希臘城邦的法律不同，中國的德不屬於國民的，而是當時公族君子的屬性。[58]侯外廬指出王國維的研究暗示道德的出現，也表示了文明社會的來臨。[59]這未必是王國維當時所存在中國的創境（created world），[60]只是王氏個人的理想的政治想像。

朵伊森以為：「在一切眾多歷史之上有一個唯一的歷史（über den Geschichten ist die Geschichte）。」[61]王國維顯然認為在許多瑣碎的歷史考證之上，存在一個固有文化的唯一歷史。這是現代學者不會思考的所謂唯一的歷史問題。所謂的「歷史團體」，與王國維自身的經驗有關。王汎森先生以為王國維有意將歷史、道德關懷結合：「但是他自己本身的作品中也不常能做到這一點。」[62]

王國維的道德團體的思想與他的自殺過程有什麼關係？我指的是自殺過程而不是結果。法國思想家加布里埃爾・馬賽爾（Gabriel Marcel）說：「存在著自殺的可能性，這是真正形而上學思想的基本出發點。」自殺的過程是欲死不能。「自殺形成過程的可笑與可悲就在於絕望者希求通過自殺而成為一個有道德的人。」[63]自殺並不吸引王國維，呼喚他的是自殺給他帶來道德自我表現的過程。

最早檢討王氏所發明的道德團體說的是陳夢家。他列舉王國維的殷與周代不同的八種創見，每一種創見都無法成立。周公（周文王之子、武王之弟）改制成為所謂的道德的團體。最重要的是周代的立嫡之制。陳夢家認為殷周制度相同大過於相異。王氏的道德團體的用心為了支持清朝的君主專制制度：「由鼓吹周公的封建制度而主張維持清代的專制制度。此文在實際上是王氏的政治信仰，它不但是本末顛倒的來看周代社會，而且具有反動的政治思想。」

陳夢家指出王國維鼓吹周公的封建制度別有用心。換言之，引用歷史上的史料有時候與作者的思想傾向分不開。徐復觀批評錢先生的歷史學有類似的說法：「錢先生把歷史中成千成萬的殘酷的帝王專制的實例置之不顧，特舉出不三不四的事例來以證明漢代不是專制，這不是做學問的態度。」[64]

王國維追求的不是歷史事實，而是支持與溥儀有關的專制制度。不過更糟的是王國維的歷史方法。陳夢家認為，王氏利用殷代的卜辭史料與晚周的傳世文獻的二重證據論證他的道德團體說，是錯誤的：「以晚周之制度與殷代卜辭作比較，也是不恰當的。」[65]周公之制的史料與晚周之間有很大的空白之處。可不可以找到殷周之際可靠的出土文獻？也就是周成王、周康王時期的出土文物。

二重證據法到了一九七〇年代一批又一批的出土文獻發現之後，這種研究方法出現了一種套路。如比利時戴卡琳（Carine Defoort）教授以戰國漢初的思想史為例所做的批評：「先將殘簡與傳世篇章或書籍並列，然後推斷這些文本的年代，將其歸屬於某位作者（因原稿自己不會這樣做），置於某個派系或支系之中（原稿自己也不會這樣做），提供一套一致的哲學解釋（文本本身也不這樣做），最後以一句正面評述概括中國文化。」[66]

王國維的道德應該指的是一種在人與人日常生活中可見的美德（virtue），而不是刻意為了支持專制制度而存在的道德。王國維將人的道德溯源到周代，「當道德價值的道德之外起源被揭露出來，道德所賴以為生的絕對的有效性就會不復存在。」[67]道德在經歷長期文明化以後的殘酷部分，產生所謂的吃人的禮教，道德在人生命造成困境的成分。

王國維從古代的史料形塑中國人人格修養的準則。古代與他所生存的民國密不可分。杜正勝曾將中國大歷史分為兩大段落：夏商周三代是所謂的古典時代，他是繼承四千年的原始時代之後，保留許許多多經典的時代。第二個時代從秦漢一直到民國時期，是所謂的傳統時代。後者也有兩千年之久。傳統時代的思想離不開古典時代。[68]王國維的道德大本大源就是在這裡。

張灝先生深刻反思清末三大思潮（諸子學、大乘佛學、今文經學）的支配性。王國維的道德是超國家的：「『道德』一詞則意謂外向的、政治的關係必須在兩種意義上具有道德性特徵。」即除了內在的個人修養之外，同時也「體現的超國家的道德秩序」。[69]

柳詒徵心領上述王氏之說，以王氏詳於「周之宗法服術」；「吾謂史出於禮。熟察之，莫非王氏所謂精髓之所寄也。」[70]王氏之說形成於一八九九年，時二十三歲。而後作〈殷周制度論〉，論周代制度為「道德之團體，周公制作之本意」所存；殷、周之變化「乃有德與無德之興亡」。[71]

王國維的道德團體建立在區別中國早期商代與周代禮制的不同。事實上，王氏所用的甲骨、金文所書寫的殷人的祭司系統，與他所認為的兄終弟及的制度無關。商周之間有關王位繼承制度的轉變，並不如王國維所說的那麼劇烈。成祖明指出：「王國維所謂以嫡長子為中心的殷周繼嗣制度的變革並不存在，周人早期也並未有嚴格地執行嫡長子繼承制。」[72]如果以春秋時代諸夏各國的嗣君的案例來看，是否為嫡長子也不是繼承君主的重要條件。

王國維所說的道德，其實跟政治密不可分。借用余英時先生的話，是一種政治化的道德。他所說的道德是一種政治。余先生指出：「道德和利祿結合，必然流入虛偽一途。」[73]津田左右吉也觀察到中國的道德因政治而成立，而且與君主的權力密不可分。[74]津田也指出，中國的道德自始至終「是自己一個人的事。道德性行為的主體是個人本身，更無須再言。」[75]

沈曾植觀察到晚清民初的學者好言道德，言行不一：「吾嘗病世之學者，習道德之言，以成利祿之業，又推利祿之意，以迫隘道德之言，好靜而惡動，衷利害而外論是非，彼固各有所謂也。而託之厚貌重言以相市，不察其實，幾乎不喪其所守以從之矣。」[76]道德之言與個人的追求利祿相表裡。

王國維所說道德的「歷史團體」，包括了清室與民國。他是如何看待中華民國代清室？羅志田指出，中華民國「引起士人的普遍失望」。清遺老梁濟表白為清朝殉節，但他特別強調先「觀察明民國是何景象，而後有所行動。」[77]民國共和比清廷更不好，梁濟在一九一八年十一月十日自殺。梁濟的自殺當時許多人不以為然。王氏在九年後也對民國絕望。中華民國為何失去了「強烈的道德動機」？[78]

王國維早期的文學創作，即哀悼歷史團體及其中「道德」的衰落。周策縱論王氏早年作品，就將其視為遺囑之表現：「『若是春歸歸合早，餘春只攪人懷抱。』對時間、生命、與熱情無可奈何之苦惱，至此已達極點。應當王國維之遺囑讀。」[79]「春歸」的若是，即感嘆春天如果要結束、驊騮年少即要結束的話，那就早點結束吧。[80]

超人，或最後之人

王國維早期的文學創作，他提到「我身即我敵，外物非所虞。」王國維對我身的敵視，他進一步提到跟自殺有關的「自屠」：「嗟汝矜智巧，坐（獲罪）此還自屠。一日戰百慮，茲事與生俱。」對生而為人的痛苦，一日百慮千思，迄無寧靜之時。[81]

雲格爾（Eberhard Jüngel）論到正常人體驗的兩種時間，活著的時間與在死（dying）狀態的時間的矛盾：「生的結束不會比在死的結束來得更早，二者是同一的。」[82]王國維的「生的結束」提早，而等待死亡的心情又一直推遲，痛苦加深。兩種時間的不一致導致存在的痛苦。

對生命剩下的時間（「餘春」），僅二十八歲的王國維在《紅樓夢評論》寫道：

苟有生活之欲存乎，則雖出世而無與於解脫；苟無此欲，則自殺亦未始解脫之一者也。[83]

王國維不反對自殺。其生活多欲與所說之間極不協調。一個人存生活之欲，雖出家、出世也得不到真的解脫。然已無生活之欲望，因不得已之困境而死，是合乎解脫之道的。王德威指出王國維很早就體悟人生巨大的徒勞：「王國維體察出人生的悲劇面，正在於欲念與欲念物求而不得間的掙扎。他認為藝術是超越此一西賽弗斯（Sisyphus）式徒勞的困境及救贖人生苦痛的唯一法門。」[84]藝術也是自殺之一途。

王國維對欲望與痛苦的體驗，來自於他對西方心理學的翻譯及深刻的理解。舉例來說，王氏體會到人生痛苦比快樂來得多得多：「所得之苦痛常多於快樂，若并自動與受動者之感情計算之，則苦痛更多。唯科學及美術實使人享純粹之快樂，唯享此快樂者實無幾人，而此僅少之人中，又因知力之高尚而得他種之苦痛。」[85]換言之，從事科學與美術之人，享有其他人沒有之痛苦感。

王國維又深刻體會人的欲望與痛苦的原因密不可分：「衝動之起，必其運動遇少許之抵抗。故一切衝動中皆微有不快之情，此由衝動超乎現在平靜之狀態外，而欲達一快樂之原因，或去一苦痛之原因故也。其抵抗愈強，則不快之情變而為運動沮礙之苦痛，至見快樂之對象不得達而苦痛之原因不能去時，則更有苦痛加入焉。由是衝動中知識及感情之原質愈多，遂愈與直接的感覺所喚起之反射運動及本能運動相區別，斯之謂欲望。」[86]人的痛苦感與一個人的知識情感的狀態有關，並不是完全本能的。痛苦之中還會產生更多的痛苦。

自殺就是原因，死亡是結果。陳寅恪討論江南名妓柳如是寫的詞，以為人生即是一悲劇。「古代希臘亞力斯多德論悲劇，近年海甯王國維論紅樓夢，皆略同此旨。」[87]接受叔本華思想的王國維，取其性之所近者受用之。繆鉞指出：「叔本華之哲學雖為悲觀，然並不主張自殺。叔氏以為自殺乃承認生活之欲，而非否認生活之欲。」[88]王國維是否同意自殺，同時執著生活之欲？

王國維曾用美學的、存有的二重視角理解《紅樓夢》中九則有關自殺的敘述。借用王斑說法，王國維吸收壯美（sublime）的理論理解自殺：「他用《紅樓夢》中兩組不同人物的自殺來區分虛假的和真正的解脫。那些自殺而又希望在想象的來世中滿足現世欲望的人，並沒有得到真正的解脫，因為他們的欲望依舊熾烈。但如果我們能通過壯美體驗而強暴地使自己進入形同槁木，心如死灰之境，這也無異於自殺。因此，壯美藝術旨在通過象徵性的自殺，造成死寂無物的審美經驗。凡無力自行達到此境界者都須求助壯美藝術。」[89]自殺有兩種：象徵性的自殺是一種壯麗、莊嚴的審美經驗。

不過最終王國維是渴求真正的自殺。借用巴塔耶（Georges Bataille）的話，在人生最頂點的時刻（定時的）實現自殺。人生的時間並不都一樣的。當自殺的需要被清楚地意識到，也就是不只是象徵性的壯美自殺，最終「將那些時刻理解成死亡層面的人錯了嗎？」[90]自殺就是從痛苦轉化為真正解脫的體驗。

一九四〇年代的戰國策派（以《戰國策》與《大公報》為主的文化流派）的學者陳銓非常年輕的時候就讀過王國維的紅樓夢研究，他認為意志的表現就是人的欲望：「欲望達不到，人生即痛苦，然而一種欲望剛達到，另外一種新的欲望，立刻發生，永遠不能壓制，永遠不能休息。」[91]人的一生永遠不能得到休息的痛苦。

痛苦也就是一種心力（psychic force）的牢籠。《紅樓夢》中的林黛玉只是生病而死嗎？白先勇寫道：「賈寶玉其實從來沒有真正想跟林黛玉肉體結合，因為林黛玉就是賈寶玉心靈的投射。」[92]由黛玉的死，寶玉才得以解脫。王國維非常早的時候就思考到人生為了求解脫而奮鬥。

人如果已經不存生活之欲，應該也就沒有痛苦了。一部好的文學，是不能不反映出生活之欲的種種，包括《紅樓夢》眾多弱者各自的痛苦，生活在封閉大觀園中的養尊處優的生活。舒蕪認為，文學作品的作者並不提供也沒有能力提供解脫痛苦之道：「縱使作者自己心目中有那個解脫的境界，而他實際寫出來的悲劇的人生，越是寫得成功，在讀者心目中就越是會引起與解脫毫不相干的效果。」[93]悲劇的人生所能選擇的就是去生活。

王國維的死，是由尼采所說的最後之人（或末人）往著超人的變化而前進。所謂超人就是強者。尼采追求不一樣的死亡：「要是一個人清除自己，就做了世上最值得尊敬的事」。[94]當時王國維開始使用新名詞思考人生問題。[95]他想從末人的狀態轉變成強者。

劉小楓曾提問詩人自殺理由什麼才是正當的：「詩人自殺直接嶄露出人的信念的危機，對某種絕對價值真實的懷疑。」[96]為著人生純粹的痛苦殉死可以嗎？對王國維來說，什麼是他擁有的「絕對價值」：文化（「國學」）、友誼（羅振玉）、學問（二重證據法）、生命（多種疾病）？

王國維的好友馬衡曾經透漏王氏不便告人的心事：「他是思想不受束縛而且生怕受束縛的人，不應該不發覺他一時的錯誤，既然發覺，而又為環境所壓迫，不能輕易變更，這就是他隱痛所在。」[97]也就是王國維是不受束縛、傾向自由的人。

胡適比較中國與日本之間的死法，他體會到日本文化最大的特色是怎麼去死：

「凡觀察一國的文化，須看這文化之下的人怎樣生活，更須看這文化之下的人怎樣死法。」[98]中國人消極地生活，也消極地不想死。

王國維從事文學活動之同時，首先肯定西學中之哲學。而重視哲學是接受西學的明顯特徵。一九〇二年張之洞製定晚清學制改革的〈籌定學堂規模次第興辦折〉主張絕「不可講泰西哲學」。同時將與之相近的中國經學、理學等定為「實理」，泰西哲學則為「空談」。[99]

桑兵指出，現代哲學「首次公開和正面的爭議衝突，一九〇三年出現在張之洞、張百熙和王國維之間。」[100]張百熙任管學大臣期間，承張之洞的學制改革之旨。王國維則主張大學設立哲學一科，並開設哲學等課程。余英時評論王國維之舉：「他認為哲學是最高的學問，這是明顯地接受西方的觀念。」[101]西方重視哲學。從王氏早期任《教育世界》編輯時期，翻譯的哲學、心理學譯文來看，其西方哲學多由京都大學桑木嚴翼的研究轉手而來。

桑木嚴翼的作品很早就有較完整的翻譯本。日本對近代西洋哲學的輸入始於明治初期。桑木與西周、井上哲次郎等都是明治時期的思想界代表人物。桑木所介紹的康德的道德法則，是一種他律的如上帝的當為命令。一個人能夠做什麼，是因為他應該如此做。日文有人格者的說法，這是一種「理想人格」。康德的道德主義包括對天才人格的尊重。而桑木嚴翼認為自殺不可能作為其他人所理解的一般法則：「不堪於生存之苦痛而想自殺的人，或者沒有還債的可能但迫於窮困而借貸的人，若果要把他們這種時候自己的行為之原理作為一般的法則，這是大家所認為不可能的。」[102]自殺受限於死的運動力規範。

王國維對痛苦的體驗是深刻的。借用荷妮（Karen Horney）的提問：「痛苦本身變為是高尚的證明，生活在卑鄙的世界中，一個敏於理解的人除了瓦解自己外又能做些什麼呢？」[103]王國維是為學問與自殺而生的超人。

佛雛即認為：「桑氏稱尼采的『超人』為『超道德的天才』。為『哲學家藝術家自由精神之合體』。靜安對此肯定的。然桑氏究未能尋根究底，而靜安則斷然指出。」[104]超人者，人上之人。超人就是相較於普通人的 superior man。晚於王氏提倡超人之說的如陳獨秀認為：「尋常人以上的超人，才算是人生目的；什麼仁義道德，都是騙人的說話。」[105]

王國維在三十歲之前有四次苦讀康德。在那個時代，他可能是非常少數閱讀康德的人。雖然已經有研究者指出，王國維早期有些哲學論文其實是翻譯來的，之後掛上自己的名字。[106]

王國維討論康德所謂的現象及物之自身（或翻譯成物自身等）的差異：「汗德獨謂吾人知物時，必於空間及時間中，而由因果性（汗德舉此等性，其數凡十二，叔本華僅取此性。）整理之。然空間、時間者，吾人感性之形式；而因果性者，吾人悟性之形式。此數者，皆不待經驗而存，而構成吾人之經驗者也。故經驗之世界，乃外物之入於吾人感性、悟性之形式中者，與物之自身異。物之自身，雖可得而思之，終不可得而知之，故吾人所知者唯現象而已。」[107]汗德者康德也。究竟什麼是可以思之而不可得而知之的物自身？物自身是一種非我。上帝？物自身又翻譯為「理體」，能契接自由，能順成知識。[108]

王國維又如何理解康德為何區分現象與物自身？「物自身的說法提醒人們注意有一些科學無能為力的領域存在」。[109]人類所知道的現象，並不是完全是經驗世界裡的。有些是由被給予的某物，從其中推論出另外我們經驗無法進入的另一物。例如一個人是無法看到自己的臉（包括臉是什麼），但是如果透過一張拍攝臉孔的照片，我們可以看到臉孔（這是事實）。不過臉孔的照片也只是一種現象而已。人對經驗世界的了解就如同照片。

物之自身除上所述以外，它也規定了知性應用不能超出經驗。另外也有「作為意志、自由等精神實體意義的物自體。」[110]柄谷行人認為康德的物自身是相對於自我的他者（the Other）。這種他者是永遠無法預期、也無法任意將其內在化的一種他者。康德並不是說人類所能知道的只有現象，如上面引文王國維所理解的。柄谷行人寫道：「康德想說的是，現象認識（綜合判斷）的普遍性，只有以這樣的他者性為前提，才得以成立。」[111]通過對他者的思考，我們得到一種事實的可靠性。換言之，事實的產生具有一種被動的特性。

事實必須依賴所謂的對他者性的思考。李明輝對王國維接受康德哲學的過程有詳細的討論。康德曾經提出人具有的雙重性格：智思的與經驗的。前者可以做為承擔道德責任的主體。所謂的道德責任是否與自由意志有關？一個人到底有沒有選擇及行動的能力？

李明輝寫到：「王國維顯然認為：道德責任與決定論可以相容，而不必預設意志之自由。這項觀點不但與康德的倫理學觀點完全對立，也與叔本華的相關觀點有出入。」[112]也就是王國維質疑人的意志自由。人在其有限性例如生計、疾病等限制做出選擇。王氏認為人生矛盾重重，更多的是一種宿命的無奈。高瑞泉指出：「王國維認為定業論與自由意志論是永遠不可消解的二律背反」。[113]人的行為有無法控制的部分。他總的稱為人生的一種宿命論。

對王國維的二重證據而言，一個研究者只有在懷疑的狀態，他所思考的證據才存在。歷史學家根據各種證據追求歷史事實，需要其他理想化的規則。歷史推理的過程中，有時產生於為了證明本身的強迫。[114]李澤厚解釋物自身其實是一種信仰本體。[115]現象或者歷史事實首先是置入括號中的。

叔本華不主張自殺，王氏則同意，其人生姿態更為激進。佛雛指出王氏與叔本華之不同：「靜安當年，則與之相反，故如『側身天地苦拘攣』（〈雜感〉）、『人間地獄真無間』（〈平生〉）……一派『傷心』語調，『憂生』情懷，成了他前期人生傾向的主旋律」。[116]這也是王國維後期從事考古歷史的主旋律。

王國維接受尼采的超人學說。蔡元培在他一九二三年回顧五十年來的中國哲學，大段地引用王國維早期的哲學論文。王氏所體會的超人最終是拋棄主流的道德，高視闊步且恣意其意志優游宇宙之人。[117]這跟王國維強調的道德有沒有矛盾呢？

馮友蘭回顧現代中國哲學，認為王國維吸收西方哲學較之同時代的嚴復更為深刻。馮友蘭用「深知其中甘苦」形容王國維對德國哲學的理解。[118]成為超人是王國維研讀哲學階段得意之處。

相對於超人，在尼采的思想中相對立的概念是最後之人（the last man）。這種人是不能自我超克的人。最後之人有一些特徵：「末人能活得最久是因為講節制及養生之道，但不會對自己嚴厲。」[119]而王國維希望通過死亡，從末人的生存狀態成為一個超人。超人的痛苦是什麼？

李長之寫詩人的痛苦。詩人的痛苦除了一般人的痛苦以外，在他人生某些抵抗的階段，我們也可以從其中的經驗得到一些慰藉：「李白的痛苦是一種超人的痛苦，因為要特別，要優待，結果便沒有羣，沒有人，只有寂寞的哀感而已了。」[120]

王國維不是超人。王國維有兩次婚姻。他是本本分分的丈夫，除了兩任夫人以外，我們找不到他跟其他女人的任何關係。徐志摩寫道：「尼采說他不能設想一個有太太的哲學家，不，我簡直不能設想一個與任何女人發生任何關係的哲學家。至少在這一點他得超人。」同樣的，王國維在婚姻關係之外只有男人關係，例如羅振玉與溥儀等。徐志摩指出希臘哲學家的情感：「希臘人論戀愛，永遠是同性戀，不關女人的事。」[121]王國維的二重證據法也是羅振玉的。

歷史的中斷

一九〇五年日本與俄國交戰期間，羅振玉四十歲，在江蘇師範學堂督課。日俄戰爭的這一年，由於父喪，羅振玉辭掉江蘇師範學堂監督一職。王國維也隨之辭職回鄉，在家賦閒長達半年之久。[122] 一九〇五這一年，羅王日後共同的學術友人內藤湖南以新聞記者的身分，到中國奉天進行實地考察。此時在北京的日本外務大臣將內藤召至北京謀劃商談。內藤湖南曾被懷疑是從事間諜工作。[123] 內藤與羅振玉之間的友誼至一九三三年滿洲國時期，仍有密切的交往。

王國維三十歲寫了〈自序〉，提倡學問無成則不妨追求快樂：「即令一無成功，而得局促之生活，以思索玩賞為消遣之法，以自追於聲色貨利之域，其益固已多矣。詩云：『且以喜樂，且以永日』，此吾輩才弱者之所有事也。」[124]「弱者」也是尼采的術語。吾輩弱者反抗局促生活的方法之一即追求「貨利」等快樂。後面會提到，王氏也有做為商人的真實生活一面。

一九一一年，王國維跟隨羅振玉赴日本避難。由王氏前述的歷史團體的說法，無論清朝或民國都是中國的。而他傷感的是其問文化的衰弱。王國維的痛苦其實不在「他所依托的那個國不能存在了」[125]：中國其實依在。他的身份在一九一一年以後，轉變為一個「自信的文化主義」者的激進化。[126]

歷史的連續在一九一一年被打斷了。什麼是王氏所體驗的文化主體「現時」（Jetztzeit），這是思想家本雅明的詞彙。他說：「歷史是一個結構的主體，而這個結構的地基不是均一而空蕩蕩的時間，而是被現時的存在所充滿的時間。」[127]班雅明後來也自殺。

王國維整個人的時間是文學的。王氏是一位具眼詩人。他的文學創作相較於歷史與考古論文非常少。一九〇七年，王國維三十歲的作品，他以一位女性表達他的心願：「碧苔深鎖長門路。總為峨眉誤。自來積毀骨能銷。何況真紅一點臂砂嬌。妾身但使分明在。肯把朱顏悔。從今不復夢承恩。且自簪花坐賞鏡中人。」[128]請再讀一遍：深深的鮮苔阻擋住前面的道路。我對他人的承恩是不抱著希望的。男人對我的閒言閒語，我仍然保持我自己的想法。人總要清清白白的活著。我坐在鏡前，用美麗的簪花打扮著，我就是那個鏡中之人。

寫美麗的女性簪花照鏡之情事，在傳統詞作中常見。這首詞托喻著一個人高潔的品德。[129]董橋引用尼采所提言，好的文學都存在兩個問題：「那個人在說什麼？

他說出他說了出來的話的時候，他還隱瞞了些什麼話沒說出來？」[130]於是，當我們讀到總為峨眉誤的時候，總覺得王國維還隱瞞了些什麼話沒有說出。在王國維短暫的生命裡，有限的文學作品的深度遠遠超過大量的史學作品，包括二重證據法。他年少永不復返的階段留下了文學永久的魅力。

善用王國維文學考掘其內心的顧隨，認為王國維最後必定自殺：「靜安先生於一未嘗想，於二也不肯，所以五十幾歲自殺了。如鍛鍊成鐵的神經便不會自殺。他未嘗不想鍛鍊，他的思考力與創作力同樣高，而晚年走入考校之路未始無因。」[131]一個人如果可以選擇，王國維一不想求仙求佛，二不想如木如石心目槁灰。如果王國維可以在大學找一份從事文學創作的工作，而不從事永無止境羅振玉給他的考校工作，是否就不會選擇自殺之路？

如何捕捉一九一一年的瞬間？作家張大春認為，每個時代的所有人就算生活在當代也只能認識其很小的一部分。他的短篇歷史小說講那一年武昌的中下階層官兵的暴動。故事的主角之一是後來一九一六年及一九二二年當過兩次總統的黎元洪。整個發難的結果，當時武昌中的滿清大員幾乎都做鳥獸散，革命黨人希望借重黎元洪的威名暫時出面主持大計。這些以共進會為名義的軍人如熊秉坤等宣布：「現在是民國了！」[132]

一九一一年，作家沈從文以悲憫的筆調描寫他在湘西鄉下所看見的辛亥革命。他看見在衙門口許多被砍的人頭、掛著一大串人的耳朵，持續的屠殺大概有一個多月。鄉下的河灘處處屍體經常躺著四、五百具。他回憶：「但革命印象在我記憶中不能忘記的，卻只是關於殺戮那幾千無辜農民的幾幅顏色鮮明的圖畫。民三左右地方新式小學成立，民四我進了新式小學。」[133]中華民國的成立，就是黑暗的。一九四九年春，沈從文喝煤油也切開自己的喉嚨及雙腕，自殺未遂。

中華民國在這一年由各方妥協下成立。保護小皇帝母子的袁世凱，與清室、革命黨等協商擬具條款希望清帝辭位。陳旭麓指出辛亥革命是失敗的。「帝國主義者既決心支持袁世凱，也為保持它們從辛丑條約中所獲得在京津一帶駐軍的特權，更不願意放棄這種易於控制中國政府的地位。」[134]郭廷以先生討論當時清帝雖然辭位，然而尊號仍存。中華民國政府竟然以外國君主之禮優待清室，每年給予歲用四百萬元，清帝暫居宮禁之中。這一年溥儀孑身沖齡、只有六歲。換言之，在中國境內除了民國政府以外，還存在著共和政權之下的皇族特權。[135]一元體制下的皇帝溥儀，一直在宮中生活了十二年之久，到一九二四年長成十八歲的翩翩美少男。

這個時刻，王國維仍支持君主體制，不認同共和政治。金耀基指出：「古典中國行的是君主制，並且從無人懷疑過君主政治之外尚有其他更好的政體，並一直認為『專制為人群唯一無二之治體』（嚴幾道），所以任何政治的變遷都只限於人事的變更，而非政治秩序的更迭。」[136]王氏不在一九一一年殉死，是認為君主政治仍可延續。直到一九二四年溥儀被逐出清宮，王國維才下決心一死。

王氏讀過明末黃宗羲的《明夷待訪錄．原臣》論臣子當為人民而仕、不是君主的僕妾之流：「君臣之名，從天下而有之者也。吾無天下之責，則吾在君為路人。出而仕於君也，不以天下為事，則君之僕妾也；以天下為事，則君之師友也。」[137]君、臣之名分是為了治理天下。臣若是沒有管理天下之責，那君主只是路人甲。臣子不為天下人民負責，就是君主的奴才、婢妾；臣子若為天下人民做事，則是君主的老師兼朋友。王國維「歷史團體」中的人臣角色，是成為君主之「師友」。

可是王國維的性格是獨善其身的。他並不屬於新的知識份子。而整個中國，如社會學家李樹青所說，是「沒有正當輿論」的環境。「對於關係國家民族的興亡大計，卻偏會噤若寒蟬，無人肯公開討論」。[138]

一般學者都接受王國維是在京都由羅氏啟迪之下，開始從西學一轉而攻國學。

羅氏晚年的回憶錄《集蓼編》提及他造就了一代國學大師：「予寓田中村一歲，書籍置大學，與忠慤（按：即王氏）往返整理甚勞。」田中村位置京都大學旁。忠慤是王氏自殺後的謚號。羅、王初至日本，兩人往返大學整理國寶。

接著，羅振玉敘述王國維如何從他私人所辦的東文學社的學生、清代學部編譯官、至海東（日本）從事國學研究等，一路提拔的歷程：

予在海東時，以不諳東語，往還甚簡。惟大學文科諸教授，半為舊契。以文字相往還。大學總長延予為文科講師，請藤田君（按：即京大教授藤田豐八）為之介，至為殷拳，堅辭乃允。是時王忠慤公盡屏平日所學，以治國學。所居去予不數武，晨夕過從。忠慤資稟敏異，所學恒兼人。自肄業東文學社后，予拔之疇人中，以后所至皆與偕。及予官學部時，言之榮文恪公奏調部行走，充編譯官，每稱之於當道，恒屈己下之，而聞譽仍未甚著。及至海東，學益進，識益完。十餘年間，遂充然為海內大師矣。[139]

一九〇六年羅振玉全家北上至學部任職。王國維同至北京，其中八年「作為領導人之羅振玉，在學術上舉棋不定，時而治農學，時而提倡外國語文，時而獎勵數理化，時而辦師範教育，需要倫理心理人才。作為追隨者之王海寧，亦復舉棋不定」。[140]羅振玉上述的回憶，特別提到一九〇七年，王國維經過他向學部尚書榮慶推薦，擔任學部圖書館編輯。那一年七月，王氏的妻子莫氏去世。

師承章太炎的黃侃先生對羅振玉等的學問是相當看不起的：「緣親見羅振玉、王國維輩，買得孫仲頌契文舉例手稿，因以得通安陽出土骨刻文字，乃著一書曰殷虛書契考釋，久又以孫書付之石印，世乃悉其根株所在。」[141]黃侃的意思是羅振玉的甲骨文偷自孫詒讓的未刊手稿，再把孫氏手稿付之石印。

羅振玉在上述引文上提到國學，包括王國維來京都之前已經從事戲曲史、詩詞創作等，這些應該也是中國一切過去文化歷史的一部分。胡適在一九一九年提出國學研究計畫：「近年來，古學的大師漸漸死完了，新起的學者還不曾有什麼大成績表現出來。在這個青黃不接的時期，只有三五個老輩在那裡支撐門面。」[142]胡適雖然沒有指名，這三五個老輩應該是包括羅王的。

胡適心目中的國學，顯然與羅振玉講的國學不同。胡適認為「古董家」[143]的研究並不足取。一九二〇年代以後，以反傳統姿勢出現的新文化運動，有一部分人投入整理「國故」的運動。這裡的故可以理解成死亡，國故是一種死亡的中國學問。

如前所述，王國維早歲即創「歷史團體」之說。一九一一年出國之前，已接觸英人斯坦因（Aurel Stein）及法國著名漢學家沙畹（Edouard Chavannes），及其考察所收集之各種文獻。王氏早期也通過翻譯斯坦因、伯希和、津田左右吉、箭內亘等的漢學論文，了解最新的研究動向。[144]雖然，羅、王兩人聯名發表的《流沙墜簡》，於一九一四年出版於日本東京，但考古、歷史的興趣並不待羅氏調教。[145]這一點討論現代簡牘研究史的學者已有注意。[146]一個不會說日語的人，如何能在日本被延為講師？羅振玉的回憶並不可靠。

夏含夷指出，王氏的考古興趣其實受了西方學者影響而改變學術專業：

> 有一點值得指出的是伯希和和沙畹一九〇九年在北京給羅振玉（一八六六—一九四〇）和王國維（一八七七—一九二七）介紹西域文件的照片，羅、王才得見「古人之真本」。特別是王國維受了這個啟發以後，改變了他自己的學術專業。[147]

王國維旅居日本京都之前，於明治四十三年（一九一〇），上述的西方漢學家伯希和與斯坦因等發現的敦煌文獻，有一部分就保存在清廷的教育官署學部之中。京都學派第一代大師狩野直喜回憶與王國維的交往，那時王國維擔任羅振玉任清代農科大學校長時的職員，他與許多京都第一流的漢學家早已建立起友誼。[148]

二、京都的死與美

一九一一到一九一六年，王國維旅居京都，這段時期他專心在中國古代古典器物及文獻的研究之上。王氏的悲觀心態，在這段學問沉潛的時期日益絕望。這種心理是當時知識分子的普遍心態。張灝將中國一八九五至一九二〇年代初這二十五年之間，定為近代文化史的一個轉型時代。大部分的知識分子對當時的國家及社會的危難所反應的文化核心甚至整體，認為是一種腐爛的狀態。傳統中國權力的反覆，不可能改變的。這種難以改變地局勢，導致知識分子對國家的疏離感。這種疏離感與他們同時存在的政治危亡感兩者互為表裡，日益深化與擴大。[149]

王國維旅居京都第二年，遇到日本的一件大事：乃木希典夫婦雙雙自殺。乃木將軍是日俄戰爭的指揮官。他出身於一個武士家族。乃木的兩個兒子死於日俄戰爭。他在明治天皇去世的時期自殺殉死（為了天皇或兒子？），王國維剛到京都的時候正好遇見這件大事。我特別挑選乃木希典將軍的一張照片。[150]他右手拿著一支放大鏡，左手持著一張軍事地圖。這場長達五個多月的日俄戰爭，主戰場是在中國東北。日本佔領了東北許多土地，同時也鞏固了對朝鮮的統治。

根據羅振玉的姪女羅莊的回憶：「居東二年，最令人驚心動魄者為乃木大將（希典）殉明治天皇一事，當天皇奉安有期，大將決以身殉，預作遺表及遺書數通，與其夫人及知交。屆期群臣執紼恭送，大將獨家居，聞梓宮出宮之炮聲即切腹自裁，夫人已偵知其志，同時亦自盡殉夫。」[151]這件大事對人格主義者的王國維，無疑造成衝擊。三好行雄理解所謂的殉死「就是把別人的死當做自己唯一的死的理由的無償性或無我性的行為」。[152]溥儀未死，王先生所殉應該與乃木希典不同。

王國維在京都期間更多投入考古歷史，是因羅氏赴日帶大量國寶收藏之故。一九一一年十一月初，羅振玉偕女婿劉大坤（劉鶚之子）、王國維等三家二十多人，由天津至神戶，[153]帶了書籍五十萬卷、青銅器等一千多件、拓片碑銘數千及龜甲三萬多片等。這些收藏文物是數個學術單位的規模。[154]這些文物也是舊社會一把朝笏的滄桑。

羅振玉坐船七天到達神戶，有多位日本友人在彼相迎，包括日後仲介他買賣文物古籍的東京文求堂老闆田中救堂等。[155]有人在國內買賣文物，羅振玉賣到國外。劉盼遂在〈中國金石之厄運〉提到中國古物之買賣「津要訪求，友朋持贈，軺車往返，以代苞苴。官符視若催科，匠役疲於奔命。一紙之費可以傾家，千里之遙不殊轉餫。里有名跡，重為閭閻之累。」[156]

想像以船運的方式運送如此大量古文物到日本，也只有羅氏的財力才辦得到。一九一一年此時，羅、王沒有選擇與末代皇帝共度苦難，應與處置這一批古物有關。羅振玉帶去日本的大量古文物，後來有運回中國嗎？吳世昌寫道：「羅振玉舊藏的銅器多至百餘筐，住到日本以後，竟因無所仰給，此古器者稍稍出以易米了。」[157]容庚指出這一時期的中國古物大都流出海外：「異邦豪商達官，附庸風雅，鬪誇鑒藏，挾其多金，來我中土，背我法禁，蔑我輿情，巧取豪奪，捆載以去。凡名家私藏之散落者，地下故墟之發現者，歲歲流出，永不復歸。」[158]羅振玉在京都八年，結交多少學界的王孫貴冑；欸欸酬酢，盛饌酒香之間，就把一批又一批的國寶轉換成三家在京都生活的費用。

京都大學圖書館還收藏著一本手抄的《羅氏藏書目錄》。羅振玉帶到日本的文物當中古書部分，王國維在一九一一年末到一九一二年之間，幾乎每天到京都大學整理這些稀有的古書。數量之多，嘆為觀止。[159]

茅海建指出，清朝官員，特別是中央官員，後來大多成為中華民國的官員，「晚清官員棄舊朝而投新朝，自然有著生計的原因，但他們在做政治選擇時，並沒有太多思想痛苦。」[160]比如兩朝元老徐世昌，「徐服官民國，而效忠清室」。[161]

羅振玉等二十多人在日本京都的生活開銷，以販售文物過日。羅氏嫡孫羅繼祖《庭聞憶略》載：「這時我家的經濟，主要靠賣古物書畫來過活。」[162]羅氏在日本最主要的工作是做生意。葉德輝《書林清話》載：「羅振玉在日本賣書買書，頗獲利市。」[163]另外，梅原末治所編訂的中國古代銅鏡及古玉的圖錄「全都是羅振玉的舊藏」。[164]位於京都的泉屋博古館，據館長樋口隆康所述：該館貴重的殷周青銅器，多為財閥住友家族購自羅振玉之文物。[165]

趙園的遺民史指出，士人在朝代政權交替必處隱、逸之間。例如遺民不任新朝官職等。所謂遺老、遺少須由一系列表現方式才為人所辨識。遺民的生計可選擇的不多：耕田、作館師、醫卜、賣文……等。但對於從事商務行為，趙園寫道：「士即饔餐不繼，也決不能從事貿易。」[166]更不必說如羅振玉等買賣古物生計了。羅氏竟過著表裡不一的遺老生活。王國維的自殺與不像遺民的羅氏生計問題有何關係？

王國維的學生姚名達提到，王氏的小孩慈明、登明在王國維自殺的那一年正在讀清華園的成志小學。王氏二十三歲時，長子潛明出生；二十六歲時次子高明出生。王氏在蘇州教書的時候，第三子貞明生。三十四歲任職學部時，第四子紀明生。京都時期，三十七歲時長女東明生；三十九歲第五子慈明生；四十一歲第二女松明生；四十三歲第六子登明生。[167]食指浩繁，痛苦無窮。

王國維寄寓他鄉，最困難的只是生計。如陶方宣所描述的，他們在京都的家庭生活：「每當太太潘麗正向他訴說家中即將斷炊時，他便充耳不聞埋首在書卷之中。潘麗正無奈，吸口氣搖搖頭便離開，和女傭錢媽坐在一起縫縫補補，一套衣服老大穿了老二老三接著再穿。但是即便這樣節衣縮食，家裡的日子仍是艱難，時時都有柴米之憂。」[168]

明治時期位於大阪的原田博文堂，這家經營中國文物的經銷商曾經仲介將羅氏收藏的文物賣給關西一帶的財閥及收藏家。羅振玉收藏的各式各樣文物，通過內藤湖南、長尾雨山等鑑定並撰寫題跋。

在日本買賣國寶需要的是社交手腕。許地山反省中國的國學有一種過度講究社交學問的傾向：「中國學術底支離破碎，一方面是由於社交學問底過度講究，一方面是為學人才底無出路。」[169]毫無疑問，當時的辨偽學的發展與買賣古物的人際關係之間有一種微妙關係。京都教育大學杉村邦彥教授指出：「在日本滯留的八年間，儘管國內輿論沸騰，兵禍蔓延，但他充耳不聞。」[170]羅振玉留下的學術著作與買賣文物的題跋是一致的。羅氏的生計考慮也牽動了王國維的生存狀態。

不了解羅振玉商人性格的這一面，也就無法了解王國維的痛苦。我讀過不少山崎豐子的小說。他喜歡描繪商人內心中的沉痾。例如有錢人對金錢慾望的執著。山崎豐子認為人的慾望之中，金錢慾望特別能夠捕捉人的生活意識。[171]相對於生活與生計，戴望舒在討論詩人自殺的論文裡，引用了俄國詩人葉賽寧（Sergoy Essonin）的話：「在這生活中，死是不難的——創造生活是難得多了。」[172]王國維年少時候寫的《紅樓夢評論》反覆強調人類的慾望，如何理解他的金錢慾望及痛苦？

王國維在京都的生活，讀書是快樂的。當時年輕的日本學者青木正兒在一九〇九年初次拜訪王氏，感覺王國維是個相當無趣的人。以下是他們非常怪異的談話：「王國維第一句話是有沒有讀過莎士比亞，第二句話更怪了，青木問他中國戲劇，答曰一向不喜歡看。又問音樂，答曰不懂音樂。」[173]不看戲也不聽音樂的王國維，留給青木正兒非常負面的印象。青木回憶：「余年少氣鋭，妄目先生為迂儒，往來一二次即止，遂不叩其蘊蓄，於今悔之。」[174]

王國維一家八口京都年間的生活，全依賴羅氏支助。不少學者並不同意羅振玉對王氏「逼債」[175]、要人情。不過，王國維於羅氏確有難解的債務關係存在。趙千帆在新譯本的尼采《論道德的系譜》中發揮尼采所說的人與人之間「債法」：

尼采認為債務關係是「最古老、最本源的個人關係」，在其中「個人第一次反對個人，個人第一次以個人來衡量自身」。強者在這一關係中的表現就是按自己的意志履行有債必還、公平交易的契約。這就是最初的「正義」和「善意」。對違反此契約者，他將依然、不過是以非常（例外）的方式來完成交易，也就是說，他會對於欠債者生活中可以當抵債務的一切東西進行估價，視為擔保：「比如他的身體，或是他的女人，或是他的自由，或是他的的生命（或者，在特定的宗教設定下，甚至是他的福祉、他靈魂的得救，最後甚至是他在墓中的安息……）」。懲罰乃由此產生。尼采在此特別強調，懲罰的目的原本不是恐嚇或報復，哪怕極為血腥，也僅僅是強者在估價之後取回等價物的行動而已。所謂恐嚇、解恨、使之產生負罪感等等懲罰的「有用性」，只是它的附帶後果，被後來人「回溯」增解到懲罰行為上去的。強者的本意只是用懲罰來完成自己的估價和討債，這就是「懲罰的平均作用」，它的特點是「一種乾枯陰沉的嚴肅」。[176]

如何還債？債務如何導致懲罰？如同尼采反抗其精神父親音樂家華格納，王國維終以自殺履行對羅氏無可償還的債務契約。

負債的人不自由。王國維對羅振玉的債務關係，也讓人考慮到人與人之間的自由也包括強迫性的、操縱性的、惡意的互動。以撒・柏林（Isaiah Berlin）的大哉問：我們活下去需要自由的信念，然事實上是不得自由，怎麼辦？（Since we are not, in fact, free, but could not live without the conviction that we are, what are we to do?）[177]

羅、王因債務而絕交，一如尼采與華格納的友誼。我寫作這本書的時候，反覆聆聽不同版本的華格納作品。田立克（Paul Tillich）提到華格納的思想：「他們雖然是朋友，但是尼采逐漸注意到瓦格納恢復傷感性的宗教，就我所記得，他們兩人的最後分裂是與瓦格納寫作的《巴爾西法》（*Parsifal*）這一作品有關，這一作品是有代表性的受苦的神話之浪漫主義傷感化作品。」[178]我仔細聽*Parsifal*的受苦感覺，聽起來就跟基督教聖樂非常類似。

華格納的音樂好像永無止境的，有長達十五個小時的巨作。[179]我不得不接受小泉純一郎的建議，從華格納每部作品的序曲開始聽起。[180]例如《崔斯坦與伊索德》抑鬱的序曲。這是十二世紀的愛情故事。騎士崔斯坦與愛爾蘭公主及馬可王之間的三角愛情。最早的中古德語版本只殘留片段的故事，這有點像出土文物的情況。華格納改編的三幕劇本，只從原版中擇取關鍵的時刻加以發揮，甚至有些部分是偽造的。主題看似相同，情節其實是華格納自己的想像。[181]我經常在天快亮之前，細細地聽那死亡的樂聲，並棄置剛剛完成的一頁（periode）。思想家巴迪歐（Alain Badiou）指出那些音樂表達了人生的「苦難在場」。[182]

華格納歌頌著人生的苦難及等待時刻最後的救贖。經過漫長的等待，騎士崔斯坦終於死在愛人伊索德的懷中。巴迪歐以為「這樣的等待是一種在其自身內部完成的結構」。[183]從京都開始，王國維對自殺的思考，及漫長死亡的等待，一再推延，是其生命自我內部完成的一部分。

二重證據法的發明

王國維旅居京都，已有「二重證據法」的想法。舉例來說，王氏的京都六書：《宋元戲曲史》（一九一三）、《齊魯封泥集存》（一九一三）、《釋幣》（一九一四）、《東山雜記》（一九一三－一九一四）、《二牖軒隨錄》（一九一四－一九一五）、《閱古漫錄》（一九一五）等，除了《宋元戲曲史》[184]延續他出國前的研究，其他就是數百字及數千字的題跋體筆記。這些著作的特色已特別注意中國文物的「外來影響」。[185]而且王國維下筆時都會刻意提到羅氏的私人收藏：「曩羅叔言參事百計求得副本，印於《國學叢刊》中」。[186]指的是羅振玉「百計」求獲敦煌寫本。又，「羅叔言參事東渡後，刊行秘籍極多」[187]等。

這些大量文籍除了買賣以外來源為何？王國維以為有些：「蓋內監盜出，託新出土之器以誑諸公，諸公鞅掌政務，未及檢察耳。」[188]所謂「諸公」或包括羅振玉等人。

羅氏早就接觸宮中器物，據服侍溥儀三十多年的李國雄親眼目睹：「記得我進宮不久，曾見兩個陌生人站在置於養心殿西暖閣窗外的高約一米的古銅瓶周圍，其中年輕些的一人先用攝影機給古銅瓶照相，剛照完，年歲較大的那人立即靠上前去，用一把小刀去刮銅瓶表面上那一片片的綠銅銹，並把刮下的鏽末用紙包好，放在布袋裡。我當時很奇怪：照相之後還要刮銅銹，這是幹什麼呢？隨侍中比較知情的告訴我說：刮鏽的人是位大臣，名叫羅振玉，現正奉命給萬歲爺鑒定宮中古物的製造年代。」[189]這到底是破壞文物或是鑒定古物？

郭沫若從他的日本朋友得知羅氏買賣古董的事，批評羅氏表裡不一：「他的自充遺老，其實也是一片虛偽，聊藉此沽譽釣名而已。王國維的一生受了這樣一位偽君子的束縛」。[190]這裡的沉重束縛，就是難以言說的債務契約關係。

王國維取羅氏所藏寶物，發現各器物不同，與文獻相關記載亦不協調。例如，考證樂器之「鐘」：

余嘗取上虞羅氏所藏楚公孫班「鐘」、避父鐘、卿鐘三鐘，及各家著錄有尺寸可據者共十三鐘校之，皆不與〈鳧氏〉合。又此十三鐘者，亦不自相合。此由古代鑄鐘，不必盡遵〈鳧氏〉制度，或〈鳧氏〉職但舉其大概，鼓鑄之時，仍須以聲律定之。191

王國維並沒有仔細討論羅振玉帶來京都的各式各樣的鐘。他只困惑文獻所載與他所見的實務不自相合。王國維又云：

羅氏所藏三周鐘，其乳皆作旋螺形，他鐘似此者亦多，此殆《孟子》所謂『追蠡』也。古書多假『蠡』為『螺』字，《漢書東方朔傳》『以蠡測海』是也。《風俗通》說『門戶鋪首』引百家書云：『公輸班之水，見蠡曰：「見汝形。」蠡適出頭，般以足畫圖之，蠡引閉其戶，終不可得開，般遂施之門戶，云：「人閉藏如是，固周密矣」』云云。徐陵《玉臺新詠序》所謂『（鋼蠡）「銅」蠡晝「靜」』，亦謂門戶上物。案：門戶上所施銅乳，其排列與鐘乳相似，而皆作螺形，蓋成列之物用螺，乃古代之通習，未必閉藏為義也。趙注《孟子》，以『追』為鐘鈕，『蠡』為蠡蠡，欲絕之貌。追為鐘鈕，古無明文，而蠡則古鐘上實有是物。唯『追』作何解，不敢妄為說耳。192

王國維對鐘器形製的研究，表達傳世文獻中門戶上物不可解之處，輔之實物也無法加以彌縫。他的鐘器皆取自羅氏帶去日本的古董。王國維比較《周禮・鳧氏》的記事，「大鐘十分其鼓間，以其一為之厚；小鐘十分其鉦間，以其一為之原。」這裡的鼓、鉦是鐘口的上、下部位。鐘的厚度以鼓徑、鉦徑的十分之一製作。[193]實物的尺寸與文獻不合。

「追蠡」的「追」[194]類似門戶之上所見的一顆顆銅乳，但文物亦不可能證明其意何謂「追」。唐蘭指出：「羅叔蘊先生疑作螺狀者即孟子之所謂『追蠡』，誤也。」[195]古代的鐘表面可見的形狀，未必可以與傳世文獻勉強對應起來。王國維對鐘的研究，也還沒有進入歷史中人的音樂生活。

所謂二重證據，也就是用一種特定的方式看待實物證據。當我們怎樣去思考（think of）鐘這個實物如何作為史料的存在，這個思考的前置詞（例如實物所代表的位置及時間）的of，是把實物納入證據之中的思考。記載相對完整的《周禮・典同》中有關十二種不同形狀的鐘，及其聲音的差異，這也表現在實物證據畢竟是一種附帶的（epi）的性質。也就是實物證據有時候是次要的。

傳世文獻是歷史研究主要的證據。朱維錚指出必須對流傳下來的文獻的「今本」進行分解式的研究。[196]考古或出土文獻當然也是重要的，不過只是做為第二重證據。再舉一例，岑仲勉的《隋書求是》主要是針對隋朝正史中的錯誤進行研究。這本書也引用羅振玉的《石交錄》中的實物，不過以傳世文獻為主。[197]

這是什麼意思呢？二重證據的方法是那樣，但並不表示那些實物真正的就是那樣。即使歷史學家能夠發明出各式各樣的證明，也不必然表示歷史真相真正的存在。

朱希祖即區分史料與歷史的不同。他也指出歷史最早是由歷史的見證者實時記錄下的事件。朱希祖區分古代書記官與歷史官的不同。[198]流傳到今天許多的史料主要是由當時的秘書或祕書長留下來的紀錄。許多現代學者認為的歷史，最早是以檔案紀錄呈現的。[199]朱氏認為，歷史者是必須根據有意義的文字文本所做出的研究。那麼出土文物是何種證據？上述的各式各樣的鐘，多是未經著錄的器物。「近來固時有出土，然多有一經出土，即不知流轉何所者。而新出土之器物，其在學術上之價值亦至不等」。[200]相對完整、而有文字文本的實物是比較有價值的。

朱淵清有意思的提問：「如果作為歷史學研究對象的史料從文字文本無限擴展到任何實物及相關信息，並且，就在直接史料這層意義上，等同使用考古物質遺存與原始檔案來研究歷史，那麼，史料這個概念本身就已不再是可以分析的概念工具了。」[201]

什麼是實物？史學不是史料學。出土實物有時候是間接的史料。章太炎曾經懷疑甲骨文物中存在著贗品。「太炎確曾指責甲骨贗品，並明指羅振玉偽造牟利。但當時甲骨贗品之多，乃是事實。」[202]懂得辨偽的羅振玉，也很懂得偽造賺錢。

辛德勇提出文獻與文物互證中的主從問題，「雖靜庵先生矜慎若此，間或亦嘗為贗造者所蒙蔽」。[203]他認為必須先尊重傳世典籍的基本史實，之後參考「那些似是而非的所謂文物證據」。[204]可以說出土文物的重要性不如傳世文獻。利用出土文物及文獻重構的歷史真相，是競爭歷史，也就是多種歷史學家的研究之一。

京都期間，王國維利用二重證據法撰寫著名的〈明堂廟寢通考〉。[205]他考證古代明堂等等理想化的建築，其格局共同的特色都是「四屋相對」。他的文章還自繪四張圖，這一類型的建築中間有一個太室或中庭，兩兩相對上下左右四屋。也就是一個方形的庭園被四棟房子包圍起來。他在這篇名文引用了甲骨及金文證明傳世文獻，問題是這些出土的文獻都非常簡單，並沒有涉及到明堂等建築的格局。[206]關於明堂建築的研究有很多，異名雷同的記載也很多。例如孫星衍指出：「諸儒以辟雍、明堂、太廟、太學、靈臺五者同一實之證，自三代及漢制，皆如此也。」[207]

王國維並沒有作研究回顧。王氏在京都的朋友林泰輔的名著《周公》即有相關的段落討論明堂的起源。[208]明堂最早應該是周制，到了漢代有人抬出黃帝時代的明堂。呂思勉推測，中國早期國家中確有明堂一所，作為四時推行政教的中心：「古者生計程度甚低，通國之內，止有房屋一所，命曰明堂。為一切政令所自出。」[209]錢玄認為在先秦時代未必真有此一類的建築。他指出《儀禮》曾經記載這一類建築的正屋僅有南向一面堂室的格局。王國維並沒有掌握到傳世文獻對這一類建築的主要陳述。法國歷史學者朗格瓦羅（Charles-Victor Langlois）說：「應該對陳述有所區分，而非文獻。我們所擁有的一手、二手或三手的東西，並非文獻；而是陳述。」[210]掌握正確的陳述，無論是經過幾手的東西。

原始文獻只是目前可以找到的較早的陳述之一，王國維雖然引證比文獻更早的出土資料，更重要的是明堂是南向一面有堂室的格局。「最近陝西鳳雛及召陳西周遺址考察所得，其正殿亦均為南向一面有堂之制，與《儀禮》所述相合。鄭玄、王國維說恐非先秦實事也。」[211]錢玄認為王國維的考證是錯誤的。換言之，二重證據如果使用錯誤的出土文物，得到的結論一樣是錯的。

王國維為什麼要重寫很多人已經做過的題目？汪中有篇論文〈明堂通釋〉題目與材料與王國維雷同。汪中指出，這一類古時天子宣明政教的建築：「議禮之家，古稱聚訟。較其甚者，無若明堂禮。」[212]

已經有學者注意到王國維對明堂的重複勞作，主要是因為民國時期的孔教會欲仿古代明堂的建築格式建堂。王氏的朋友張爾田寫信給王國維說：「欲為孔會建堂，仿明堂式，大旨亦遵《月令》，屬為覆覈。頗疑四周既建四室，中央太室與四室相拒，必有天井。此天井何以古人未之言？」[213]也就是王國維的研究是為了封建政治所服務的。王國維所提問的環境，研究的問題主要是與權力操作有關。

二重證據的二重如何理解？重的意思，有分層的含意。如果借用地層學（stratigraphy）的概念，這個英文字有書寫與分層的意思。如果我們考古挖掘垂直遺址的分層，根據了解各個分層的出土文物，不僅可以理解每個分層的時期，也可以理解每個分層的當時人類的生活情形。二重證據就是重視物質文化的證據。歷史學家每往下一層挖掘，也就是推進更久遠年代的歷史。

利用古物以證經、史的方法早已有之。然陸懋德指出：「直至清末民初，始有羅振玉、王國維之著作，皆能大規模的利用地下發現之材料，以補充歷史之不足、及糾正歷史之錯誤，此即西洋所謂reconstruction及revision之方法。」[214]糾正的方法，包括懷疑原來的歷史認識。

古物的誘惑與疑惑

京都期間，王國維整理那些來路不明的中國古董，也是在這段時間他成為菸不離手的癮君子。沒有太多嗜好的王氏，在點燃最後一根菸熄了以後自殺。

一九二七年七月十五日，一本不多見的刊物《文字同盟》回憶王國維請客的特殊場景：「先生有奇癖，接客之時，踽踽然接見。客座自亦座，繼而先生手覗袖口，宛如探物，客訝為袖中有癢也。未幾，即出一紙菸，以敬客，己亦自吃，其亦先生留日時之舊習慣乎。」[215]王氏在日本明治時代可以買到天狗及ヒーロー（英雄）牌子的香菸。他從自己的袖口變出菸來請客。同樣是嗜菸名人魯迅，他的詩「起燃菸卷覺新涼」，客途寂寞的王國維是否借助燃起的菸卷感到讀書生活的苦悶？[216]

王、羅兩人生活京都數年，對京都學派第一代的影響鉅大。上山大峻以為：「羅振玉亡命日本時，所帶來的龐大資料，點燃了京都學派的西域學、敦煌學之火。」[217]這一大批史料，啟發日本學界對出土文物的新研究。又例如小學的研究，內藤湖南總結清史的研究，寫道：「小學的研究對象從先人著作變成了出土古物。現今住在京都的羅振玉也是這方面的大家。」[218]賀昌群提到藤田豐八的西域史研究「即因羅氏之富藏，浸染於彼時。」[219]這是羅、王二氏共同開創的新學問大時代。[220]

曾經在北伐質疑蔣介石的郭沫若，在一九二八年二月藉由李一氓等人的協助到日本避難十年。[221]郭沫若對這一時期京都學派的評價：「西京學派就這樣在王國維的影響下，他們才脫出了宋、明舊漢學的窠臼而逐漸地知道了對於清代朴學的尊重。對於中國學問的研究上，日本的學術界可以說是落後了三百年，但他們在短期間之內卻也把那三百年的落後填補起來了。」[222]羅振玉帶去日本的古物，讓日本落後三百年的漢學一下子趕上了。王國維在京都的期間，內藤湖南正值四十六到五十一歲的壯年，開始對日本的漢學進行改革。

在傅佛果（Joshua A. Fogel）對明治漢學三大流分類派中，與王國維長期交流的京都大學第一流學者內藤湖南（一九〇七年就職於京大史學科），[223]屬於長期至中國實地調查並期望中國建立新的共和體制有所改革者。內藤一生困惑的問題：

在辛亥革命之後，政治和社會方面的退步狀況能否使共和國經受住考驗？如果可能的話，那麼怎樣的共和政治才是適合中國的社會和歷史環境呢？不過，在回答這些問題之前，還有更重要的問題需要解答：如果說中國已經出現了「近代」的萌芽，那麼這些萌芽表現在哪裡，又是從什麼時候開始出現的？是開始於清代，還是更早的時代呢？還有，解答這一系列問題對理解現代中國究竟又有著怎樣的意義呢？[224]

從宋代至明清的絕對君主制，如何轉化具備實踐共和政治的條件？內藤湖南所觀察到的中國君主獨裁政治，主要是因為貴族勢力的沒落，相對興起的是士大夫官僚集團的膨脹。士大夫不是一般的庶民，而跟統治者一樣是擁有統治其他人民的權力。[225]

永原慶二指出，明治時期的日本史學與中國同時期的歷史學不同：「日本的東洋史具有一種強烈的傾向，即與其說從中國學習，莫如說是從歐洲帝國主義國家的中國史研究中學習中國史知識乃至中國史觀。當然，也有像內藤湖南那樣對東洋文化具有強烈信心的學者，他甚至認為『對東洋文化的進步發展而言，國民間的差別是個小問題』（《新支那論》），是將亞洲視為一個整體而進行研究的歷史學家。」[226]大部分的東洋史學家，以停滯論不同形式看待中國的社會。

一直到王國維自殺之前，中國仍是持續未統一的民國：

> 對湖南來說，仍然還有一個重要的問題懸而未決，即不管他如何強調中國文化的優越性以及共和政治到來的歷史必然性，從一九一〇年代到一九二〇年代，中國的國家統一尚未實現，而立憲政治的確立也似乎遙遙無期。難道這是因為中國還沒有真正地具備誕生共和政治的歷史條件嗎？湖南絕不這麼認為。那麼，問題出在那兒呢？中國需要怎樣的援助呢？這些都是迫切需要他做出解答的疑問。[227]

與內藤認同的共和中國不同，王國維是一個絕望的「保守主義者」[228]。王氏不認同共和體制。王氏對君主制限度沒有自覺，而有物神化之傾向。王氏在京都期間整理羅振玉帶去的古物古籍，並不帶多少道德意味的。

學者王小林曾提問：「曾經風靡一九二〇年代中國學界的『疑古思潮』是否與日本中國學有著某種關聯呢？」[229]亦即，顧頡剛是否從日本學者的著作獲得靈感而不注明出處？同樣地，王國維的二重證據法，是否與同時代日本學界例如重野安繹對日本歷史的傳說史料的批判有關？

以重野安繹為主的斯文會與當時的中國學者有所往來。斯文會成立於明治十三年，重野安繹擔任當時的修史局史官。[230]王國維剛剛接觸顧頡剛時，認為顧氏的疑古「風氣頗與日本學士略同」，[231]也就是顧頡剛的疑古極可能受日本學者的啟發。

根據西山尚志的研究，日本學者曾用「堯舜抹殺」的說法以批判遠古傳說史料，而王國維提出其二重證據法時也無意間利用「抹殺」這個關鍵詞：「經典所記上古之事，今日雖有未得二重證明者，固未可以完全抹殺也。」[232]西山認為，王氏說法的「抹殺」與日本學界的抹殺提法應該有關。[233]同時期日本與中國的古史研究也面臨道德及科學間的矛盾。

我們可以說，王國維對羅振玉收藏的古器物有一種情結。他對知識是保留懷疑的：他感嘆「人生過處惟存悔，知識增時只益疑。」[234]京都年間正是王國維「知識增時」。隨著對中國歷史的理解，王氏產生越來越多的困擾。歷史集團終究似謎團一般，「《春秋》謎語苦難詮，歷史開山數腐遷。」[235]二重證據法存著無解「謎語」。人生過處的深層生活為生計所苦痛。生活是在預期自殺。

同樣是遺老的沈曾植，也是同光體的詩人，他在一九一一年發下豪語「我輩當圖共死之道，來日大難，自有同死之時也。」[236]這是多麼悲傷的話。他不想一個人死。他想的是一種共死之道。也就是集體自殺為中國文化的衰亡同哭。而且死也一起死，然而什麼是沈曾植所說的共死之時呢？

王國維不應該在一九二七年一個人孤獨地死去。我在讀研究所的時代，上過台大外文系齊邦媛老師的英文課。她教希臘悲劇。齊老師曾經在課堂上討論漢彌爾頓（Edith Hamilton）的洞見「悲劇的痛苦與其他所有的痛苦是不同的」。悲劇挖掘人類的心理，特別在人生某一危機的決定性片刻所產生的巨大恐怖與憐憫等等。[237]漢彌爾頓說：「叔本華在悲劇中看出一種動向——一心一意朝向高處擺盪而去，這種動向從未自外在事物支取過任何原動力。」[238]他一心一意的想死，他的死並沒有從外在的任何東西取得任何原動力。

哀愁的預感

一九一三年，仍在京都的王國維聽聞光緒皇帝的隆裕太后去世的消息。隆裕皇后祭奠儀式過程，曾經發生一件遺民勞乃宣與梁鼎芬大罵代表民國政府外交總長孫寶琦的事，顯示當時殉清遺老的心態。梁鼎芬質問：「你忘了你是孫詒經（按：孫氏是一八六〇年進士）的兒子，你做過大清的官。你今天穿著這身衣服，行這樣的禮，來見先帝，你有廉恥嗎？你是個什麼東西？」[239]

王國維在這一年創作了長篇巨著，歌詠隆裕皇太后。一九一二年三月，王氏又通過歌詠清代代表性的園林建築頤和園，表彰他心目中的清史。王氏寫道：「寡婦孤兒要易欺，謳歌訟獄終何是。」王國維戀戀故朝，心想著隆裕太后及溥儀這一對寡婦孤兒。所謂謳歌訟獄的典故取自《孟子‧萬章》，指的是堯舜二帝之間的交接，舜奪堯之子之位。

黃濬對王國維這一年的創作多所分析。黃濬寫道：「靜庵詠頤和園，而身自沉於昆明湖，亦是一預讖。」[240]京都期間是王國維認真思考自殺的第一期。

王國維也預言袁世凱將會篡位。一九一五年八月，袁世凱的恢復帝制運動，在全國以各式各樣的名目請願變更國體。顯而易見，中國人民對共和體制尚不適應。黎元洪深知袁氏恢復帝制勢在必行，遂一再請辭副總統等職位。袁氏竟然冊封黎元洪為武義親王，同時委任遜親皇族、曾有望入繼皇帝大位的溥倫為參政院長等。結果因蔡鍔等自雲南等組織護國軍討袁，終恚憤而死。[241]一九六〇年代，史語所中古史大師徐高阮指出，「袁的背叛是專制勢力的重振所促成的。」同時，「不經過一個給人民以民主訓練的時期而走入憲政，這就使憲政成為專制的粉飾。」[242]

一九一五年王國維還在日本京都生活。這一年同樣是遺老的詩人陳三立寫了一首詩：「降生父老寵龍媒，六十三年摶一哀。自信眼穿償一死，扶輿初燼未成灰。」陳三立寫這首詩的時候六十三歲。這一年的十二月，袁世凱宣布接受帝位。陳三立做為清朝的遺民，早就了無生趣了。他雖然活著很長壽，在八十五歲，也就是一九三七年日軍攻陷北平時，絕食而死。這也是一種遲來的自殺。

他在一九一五年的時候提到一死，同樣出現在王國維一九二七年的遺書。這個一死的典故出自於宋代的謝枋得。他是南宋遺民，元朝徵調謝枋得至燕京時絕食數日自殺而死。謝氏妻子李氏也在獄中上吊自殺。[243]謝氏留下的遺書：「宋氏孤臣，只欠一死。」只欠一死這四個字，原原本本出現在王國維的遺書中。[244]

一九一五年這一年人還在京都的王國維，同樣關心中國國內的變化。有學者已經指出，一九一五年部分中國知識分子對帝制的重新嚮往，反映了一九一一年辛亥革命的不完全。「皇帝回歸的時間雖短，卻揭示辛亥革命這種突然革除政權核心的作法，對中國政治發展歷程，可能造成長時期或難以挽回的問題和困境。」[245]對一九一六年回到中國的王國維，他面臨了不僅是不同政權的認同困惑，同時也是面對溥儀的君臣關係的大問題。

王國維之死是現代史學史上的大悲劇。唐君毅討論所謂的內在理由，舉了一個例子「執人之自殺者而問之，彼豈無一理由之可說，又豈無自殺之原因？」[246]請問王國維先生，您為什麼自殺？我無理由可說。追究自殺的原因，只是學者的困惑而已。精神醫學家林憲蒐集了各式各樣的自殺案例，認為研究自殺是非常困難的。雖然可以找到一些可能的原因，但是他認為「很難單以某種社會解組原因來加以解釋」。[247]我們不能以單一民國時期文化及社會的崩壞，來解釋王國維最後的死亡抉擇。

美好的年代也有人想死。我讀過不少太宰治的作品。只活了三十九歲的作家是自殺而死的。坂口安吾〈太宰治情死考〉，形容太宰治死的時候，跟他一起死的女子兩個人用繩子在腰間綁在一起。兩人看起來像死意甚堅。死去的女子的手緊緊地摟著太宰治的脖子。坂口安吾問道：「太宰治確實是死不離口，而且在他的作品中也充滿了自殺或有關自殺的暗示，可是他卻絕對沒有到那種非死不可的無可救藥的地步」。[248]同樣的問題也適用於王國維。王國維雖然痛苦，卻也沒有到那種非死不可的地步？如果王國維一九一六年回到上海決心脫離羅振玉，會不會就不會選擇自殺？

就算王國維活過來，他也無法提供一個足以說服學者的理由。這是一個集體自殺的年代。

一九一六年，王國維由京都返回上海。陳鴻祥《王國維年譜》寫道：「本年，日本物價騰漲，王氏尤感生計緊逼。適有同鄉鄒安來書，邀返上海，為英人哈同氏（Silas Aaron Hardoon）編《學術叢編》雜誌。王氏不願再以全家生活有累羅氏，乃決定返國。羅氏《國學叢刊》亦因而輟刊。王氏追述：寓居日本京都四載餘，『生活最為簡單，而學問則變化滋甚。成書之多，為一生冠。』」[249]一個學者的生活，有時候有幾種無法相容的生活傾向。

王國維提早幾年回中國，表面的理由是不想因為全家的生活拖累羅振玉。但實際的理由是他也想在生計上、學問上獨立。王氏的另外一種生活傾向是衷心地臣服於他者，例如溥儀、羅振玉等。另外，他也意識到自己內心中那個理想的幻境。這幾種生活傾向，沒有兩個可以同時地主宰他的生活，有時候還經常會失衡。

早熟的王國維在京都的研究階段學問已經達到最高峰。王國維開始想當一個獨立學者，回上海力圖脫離羅氏的束縛；但欲望與能力絕不協調，終於發生悲劇。

王國維在《紅樓夢評論》中，反覆提及人類之「欲」（也是一種人的覺知）。他在回上海後，即徘徊自沉的「邊際地帶」。命運可以說明悲劇嗎？

第三章

王國維知道什麼？——二重證據法是懷疑的方法

我們如何洞察一位多愁善感的詩人？王國維的精神工作及存在方式的不協調。王國維的懷疑並不是史料層次的懷疑。相對於文學的永恆，歷史這個學科是值得懷疑的。二重證據法的發展經歷了大約三個階段：京都時期、回中國以後的校書時期，及一九二七年前後的變化。

一、共死之道，同死之時

王國維一回到上海首先就面臨生計問題。他孩子多，工作也很不穩定。他一回國就跟好朋友內藤湖南寫信：「維自上月到滬，卒卒鮮暇，未能致書，每想東山山色，如在目前，況重以友朋之樂，講論之益乎？此次返滬，因英人哈同君擬出一學問雜誌，招維主其事，逮到滬後，知事尚可為，因就其聘。」[1] 這只是暫時的兼差工作。

這封信的哈同君，是出身於巴格達猶太家庭的商人。他在當時上海租界靠著房地產發跡。徐鑄成形容當時上海租界裡的哈同帝國如同是租界裡的租界。上海如同麥克莫洛（Gerald McMorrow）作品中的「其時城」。「從一九〇九年愛儷園落成，到一九三一年哈同去世，它不知收容庇護了多少下野政客、在逃官僚。」[2]王國維在愛儷園工作之一是幫哈同鑑定古董。徐鑄成寫道：「對姬覺彌（倉聖明智大學校長）來說，把王先生請進愛儷園，只是一個擺設，王也孤介不同流俗。據說，姬要找他研究古文字，他只是笑笑。有時，姬把蒐集到的古董請他鑑定，他十回有九回說：靠不住的。」[3]

父親曾經擔任哈同花園的畫師的李恩績，非常生動地形容剛從京都回來的王國維：「一個不很高大的身材，面孔也瘦小，牙齒有點獠在外面。常穿著當時通行的及法布袍子，羅緞短袖馬褂。後面拖了一條短辮子。冬天他戴上一個瓜皮帽子，或者穿上羊皮袍子。但他沒有比羊皮更高貴的皮衣。他的衣式不很時式，也不很古板，但很整潔。他的近視鏡是新式的。他也會抽香烟。」[4]這是一個痛苦男人的模樣。本書附上十九張插圖，刻意將羅振玉放在第一張，是為了讀者能夠想像王國維並不像一個學者或羅振玉之類商人氣味。

王國維去哈同私人辦的廣倉學宭（音群）及倉聖明智大學就任。這所大學有非常特殊的校風，「校主到臨，學生須跪迎，如宮中儀式。」[5]所謂的倉，指的是倉頡。這位猶太人熱愛發明中國文字的倉頡。王國維只在這所奇怪的學校上過一學期的課。而且在摩登上海，這位從京都回來的王先生並不受歡迎。[6]王氏投入大部分的精力在廣倉學宭委託的學術雜誌，每月一期，這本雜誌大部分刊載王國維自己所寫的論文。

如何理解王國維從京都剛回上海的心情？羅振玉的外孫劉蕙孫，其父是劉鶚的四子劉大紳，他回憶王國維生計上的矛盾：「雪堂先生指出的道路是現實的。這才下了決心，埋葬了自己的理想，走雪堂道路。從此一直到進入清華國學研究院之日止，就是沿著雪堂路線，成為樸學的超人。」[7]王國維擺盪在理想與現實之間。所有人都會為了生計問題而走上現實路線。整個人都是文學的王國維，竟然為了生計問題成為國學大師。這難道不是人生的大痛苦嗎？

一九一六年王國維回國不久，羅振玉就授其三子羅福萇見王氏並商量生計秘事。羅福萇是中國西夏學等的開創者，可惜很早就去世。王旭梁寫道：「四月，福萇返滬探視雪堂公二女兒，並受父命傳秘事於王國維等。且攜『蘇冶妊鼎』歸東寓。返東時被日警誤認為袁世凱之特務，後見雪堂公方速得澄清。」[8]蘇冶妊鼎是西周時期蘇國夫人為妊姓女兒遠嫁所做的器物。羅振玉交代王國維的秘事，按照同一年相關的記載，就是請王國維在上海鑑定並購買古物，由羅福萇帶回日本後買賣。

一九一六年，王國維觀察中國政局，他指出北方軍閥段祺瑞即將取代袁世凱。雖然國民黨的革命勢力有加無已，但在北伐之前實力還不如段祺瑞一系。王國維寫道：「凡舊系人物已隱隱成一同盟，黨人聲勢亦有加無已，而實力終遜於段，將來總以袁退段代了此一局。揆諸人民厭亂與各方面畏難苟安之心理，捨此絕不出他途。」[9]

王氏對中國的觀察是細密的，整體而言中國無計可言：「可知中國總是此中國，人民終是此人民，雖有聖者亦無可為計，觀近日所經驗者即可知矣。」[10]在此，王國維筆下的中國，不關乎國籍，不關乎民國與清室，終是人民之所繫。中國是人民的主體中國。王國維的中國認同，其邊界如何被界定，進而呈現其文化的關懷，這是非常值得注意的大問題。[11]

一九一六年二月至一九一九年五月，王國維與羅振玉分隔兩地。羅振玉仍住在京都。一九一七年王國維發表著名的論文〈殷周制度論〉。這篇名作討論者極多，本書略過。王國維回國不久，一九一六年七月王氏的好友內藤湖南利用甲骨文發表〈王亥〉一文。仍在日本的羅振玉將內藤氏這篇論文寄給王國維參考。隔一年二月，王國維發表了他的代表作〈殷卜辭中所見先公先王考〉。[12]

內藤湖南發表在先，王國維發表在後，兩者所用的材料都是甲骨文。羅振玉先考出王亥兩個字。王國維認為王亥是商代的先王之一。王氏其實主要是用傳世文獻：「王亥之名及其事迹，非徒見於《山海經》、《竹書》，周、秦間人著書多能道之。」[13]戰國時代的史料涉及王亥當有根據，於卜辭所見先公先王多有所合。只要我們讀屈原在楚國的先王廟壁畫所留下來的《天問》，這首史詩提到殷的先公王亥，他秉承父親王季的德行，卻到狄人那裡從事買賣。王亥竟然跟狄人的酋長的老婆通姦。王亥的弟弟王恒繼承王季的畜牧事業。[14]

內藤湖南討論王亥引用史料與王氏大多相同。[15]王國維進一步將商代祖先的十三人的名字一一考證。[16]錢穆的《國史大綱》將王氏的成果引證，進一步推論所謂的三代中的夏代，應該自有其根據。[17]

內藤湖南曾經評論有關王國維殷周制度的相關研究：「《史記》引用《竹書紀年》的內容說：盤庚以後國都沒變，紂王時都城擴大，南到朝歌，北到邯鄲、沙丘都有分都。如果如此的話，似乎殷代時居民都聚集在都市中了。」[18]《竹書紀年》是戰國時代魏國史官編輯的史書。從夏代開始一直記載到戰國時期的魏襄王為止，有古本與今本兩種佚文。有的學者認為今本不可靠，研究的時候只採用古本。[19]其實古本、今本都有可信之處。王國維即輯有《今本竹書紀年疏證》。[20]王氏的方法都是取自傳世文獻，例如類書中的資料。這本戰國時期的史書，有點像現在報紙的大標題，記載都非常簡略。今本出現的時間其實比古本時代較早。兩種《紀年》所說的殷代的亳，與出土遺址例如二里頭文化（河南偃師翟鎮二里頭村）是否可以對應起來是值得討論的。[21]

王國維從京都回國的隔一年，即關心一九一七年張勳的復辟活動。[22]同一年，俄國革命也引起王氏的注意。他預言：中華民國必結束於共產革命。周言指出，王氏一生其實與政治密不可分：

> 當時即便是如魯迅之深刻者，也認為俄國革命乃是「新世紀的曙光」，而恰恰是這個被人視作「因循守舊」的王國維，出人意料指出了十月革命的歷史暴虐，並由此衍生出「我生不辰」此類絕望的嘆息。羅振玉後來追思王國維，感慨王國維的先見之明：「已而俄國果覆亡，公以為禍將及我，與北方某耆宿書言，觀中國近狀，恐以共和始，而以共產終。」此信已佚，但是王國維在致羅

振玉的一封信中曾提及此信：「前致敬仲（柯劭忞）書，已得其復……永（按：王國維的號）書中有，『始於共和，終於共產』語，乃行文配襯之筆，而敬仲乃反復此語，將其他要言忘卻，殆神明已衰矣。」[23]

王氏自殺後二十二年，民國亡。余英時先生解釋為何外來的共產主義能在中國很快速地流行起來，主要即傳統思想中「均」、「公」的價值觀發生著接引作用。[24]

一九一八年十一月十日，著名學者梁漱溟的父親梁濟殉清。梁濟的兒子梁煥鼎在一九一一年的時候，以十九歲加入革命黨同盟會的京津支部。梁濟知道以後告誡兒子：「吾家累世仕清，謹身以俟天命可已，不可從其後也。」[25]梁濟自殺後，王國維的好友同時也是遺民（曾任清末刑部主事）的張爾田，寫了一封非常長的信與王國維討論古之聖者不忍責人以殉死。[26]

張爾田認為，父子、夫婦及君臣之義不同，臣子不能私君而為己有。張爾田與王國維顯然有共同的古典語言。張氏舉了幾個春秋時代的歷史故事，以為這些故事並不以殉君而得到讚賞。例如公元前五八九年，晉國與齊國大戰，齊頃公親自上戰場指揮，結果齊軍大敗。晉將卻克緊追齊王，逄丑父為救君主與其換裝掩人耳目，使得齊頃公逃過一死。但丑父的妙計並不得到後人的稱讚。另外，春秋時期的齊後莊公與齊國大夫崔杼的妻子有染，崔杼為此而報仇，晏嬰不願意因此為君而殉身。張爾田又舉春秋時魯國季悼子之孫公叔文伯去世，婦人有為其殉死者，其母齊侯之女敬姜並不認同這種做法。王國維當然了解張爾田對梁濟的殉清不以為然，王氏之死也不會假借殉清之名。兩人自死，有不同。

王國維一九二七年的自殺理由不會與梁濟相同。梁濟自殺這一年，曾任中共總書記的陳獨秀寫了篇紀念文。陳氏認為，梁濟言行一致，比一些經常把道德掛在嘴裡的遺老好得多：「就是梁先生自殺，無論是殉清不是，總算以身殉了他的主義。比那把道德禮教綱紀倫常掛在口上的舊官僚，比那把共和民權自治護法寫在臉上的新官僚，到底真偽不同。」[27]

殉死必須得到認可。明治時期的作家森鷗外的歷史小說，以一六四一年幕府時代的九州熊本籓阿部事件為背景，指出家臣為君主殉死必須得到許可：「就算再怎麼思念殿下，也不是什麼人都能任意殉死的。」「在沒有許可下擅自殉死的人是謂『犬死』。」[28]

遺老沈曾植主張認同清廷的人一起死。也就是他曾經說過的選擇共死之時。為什麼提倡共死？何時是共死之時？雷海宗將中國長時期的歷史，從最早的殷商到一八三九以下的清末，只劃分為兩大週期。其中的分水嶺是東漢末年至五胡亂華期間，雷海宗稱之為文化破裂時代。人就在這文化破裂之中（being-in）的痛苦生存。而從清末以下到民國，他認為中國再一次處在第二週的末期時代。怎麼辦？[29]這是帶有一種終末（eschatological）歷史分期的悲觀思想。人朝向集體自殺的幻象也更具體。[30]

也是一九一八年，歷史學家郭沫若寫了一首短詩〈死的誘惑〉，這首詩涉及他對自殺的思考。「窗外的青青海水，不住聲地也向我叫號。她向我叫道：沫若，你別用心焦！你快來入我的懷兒，我好替你除卻許多煩惱。」[31]死亡為什麼比生存更具誘惑力？末期感是一種自己必須單獨去死，這種自殺是無法脫離個人的。末期文化中，王國維想投入死亡的懷抱。

郭沫若的小說不多。其中有一篇自殺文學〈地下的笑聲〉講生存在中華民國恐怖。男女主角是一對音樂家，男主角最後自殺。他躲進防空洞中，他的妻子在他自殺以後發出淒慘痛苦的笑聲。小說一開始是男主角的內心獨白：「你們要我自殺嗎？哼，我偏不自殺！我要是自殺，那不是成為了你們的幫凶？你們害得我已經夠苦，剩給我的就只有死路一條。我早遲是會死的，而且死已經逼在了我的前面了。」[32]故事中的音樂家夫婦雙雙得了梅毒。

生計的痛苦

羅振玉長期買賣古物的作為，曾促使盜墓風氣日盛。黃侃日記的一九二八年六月二十九日條下：「近世碑誌之學大興，而端方輩以得原石相夸尚。予聞碑賈言，北芒古冢無一不遭發掘。自鳴沙石室書出，羅振玉輩印之以得利，王國維輩攷之以得名，於是發丘中郎（盜墓者）乘軺四出，人人冀幸得之。」[33]

王氏痛苦的學問也建立在這些盜賣的出土文物之上。與羅振玉同時代的學者，例如章太炎及上述的黃侃都看不起羅王之輩：「從正統派的章、黃等人的眼中看來，這一批人卻是具有市儈色彩，因而頗有恥與為伍的表示。」[34]羅王一邊買賣古物，一邊利用這些古物做研究。

早期的甲骨文也是好奇者從商人處買來的。例如王懿榮在五十四歲時，「河南彰德府安陽縣小商屯地方發現殷代卜骨龜甲甚多，上有文字。估人攜之京師，公審定為殷商故物，購得數千片。」[35]蕭艾〈王國維交游考略〉也提及王氏做為商人從中得利：「《王國維全集·書信》冊所載一九一六年以后王與羅之信中，有大量談及王在滬搜尋古代名畫、與羅商量收售價格，由羅在日本出售之事。足以說明在此時期內羅兼做古董生意、王亦從中『分惠』，雖不如外間所傳說，而購畫售畫則屬事實。」[36]其說與王東明相同。

德國的經濟思想史家桑巴特（Wener Sombart）提到「一個人，如果他生活在被迫逃離時有能力逃離的幻想之中，那麼他就更容易忍受壓迫性的環境。」[37]王國維的生計生活，他越來越無法忍受。陳來以為：「陳寅恪認為王國維之死因，只在於堅持學術自由，這種理解有過度詮釋之嫌。」[38]我同意陳先生之說。如前述，王氏痛苦很大來自生計的痛苦。民國何來學術自由？

生計往往與學問無法調和。一九二六年，顧頡剛寫了一篇長篇的心路歷程。他坦白自己有四大痛苦，其一是「生計的艱窘」。為了生計往往遷就別人，顧頡剛認為這是墮落。例如顧頡剛說，在學問之外為了錢而「鑽營職務」。[39]顧頡剛也是個病人。他說自己患長期的失眠：「只有失眠症無法治癒，深夜的煎熬竟成了家常便飯！」[40]顧氏用煎熬來形容每晚的失眠。他的讀書筆記，內容涉及的失眠是他一輩子的問題。

生計問題也正是王氏痛苦的最基本根源。當我六十歲時，重讀牟宗三《五十自述》：「那時是民國十七年（應該是民國十六年），我春天到北平，混沌懵懂，一無所知，我只隱隱約約聽說王國維於初夏跳頤和園昆明池自殺了，梁任公隱身於天津，藏起來了。王國維是一代國學大師，晚年鑽研甲骨文，殷周史，於考古學上有貢獻。然沒有進入中國文化生命的底蘊，於西方文化生命的來龍去脈亦未能抓住其綱要。自己生命的途徑，中國文化生命的途徑，皆未能知之確、信之堅，遂鬱悶以終，自殺了事。他不會贊成從廣州來的那一道風。清末民初留下的學人就是那樣清客式的典雅，而於天人之際，古今之變，則一無器識。」[41]

牟氏對王國維「自殺了事」並不寄予同情。死並無法了事。且王氏的學術成果，自己不能「信之堅」，是確實的。重點在對死亡的態度，牟宗三不能理解王氏最後善捨生命的選擇。周作人曾解釋日本「心中」，即以自殺是一種「表示心迹的行為」。經濟迫壓為主因之一。「中國人似未知生命之重，故不知如何善捨其生命。」[42]

王國維之長子王潛明一九二六年病卒，與羅氏失和也是為了錢。羅琨、張永山《羅振玉評傳》全書為羅氏辯解：「羅氏卻認為，喪葬諸費均可承坦，王家有什麼困難，都將『唯力是視』，只是『恤金有關章規定，要給死者配偶』。靜安明知此話有理，卻作不了主。」[43]兒子的撫恤金到底如何處置，王國維很為難。王氏妻主管家中財務，恤金不交兒媳處理。且「羅氏一生對待財產（或遺產）的態度很為明確。」[44]王國維的確窮乏，就連短短的遺囑也特別對子女他死後提及錢：「我雖無財產分文遺汝等。」[45]金錢才是王氏真正的死因吧。

羅氏買賣古文物之利，即混淆私人利益與公共一般的利益。王國維經常在文章中直接說他所利用的文物就是羅氏私人的。君學的特質只是「私」人的。收購古物的人其實不一定為了學術研究，更多地是為私人間收藏、轉售之用。

與王國維學術交流甚多的沈曾植，即多次由中介賣給羅振玉字畫。許全勝《沈曾植年譜長編》一九一六年條下載，王國維致羅氏信函：「因滬上事易惹人耳目，維往觀必疑及公，現在雖秘密，終不能久也。維意惠之尚不至為此事，不過經掮客手有利有害，如索目看畫等事，反以掮客為之較速也。乙老（乙老即沈曾植）辦事周妥，惟不能迅速，又所交涉者為大人先生，不知看畫在何日也。」[46]王國維不願意充任掮客。王氏以為，由他商購字畫「必疑及公」（羅氏），而這一類將古物賣至日本之事「終不能久也」。可能想見，王氏對當古物買賣掮客非常為難。更不必說他為羅氏鑑定、包裝古董及運送之事。

王國維從京都回到上海一直在幫商人羅振玉把古文物賣到日本。這是他生計的來源之一。他用這些錢養活家人，他也用這些收入維持他的學術研究。如何考慮他生產的一篇又一篇的學術論文，其背後的物質條件，而這些物質條件又如何影響或者限制他的學術研究？他發明的道德，他創造的二重證據法並不能也不能越過實際生活的物質條件及生產關係。也就是他的學術研究最終不可避免地具有政治的意義。

羅王兩人從一九〇九年到一九二六年，也就是王國維自殺的前一年，一共留下九百四十七封信。通信的內容除了討論學問，最多的是生計及生活的問題。一九二六年十一月三日，羅振玉寫給王國維的長信，討論兩人對金錢的差別：

> 弟公交垂三十年，方公在滬上，混豫章於凡才之中，弟獨重公才秀，亦曾有一日披荊去棘之勞。此三十年中，大半所至必偕，論學無間，而根本實有不同之點。聖人之道，貴乎中庸，然在聖人已嘆為不可能，故非偏於彼，即偏於此。弟為人偏於博愛，近墨，公偏於自愛，近楊。此不能諱者也。[47]

這是一封絕交信。

信中的弟，是羅振玉的謙稱。羅氏算起舊帳，兩次提到三十年來如何如何。尼布爾（Reinhold Niebuhr）提到人的一種「財產感」，也就是我的東西與你的東西之間的權力，會造成人與人之間各種的關係：「人與人之間的緊張通常會表現為獨特的和截然有別的強烈財產感上。」[48]這對富有自尊心的王國維來說是相當痛苦的。財產即權力。

羅振玉認為兩人雖論學無間，但關鍵之處其實根本不同。道不同不相為謀。羅振玉同樣的話是不敢跟權貴人士說的。羅氏在攀附的能力遠遠超過王國維。在那個悲劇性的時代裡，羅王的友誼告訴我們必須提防羅振玉這一類的讀書人。

羅氏進一步提到兩個人對金錢的態度：一個接近墨子，王國維接近楊朱。楊朱者，春秋戰國時期的思想家，以一毛不拔而聞名。羅振玉大罵王國維如楊朱一般，損一毫而利天下不為也。相對於楊朱，羅振玉自比為墨子博愛無私。楊朱注重樂生，有極端自我主義的傾向。羅振玉對王國維說「弟公交垂三十年」，王國維的世界從此被瓦解、從此他不可能用話語來描述他所知及他所是。

羅振玉這封信總結他跟王國維三十年來對金錢及學問的差異。羅振玉自認學問與王國維不同。雖然兩個人都處理出土文物或實物，但羅振玉的研究主要在蒐集，王國維年少時候的同性友人樊少泉在一九二二年發表的〈最近二十年間中國舊學之進步〉比較羅、王之不同：「羅君以學者之身，百方搜求新出之材料，而為近百年文化之結集，其研究之功，乃為其保存流通之功所掩。王君以精密之分析力與奇異之綜合力，發見舊材料與新材料間之關係，而為中國文化第二步之貢獻，遂使群眾舊學退步之近二十年中，為從古未有之進步。」[49]

狐狸與刺蝟

兩者的確完全不同，王國維奇異之綜合力就彷彿是刺蝟一般。學者有兩種：狐狸與刺蝟。前者看起來很博學，懂很多，後者真正懂得一件事。王國維的天才別人學不來。羅振玉是一隻老狐狸，精通買賣。「只有刺蝟才認得出刺蝟」。[50]

羅振玉終於講真話了？三十多年的老朋友終於攤牌。余英時認為王國維還不到北伐前夕就整個精神崩潰。這是現代中國人個體的危機。必須再一次重視小我（相對文化、國家等大我），這實在是不能輕視的大課題：「王國維是近代對自我追求有深度成就的極少數人之一，只可惜他的自我在周遭的意義世界無法存在，因而整體崩潰。」[51]

王國維是整體的人崩潰，不是跟老朋友吵一架過幾天就沒事的。我們只用歷史學方法，並無法真的斷定羅王兩個人的真正痛苦。刺蝟無法跟刺蝟長久相處。

天才的生計問題與一般人痛苦類似。耶魯大學教授彼得・蓋伊（Peter Gay）研究奧地利音樂家莫札特不擅理財：「每度過一次經濟危機、恢復元氣之後，他繼續四處向人借錢，而且態度越來越卑下，直到他過世的那一年。」[52]

如何不倚靠羅振玉而解決生計問題？一個人在什麼事上可以完全出於自己的選擇？例如死的選擇？杜正勝先生指出傳統中國有殉君而無殉國。按君臣倫理只是一種私人關係的結合。[53]古代臣子的殉死不過是這種私產格局下的產物。王國維的死並非殉君。

王國維思考的並不是自然死亡，而是一種自由死亡。也就是他在哪個不適當的時候（例如一九二七年）還活著？讀過尼采的王國維如何思考這段話：「自由的死，死的自由，當說是的時機消失卻能夠說出一個神聖的不：他就是這樣地了解了怎樣死亡、怎樣生活。」[54]這裡神聖的不，就是自殺作為一種神聖的否定。每一個人都不應當為了活下去這樣的理由活下去。為愛一個人而活。安內馬麗・彼珀

（Annemarie Pieper）寫道：「神聖的否定只是對生活和對通過對立而變化發展的生活原則的徹底的、神聖的肯定的最終結果。」[55]王國維的自殺，是對曾經好好生活後一種徹底的、神聖的生命肯定。

這意味著王國維雖生猶死。他的精神活動，包括他所創造的二重證據法，對其中實物證據的可信性始終是無法確定的。法國歷史學家韋納（Paul Veyne）形容尼采主義者生存的狀態：「死，是的，因為在這位尼采主義者看來，不存在救贖，要麼活在虛無之中，要麼存身於混沌，這是唯一的選擇。」[56]這是一種活著的死亡的選擇。

羅振玉放在清末民初的學術脈絡，算是「現代學者」？這是尼采曾關心的問題。他區分西方傳統的「哲人」與啟蒙運動以來學者的不同出身，學者與民主思想密不可分。[57]王國維同時代的學者鄧實〈國學真論〉討論什麼是「君學」，中國並不存在「國學」之實：

痛夫悲哉！吾中國之無國學也。夫國學者，別乎君學而言之。吾神州之學術，自秦漢以來，一君學之天下而已，無所謂國，無所謂一國之學。何也？知有君不知有國也。近人於政治之界說，既知國家與朝廷之分矣。而言學術，則不知有國學、君學之辨，以故混國學於君學之內，以事君即為愛國，以功令利祿之學，即為國學，其烏知乎國學之自有其真哉？[58]

「知有君」、知有朝廷不知有中華民國的羅振玉，是那一種學者呢？羅振玉真的是一個學者嗎？

遺老陳曾壽女婿周君適的回憶錄多次提及羅氏官商一體：

羅成年後，在江西邱姓私塾教讀。邱藏書甚富，病故后，羅向女東家獻殷勤，騙得了大量的古舊書籍，遂繼父業，由小而大，在大連開設一家「墨緣堂」，買賣書籍、字畫、古董。他既是商人，又是官僚，清末當過學部參事。辛亥革命后，曾旅居日本十年，考古著書，甚負文名，與日本軍政各界交游甚廣。原陝甘總督升允、肅親王善耆赴日本搞復辟活動，多由羅振玉為之拉攏吹噓。由於他手腕靈活，善於交際，逐漸成為資本家、考古家和遺老三重身份的人物。[59]

當時的學者很少是資本家，又同時長期任行政官僚。當官才會累積資本。高陽〈箋陳寅恪《王觀堂先生挽詞》〉一文引述傅斯年對羅振玉的稱呼為「羅賊」、「上虞老賊」、「羅氏老賊」[60]等。所謂「賊」，如周君適所說的「騙得了大量的古舊書籍」等。傅斯年也論及中國學問長期之不續，「從無繼續性之組織，由是專家之學，先生不得以傳學生」。[61]王國維亦自學成家。

羅振玉、王國維兩人作學問的材料是一樣的。但是兩個人的學問取向，借用丸山真男的話：「碰不到共通的根部」。丸山先生提到明治時期日本接受歐洲學問的方式，意識形態上是東洋道德配上西洋的技術。明治時期的學問型態一開始就與支持學問的歐洲思想或文化切割開來，並且獨立分化放在不同的學問範疇中。[62]羅振玉與王國維的學問確是不同的。

為了生計，從一九一九年至一九二三年大約四年多，王國維為藏書家蔣汝藻撰寫書目。王氏藉此機會得以接觸到大量的善本圖書。二重證據法進入到第二階段。蔣汝藻的先人也是浙江有名的藏書家。其有名的藏書樓密韵樓因蔣氏經營事業失敗，家境遜前，大部分的善本後歸於上海商務印書館涵芬樓所有。王國維為蔣汝藻編寫書目的同時，王氏的好友馬衡也代北京大學文科及北大國學門，於一九一七年至一九二二年間多次邀請王國維至北大任教。[63]

王國維閱讀蔣氏所藏各種書籍，共計宋本八十三種、元本一百零二、明本八百六十三種等。[64]王氏所做的並不是版本的研究，他也從中體悟二重證據法的不同層次。如吳修藝指出：「實物資料和文獻資料互相參證，輾轉相生的論證中產生的，而他與前人的差距也正由此而來。」[65]舉例來說，王國維對《資治通鑑》元代胡三省至元二十二年一篇序文的考證，指出蔣汝藻所藏的刊本不是興文署本，而是胡三省的臨海縣刊本。所謂興文署，是元代設於燕京的刻書官署。王國維認為蔣氏所藏紙本是浙江臨海縣的一個刊本，後世翻刊此本。他又進一步比對南宋王應麟所編的類書《玉海》，得出蔣氏所藏刊本大約與《玉海》相互先後。[66]

一九二三年至一九二四年，王國維受多羅特・升允推薦任溥儀的五品官的「南書房行走」。一直到明代亡國，大學士也是五品官而已。王國維的五品俸大概每月六百元，當時的清華大學教授每月四百元。[67]工作一直不穩定的王國維，這是第一次獲得官職。

對一個學人而言，如嚴耕望先生所說的：「名利權位誰不有興趣」。嚴先生說有些學者其實是賣名。學者多多少少都想有權、有位：「但現在學術界人士多喜歡兼任官吏，至少喜歡在學校當什麼長什麼主任，以為有位有權，自以為榮。」[68]學者兼任官吏以後，收入也比一般的學者多。隔年，溥儀即被馮玉祥逐出宮廷。王國維的五品官的榮銜也取消了。

升允這個人在財物上也曾接受羅振玉的資助。[69]升允是蒙古鑲藍旗人，歷陝甘總督等。張勳復辟時，任大學士。文字學家馬敘倫提及升允：「這時梁鼎芬是宗社黨的領袖，他們便由梁鼎芬交結了前清陝甘總督升允。張勳復辟運動，他們事前曉得了，來告訴我，請我早早避開。我正要趁暑假回南，果然我離開北京，東華門的事情就發作了。他們得升允的介紹，到滿洲蒙古各處王公那裏，一度和白俄謝米諾夫也有往來，所以他們到處毫無阻攔，有時仍入關來，必來拜我，商榷方略。」[70]

「他們」指的是馬敘倫的朋友廖容、廖毅等。升允與民國初年的復辟派「宗社黨」（由滿族皇族組成[71]）及滿蒙各處王公都有交往。羅振玉的孫子羅繼祖也提到了金梁，王國維進入到朝廷以後與升允、羅振玉「三方互通消息」，形成小圈子。[72]

皇帝的生計問題

一九二四年，鄭孝胥給溥儀的老師陳寶琛的明志詩寫道：「祈死誰知士變哀，苟且性命且徘徊。王城依舊人如海，名德須推褚彥回。」[73]當時的遺老心情，是希望以南朝齊國的開國大臣褚彥回為榜樣。而以春秋時代晉國大夫范文子因晉厲公戰勝楚國自滿祈死為戒。

這一年馮玉祥的北京政變推翻曹錕與吳佩孚，皖系軍閥段祺瑞擔任臨時執政。段祺瑞向天津的遺老保證會盡量保護溥儀的安危。[74]

一九二四年溥儀出宮，王國維隨侍在旁。民國已經成立多時，溥儀出宮這一天，宮內仍然按著宣統紀年的牌示：「宣統十六年十月初九日」。[75]宣統十六年，中華民國不重要的一年。

今天我們在台北故宮可以參觀的古文物只是當初的一部分。溥儀個人的生計問題也非常嚴重。美國哲學家杜威（John Dewey）在一九一九年來中國訪問提到溥儀，「他根本沒有什麼錢，所以都沒人在意他，唯有日本人一心想在可自行掌控政權之前能復辟皇室。目前的局勢看起來，要不是和會受到了外界的些許壓力，日方大概早就準備好了。」[76]

溥儀之弟溥杰的自傳，回憶早年伴讀溥儀：「我每天上午進宮伴讀，下午回家就帶走一包東西，名義是皇上賞給我的。字畫古籍，什麼珍奇的都有」。這種情況持續一年多，大約運出各種古物兩千多件。溥杰繼續說：「等到把東西運得差不多的時候，我和溥儀就要商量具體出走的計劃了。」[77]

早在一九二四年溥儀被逐出宮外前，他就把宮內的各種文物分批運出。皇帝也有皇帝的生計問題。溥儀的七叔戴濤做為溥儀運寶出宮的參與人：「偷運出宮的珠寶文物，足足裝了近八十個大木箱。為運往天津，戴濤又費了一番腦筋。」[78]

清室所藏的文物珍品，哪些是溥儀私人所有、哪些是民國政府所有，看起來皇帝是認為文物是他個人的。錢穆的力作《中國歷代政治得失》提問一個大問題：「皇室是不是即算政府？若把皇室和政府劃開，這兩邊的職權又怎樣分？」[79] 溥儀的大家族就是政府。

除了買賣文物以外，根據溥儀的堂弟溥佳回憶：「內務府所管的房地產確實不少，在官房租庫裡，光契紙和租約就堆了三間庫房，多少年來從沒有人動它一動。辛亥革命後，經過十多年的變遷，有些土地已由北洋政府接管，盜賣的也不在少數。」[80] 溥儀出宮，「十三年之冬，辦理清室善後委員會接管故宮，其權力不能及乾清宮以南，故庫藏仍未能檢點也。」[81]

一九三〇年，北京的故宮博物院出版了一本特殊的刊物《故宮已佚古物目錄二種》。所謂的已佚古物，主要是在一九二四年溥儀被逐出清宮以前，被內務府以各式各樣的方式變售的故宮器物。清室的內務府主管皇室的私人事務，所轄部門包括五十餘個，包括太醫院、御書處等。民國以後優待經費長期被拖欠，財用日匱。[82]

這本出版品的前言寫道：「在溥儀未出宮以前，為其內務府人員，以諸般抵押變售之方法，而使之消失者也，就清室善後委員會清查內務府所得，其用項以發給該府人員之交際費為多。」就故宮所公布的證據，清室內務府以宮中各種收藏向北京鹽業銀行等借款。另外這份稀奇的史料列出了各式各樣被賣出的古物細目。以及當時各個古玩舖的名稱，已經成立的故宮博物院責備溥儀：「與民間破落戶之變售祖宗木主，又何以異，使溥儀而略有智識者，決不忍也。」[83]

一九二四年，羅振玉將他收藏的內閣大庫檔案賣給也是清朝遺老的李盛鐸。羅氏宣稱擬蓋一藏書樓保存這一批歷史資料，後來自己保存一部份，賣了一部分給日本人，又賣了其中一部分給當時的禹貢學會。羅氏自己保留的內閣大庫的部分史料後來流入滿洲國。[84]羅振玉還囑意王國維撰寫〈庫書樓記〉：「今者又得此大庫之書，宸翰之樓，大雲之庫，與斯樓鼎峙北海濱。」[85]宸翰樓與大雲書庫是羅振玉在京都時期的別墅。事實上這棟藏書樓並沒有建成。相關的文獻倒是售出了。

執行溥儀離宮任務的是北京警備總司令鹿鍾麟。根據鹿鍾麟事後的回憶，一九二四年溥儀出宮有遠因也有近因：「遠因是辛亥革命，不徹底；近因是張勳復辟。當時我們許多人覺得，宣統太不安分了。」[86]對於當時逼宮各界之反應，國務總理唐紹儀說：「稱汪精衛為一九一二年謀奪位之激者。苟中國欲變更清室與民國之關係，亦應以公平有禮貌之動作行之，此非政治問題也，乃道德問題。」[87]

根據趙萬里《王靜安先生年譜》甲子年條下：「十月初九日，皇輿出宮幸攝政王府，先生侍行，未敢稍離左右，其後又時往日使館覲見。」[88]溥儀出宮先到祖父奕譞的王府，暫時居住。整個過程王國維侍行陪伴。

一九二五年故宮博物院成立，負責驅逐溥儀出宮的鹿氏擔任理事一職。[89]吳瀛《故宮塵夢錄》細述溥儀出宮之後的文物善後細節。其中提到住在天津的遺老寓公：「他們也召集了會議，推定了鐵良、升允、袁大化、羅振玉等口口聲聲要到京城來抗議。實際呢？沒來，算了。」[90]這些遺老關心的如同清室所眷戀的事情一模一樣：「清室的全體，留戀著故宮，實際是留戀著那些財寶，這是不言而喻的。雖然有些人，還在想復辟，也無非懷著再得一批財寶的迷夢。」[91]

溥儀也有自己的生計問題。溥儀的堂弟溥佳目擊這一時期羅氏的行動，「羅振玉（南書房行走、后任偽滿參議府參議），他那時經常住在大連，和日本帝國主義分子早就勾勾搭搭。在營救溥儀的時候，他那種老奸巨猾的手段確比鄭孝胥要高出一籌。」[92]鄭孝胥是圍繞在溥儀的遺老舊臣之一。溥佳將之與羅氏相比較，說其政治手腕尤為「老奸巨猾」。王國維與這種人有金錢糾葛，下場可期。

一九二四年年底，孫中山先生為了與北洋軍閥謀和，北上臥病北京飯店。一九二〇年代的中國，到底應該採取何種政治體制才能圖存？這是許多當時有識之士的共同困擾。中央集權或者地方自治之間，事實上也沒有一個定見。

其中一九二〇年代初期民國的聯邦思想達到了極甚。以王國維的清華同事梁啟超而言，一九〇〇年初傾向聯邦制度，之後有多次的轉變。進入民國以後因為憲政難成，再次主張聯邦制度。[93]王國維心中應該是以皇權為中心的中央集權為主的理想。國民黨或共產黨的革命，也是以不同的方式實施中央集權制。

一九二四年，溥儀出宮，復辟前景似乎無望。王國維、羅振玉與柯劭忞三人曾相約殉死。[94]柯氏曾任翰林院編修、侍讀，入民國後任清史館總纂等。撰《新元史》二百五十七卷。[95]根據劉成禺《洪憲紀事詩本事簿注》述及袁世凱稱帝，當時大量清室遺民群居青島一地。「雖未以身殉，大有田橫島上五百人憤慨自殺之意。」

這些清室遺老後來都沒有自殺。柯劭忞還列為青島入仕洪憲朝提名錄之中。[96]

一九二四年柯氏等三人決定殉死，陳寅恪詩述此事：「神武門前御河水，思把深恩酬國士。南齋侍從欲自沉，北門學士邀同死。」[97]神武門即北京天安門前之御河。羅振玉也曾任南書房（南齋）行走。北門為翰林院之代稱，說的是柯劭忞。羅柯二人後來都當官了。三人相約殉國，只有王國維在不到二年之後實踐約定之事。王德威認為所謂的遺民，無非是暗示了一種「與時間脱節的政治主體」。[98]就算是執意尋死也缺乏其合法性。

孫敦恒《王國維年譜新編》四十八歲條下，王氏妻潘夫人即對人說：「先生前於逼宮之役，即有死志。」[99]也就是王國維在一九二七年自殺前即向妻子表白死志。王氏早就把他的願望告訴了他最親近的妻子。問題是：當王國維跟妻子坦承必死，是否還掩蓋了真正的原因？

學問與權力

這一年羅振玉五十九歲。由陳邦直最早撰寫的羅振玉年譜寫道：「奉命與貝勒載潤、紹英、耆齡、寶熙、充皇室善後委員，與民軍折衝，忍恥就議席，席散，悲憤填膺，欲投御河。繼念不可徒死，歸寓，撫膺長慟，神明驟失，王忠慤為延醫士沈士楨診視，謂心氣暴傷，投安眠劑，得睡乃復常，時上居北府危甚，先生懼終不免，乃作遺囑諭諸子，並處分家事。」[100]羅振玉憂國憂民，開始吃安眠藥。他也立下遺囑，以示死志。但像他那麼重要的人是不可以隨便去自殺的。忍辱負重。

王國維在一九二四年即展開他的二重自殺。他不只想死，而且是多次想死。王德毅《王國維年譜》四十八歲條下，「先生日在憂患中，長欲自殺，為家人監視得免。」[101]可見一九二四以後王氏的死意更加堅強。我們可以看隔年他寫給藏書家蔣汝藻之子蔣穀孫的信了解其變化心境。一九二五年一月十二日：「弟此數月來，日在憂患中，亦毫無所見。秋冬間檢理內府銅器，未半而難作。」[102]這裡的難，指的是一九二四年馮軍逐溥儀出宮之難。當時王氏還在宮中內府整理銅器。

一九二五年三月二十五日王氏致蔣汝藻的信寫道：「主人在津，進退綽綽，所不足者錢耳。然困窮至此，而中間派別意見排擠傾軋，乃與承平時無異。故弟於上月中已決就清華學校之聘，全家亦擬遷往清華園，離此人海，計亦良得。」[103]信中提到在天津的溥儀的生計問題，及溥儀家臣間意見不合。而王氏決定到清華國學院就任，離此人海，足見其在一九二四年之後轉為心情憂惶忙迫。

王國維進到宮中以後，為了宮中的文物的處置，與羅振玉意見不同。這些文物都是中國的文化財。羅振玉寫給王國維的信上說：「然高見與弟十九不合。」羅振玉極力說服王氏促成溥儀成立皇家博物館及圖書館，問題是這些文化財的所有應該屬於清室的。

一九二四年，溥儀的英文老師莊士敦奉命管理頤和園。他曾邀請王國維到頤和園共度一天。他們包括羅振玉，討論在頤和園附近的玉泉山設立一個歷史與考古研究中心。這個想法來不及實現，溥儀就被逐出清宮。[104]王國維不反對成立皇家博物館，但哪些是溥儀的財產，哪些又是公有的財產，兩者如何區分？

羅振玉直率的指出意見與王國維十九不合。羅振玉最大的人際痛苦也是王國維。佛洛伊德指出與他人的關係是痛苦最主要的來源，「來自我們和其他人的關係。我們發現，最後這個痛苦或許比任何其他的不幸更令人痛苦。雖然和來自其他根源的痛苦相比，這種痛苦更可能是一種不可避免的命運。」[105]他人即痛苦。

這段時間王國維寫出他入宮以後第一份奏摺：〈論政學疏〉。王國維告訴溥儀，清朝天下還在：「皇上俯臨天下十五年矣。天下者，祖宗之天下也。孝定景皇后以不忍生民爭戰之故，讓政權於民國，然宮禁未移，位號如故，此位號宮禁者，亦祖宗之位號宮禁也。」換言之，王國維還生活在宣統時代。羅振玉與升允極力王氏進呈此疏。王氏的這篇長篇大論，也可見他的確是不折不扣的遺老。[106]

王國維的學問，除了維持生計的穩定之外，也與他追求政治權力有關。邵盈午寫道，遺老的精神情結：「在晚清遺老們看來，人生最大的失意就在於被剝奪了『謀其政』的權利，『三十不官寧有道，一生負氣恐全非』（鄭孝胥詩），他們情感世界的憤懣抑鬱幾乎全集中在這方面，明乎此，我們也就不難理解晚清遺老們為何將自己的全部心力，沉潛於『學問』，從而讓自己的身心浸入一種虛擬的『在其位謀其政』的境界之中——儘管這只是想入非非的一廂情願。」[107]離開了君主，王氏的學問就不是學問了。

周明之指出：「羅振玉的絕對的道德主義是導致他與王國維決裂的基本原因。」[108]但絕對的道德主義只是虛偽而已。王國維與羅氏的友誼裂痕，不待一九二六年王氏之子去世就已經難以彌縫。王國維的女兒王東明指出這段期間，「父親對當時環境的不滿，對羅氏利用他在政爭中作工具，有急欲跳出是非圈的意圖。可是面對的是數十年培植資助他的摯友和共同研究學問的伙伴，卻是一件痛苦的事。」[109]

為了脫離羅振玉的束縛，王國維決定與羅氏疏離：「王氏除了在清華第一年的七月回過天津為羅氏賀六十壽外，一直都與羅氏睽離。這是王羅分別最久的一段時期。」[110]這是分手的時刻。

年少時熟讀《紅樓夢》的王國維一定同意張愛玲對賈寶玉出家決定的這段分析：「散場是時間的悲劇，少年時代一過，就被逐出伊甸園。家中發生變故，已經是發生在庸俗黯淡的成人的世界裡。而那天經地義順理成章的仕途基業竟不堪一擊，這樣靠不住。看穿了之後寶玉終於出家，履行從前對黛玉的看似靠不住的誓言。」[111]

一九二四年王國維就已經死了。人生苦短。王國維太長。快樂的日子，就是已經逝去的那些日子。王國維所期待的痛苦是為了研究工作。他回憶年輕的時候從鄉下來上海，在報社當校對的日子。他想起羅振玉送他到東京留學。也是在京都他第二個女兒王東明出生了。他想起一九二三年溥儀諭旨准他在紫禁城內騎馬。孩子們，我是等著你們大一點才去死啊！王國維從京都回來以後，都已經死過好幾次了。

一九二七年才把自己的作品出版的普魯斯特（Marcel Proust）認為痛苦是人生命中最美好的東西，「我們就會毫不畏懼地想到死，簡直想到一種解脫。」[112]為什麼每一個人總要逝去那麼多的時間，才能再一次活在時間中。

值得一提的是一九二六年夏天，王國維自死之前一年，被逐出故宮的溥儀又發動一場復辟行動。當時直系軍閥吳佩孚的新內閣執政。溥儀以清室內務府的名義上書當時的國務院，希望恢復清室優待條件並重返故宮。對此全國商聯會反對，居住在上海的學者章太炎也公開電文反對溥儀的復辟。[113]贊成溥儀復辟的學者康有為，寫了長信給吳佩孚，說服軍閥中華民國不適合人民，他贊成恢復皇權：「僕頻年漫遊，與全國士大夫談，無不疑民國而主復辟，與各疆帥談，言之尤激，蓋未見有一主民國者。」[114]也就是中國不適合共和制。王國維亦疑中華民國。

《心》的小說原作夏目漱石，討論與一九一一年民國代清相似的明治時代的所謂「殉死」，主人翁「為明治的精神殉死」只是說笑。故事中的主人翁在明治天皇去世「又過了兩三天，我終於決心自殺。就像我不太了解乃木氏殉死的理由一樣」。[115]夏目諷為明治天皇殉死的乃木希典將軍夫婦。當時殉死是被明文禁止的。日本史學者韓歇爾（Kenneth G. Henshall）指出：「殉死被禁止已有一些時候，而有些人批評乃木的行為是時代錯誤的。」[116]把乃木夫婦殉死寫進小說的夏目漱石

「對天皇並沒有過多的敬重或敬意」。[117]而男主角為少年同性友誼而死，假借了明治精神之名。

王國維的死，表面可見的理由與內心的痛苦有多少差距？死是最大的痛苦。沙培德復原一九二四年溥儀被逐出宮的細節，並認為一九二五年二月以後溥儀搬住日本在天津的租界，「清朝——至少在中國本土上——已完完全全真的就此結束了。」[118]

二、二重證據並不存在必真的東西

二重證據法中的二重之一，強調傳世文獻外的實物、出土證據。梁啟超回顧清朝學術在金石學發展的部分，特別提到羅振玉。例如商周青銅器，最早集中於宮中內府。最早的出版品都是官書。也就是這些所研究的器物帶有一定的階級特性。畢竟製造相關器物是跟當時政治權威密不可分。[119]清代道光咸豐以後，金石名家輩出，一時師友相互研討而得。[120]金石指的是青銅玉碑等貴重寶器的學問。然「金石學還不能算真正意義上的中國古典考古」。[121]在王國維的時代面臨的是大量各樣性質不同的實物證據。

實物到底其此性（haeccities）為何？換句話說，每一個實物如果放在歷史研究有何特性？

散氏盤的疑問

王國維得以在器物複件、影件外，親炙宮中所藏實物。例如，他對散氏盤的研究。[122]散氏盤很早就有拓本流傳。章太炎在一八九九的《訄書》討論古代圖畫之書時引用到散氏盤，認為盤的性質類似於簿書。[123]此器物如蕭璠先生所說：「散氏盤銘是一篇記述貴族間因破壞對方田邑而割地賠償的契約文書。」[124]散氏盤即《周禮》所謂地約。也有學者認為散盤所載的紀錄是武力相爭而割地立契。[125]此盤應是西周孝王（前九五〇—前八八六）、夷王（前九二四—前八七八）時期的文物。[126]涉及矢人與散人之間的土地交易關係。[127]盤銘凡三百五十九字。王國維考證其中所載之古地名：「余以為非知此器出土之地，則其中土地名無從臆脫說也。顧此器出世已逾百年，世絕無知其淵源者。」李學勤指出散氏為姬姓，與矢氏有通婚的關係。[128]

在沒有傳世文獻可資證明下，王國維的方法是利用以考古文物間的互證。王氏指出：「嗣讀《克鼎銘》，其中地名頗與此盤相涉。」[129]推而考之。克鼎一器，西周中期孝王之器，一八九〇年陝西扶風法門寺出土。該鼎所載為貴族膳夫「克」獲周王賜予的「從陝西西部直到甘肅東部的涇水流域」的大片田邑。[130]王國維的二重證據法即是比較散氏盤、克鼎銘文中的地名。後者，許倬雲引述王國維的研究，指出克氏田地佔有渭河南北為「大領主」。[131]對地理考證的興趣，也見於王氏生前的最後一篇長文〈金界壕考〉（一九二七）。

散氏盤到底從何而來？在一九二八年中央研究院歷史語言研究所系統考古以前，中國古代器物的出土都是輾轉傳訛，同時出土的器物之間的關係不明，位置之狀無從究解等。馬衡以為：「自來我國古器物之出土，類皆民間偶然發現，隨時隨地殘毀消滅；其得寓士人之目而為史傳所記載者，皆斷缺散佚之餘，什存一二。」[132]許多古器物的來源都是從收藏家或者古董賣賣的商人輾轉而來。舉例來說，河南殷墟出土的甲骨在未經系統挖掘之前「因搜求字骨，毀棄他器，紊亂地下情形，學術上之損失尤大。」[133]

沈宗畸《便佳簃雜鈔》提到散氏盤可能有兩種來源，一說由阮元入貢進入宮中。沈宗畸質疑這種說法，認為是由兩江總督阿敬敏公為嘉慶皇帝五十祝壽進呈。[134]但張廷濟有另外的說法。可見連散氏盤入貢朝廷的來源誰都搞不清楚。

重點是早期如阮元刊行的銘文材料，由手工摹本進步到比較好的拓本流傳。[135]其中有汪喜孫所藏的拓本。王國維在宮中看到的實物，也不清楚散氏盤最早來自於徐氏或洪氏。羅振玉也看過散氏盤的實物，他帶著學生商承祚對散氏盤進行鑑定並拓墨。[136]

一九二九年故宮博物院正式營運，散氏盤的拓本每張賣五十元。劉半農批評「這些東西，本是預備賣給闊老、先生們做為奢侈品。」[137]王國維可以看到這些奢侈品的實物並且進行研究，在當時不是一般學者可以擁有的特權。

散氏盤現存於台北故宮博物院。我在肺炎疫情期間參觀了多次。由於疫情的緣故，遊客不多，我可以仔細地在故宮三〇五室觀察良久。這個盤有兩個附耳，腹部的紋飾是夔（類似龍的異獸）紋。整個腹部有三隻獸首相間分布，盤的足部有獸面紋與竊曲紋（一種橫置的S形）。[138]故宮對這個盤的說明是西周末期的水器。盤的牆面上附有銘文的拓本，記載契約雙方定界的相關人名等。

王氏的散氏盤研究，旨在探究古物不連續的來歷。傳世文獻亦未載的文物的歷史為何。例如，金石學家陳介祺致其同行吳雲的信函：「舊拓金文，惟宗周鐘最縈夢寐，乞為致之。內府藏器真拓尤念之。」[139]陳介祺又特別提到「散氏盤（未入內府，當在何雨窗家）。」[140]何雨窗是誰，有待考。王氏得散氏盤真拓之本，應該在宮中也得見實物。[141]王氏的友人馬衡，後來擔任故宮博物院院長，在一九二九年到一九三二年大量傳拓散氏盤等，以資研究。[142]

田野發掘及可靠紀錄是現代考古學與金石學區別所在。考古學的方法對同一遺址或墓葬器物或器物之間的排隊關係，同時也是「一種器物和器類的發生、發展及其在一定時空中的位的有力工具。」[143]

漢魏石經與二重證據

王氏也研究過「漢魏石經」。藉刻石以傳佈經典，最早始於東漢靈帝熹平四年。魏正始年間（二四〇—二四九），又建立古文、篆、隸三種文字石經於原漢碑之西。之後，唐、後蜀、北宋、南宋、清代踵而行之。[144]王國維以漢、魏之際石經作為討論對象，指出這一時期學術變化最大。

石經所載有多少經數（《尚書》、《春秋》等）、字數多少等，只是王氏的基本工作。他認為「古文」傳本有多種。魏石經中所存的古文為最早，這個判斷是錯誤的。王氏推測，魏石經之古文書體與宋代郭忠恕之《汗簡》、夏竦之《古文四聲韵》

等之古文皆是一系。[145]

到了曹魏時期的正始年間，又有兩部古文經，也就是《尚書》、《春秋》，立在太學之處。所謂的正始石經，屈萬里蒐集正始石經殘碑一共十一枚。但這些出土文物除了文字研究之外，如何放在學術史的脈絡進一步理解？[146]

張須《通鑑學》提到《通鑑》這本書有關東漢末及魏代的石經：「書熹平三體石經，而正始石經不見於魏紀。」[147]傳世文獻對重要的內容也不加以記載，同樣的情形出土文獻恐怕更為嚴重。用不同的文字記載經典，今文往往比古文更為流行。今文跟古文雖然在歷史上並存的態勢，但是所謂的古書辨偽學，「辨偽的偽，首當其衝，是古文經」。[148]清代末年今文學派對古文的批判，是夾雜著政治考慮的。

不過，王氏之友人張爾田了解王氏著作上述問題的用意所在。張氏以為東漢末年古文興、今文衰，[149]以鄭玄為分水嶺，許多經學授受式微。張爾田引述王氏之說，表達魏代以降古文學官紛立。[150]如同王國維強調殷、周之際的大變化，他也主張，「宋元」以下的戲曲不足觀，與漢、魏學術變化之劇烈，必須予以措意。

王國維的經學史研究，其中《經學概論》有較為全面通貫的看法。他並沒有結合對石經的研究，而更多的是對歷代經學變化的洞見。例如他認為古代的六經，其中《詩》、《書》、《禮》、《樂》四者是公學。這些文獻都是古代的公共文獻，非儒者亦能言之。而另外兩書《易》、《春秋》則是早期儒家之內學。一是預測學，另一是人事學。這兩門學問都涉及時間。所謂的盈虛消息、知時生靜。這兩本書都有孔子個人的心得。[151]前四者是所謂的官學。後兩者在戰國到秦漢是各式各樣私人著作的來源。例如，討論災異的《神輸》五篇、《議奏》三十九篇等。[152]諸經各有專門學者，師師代代相傳。

漢人於石經不刊《論語》。宋以後此書才立為學官。王國維的二重證據提到：「今敦煌所出，有唐人寫鄭注《論語》〈述而〉、〈子罕〉、〈鄉黨〉三篇。[153]」[154]鄭玄所注古本早已失傳。傳世文獻相關記載較之出土文獻更為重要。《論語》一書大約成書於戰國初期，是最早的子書之一。[155]孔子的思想及文獻（包括種種傳說）在漢代有流傳的管道。《論語》與孔子一家的《易》、《春秋》等是為儒家之內學。也可以用《論語》來補充古文《左傳》之中孔子之言論及故事。

王國維的石經研究史料的來源，其實是非常不穩定的。舉例來說，一九二五年馬衡到洛陽尋訪，得一批石經的殘石，經椎拓後，寄給王國維參考。這些零零星星的史料，必須參考他家考訂的異文，最主要的資料是傳世的經學文獻，同時也必須比對漢代以後流傳下來的各種石經的本子。虞萬里指出：「漢代師法、家法之間師說文字，未必皆異，三家四家，其異同錯轉不一，故看似確鑿的異文證據，未必是該文本獨有用字。」[156]也就是必須慎用石經的異文資料。傳世經文的各種異文用字未必是錯的。

相對馬衡到洛陽尋訪石經，王國維只是紙上作業。梁啟超曾提到中國的考古「往後要進一步，作有意識的發掘，這類工作，中國完全沒有」。[157]例如如何考慮洛陽太學遺址與石經遺物之間的關係？王國維的歷史地理考證與後來的考古學聚落單位無關。

王氏關心歷史長時期的微妙變化。王國維治學的眼光是「通論」的、不只是詁經、經訓式的。對中國歷史有一通貫的眼光是必須的。王國維有意地突破清代「考証學的美學」，越軌走的相當遠。也做考據的王國維也算是考證學家嗎？

哈佛大學包弼德（Peter Bol）指出，考據學主要是對具體事物意義的追求。這種學者並不存在理學家心中的「理」。[158]所謂的理，雖然有學問所存在的法則意思，最主要的「是道德的準則」。[159]與乾嘉考證學相反，王國維的考證目的具有很濃厚的泛道德色彩。一如陳三立對王氏的整體評價，即「學有偏長，與乾嘉諸老相抗」。[160]

水經注的爭論

從王國維的戴震研究，可以進一步理解其二重證據法所存在的懷疑面向。王氏指出，戴震《水經注》研究存在難題，而戴氏「於六經大義所得頗淺」。[161]道德「大義」所在正是王國維留心處。王氏特別注意戴震的性格，認為學問「實與其性格相關」。[162]根據瞿兌之《杶廬所聞錄》載，戴震好詆毀他人。[163]戴氏無疑得罪同時代不少學者。

《水經注》係北魏時代酈道元的地理著作。這本書僅存北宋時期若干殘本。歷來學者皆有意復原《水經注》原本，戴震也是如此。針對戴震的《水經注》研究，陳橋驛提到一段公案，主角是戴震與趙一清之間的校本：「自從乾隆四十二年（一七八〇）孫灃鼎在〈武英殿校本水經注跋〉（此本現藏上海圖書館）中提到：『吾友朱上舍文藻自四庫總裁王少宰所歸，為予言，此書參用同里趙一清校本，然戴太史無一言及之。』由此一跋，戴書襲趙的議論實際上已經開始。以後戴震的學生段玉裁提出趙書襲戴，而魏源、張穆又先后撰文揭發戴書襲趙，於是論戰大開。」[164]

換言之，有人指責戴震校本抄襲趙本而不載所出，戴氏學生則指趙一清抄襲戴書。這些論戰是非，王國維傾向前者。

胡適生命最後二十年的《水經注》考證，不涉《水經》內容，專為戴震洗刷剿襲之名。胡氏批評的主要對象即是王國維：「王靜菴擺起校勘學者架子來扯大謊也。」[165]指責學者說謊不可謂下手不重。胡適又指出：「靜菴實在沒有懂得這四百年《水經注》諸本『沿褫』的歷史，又實在沒有平心研究趙、全、戴三家校本如何各自用功。」[166]胡氏花二十年以上之力，搜集《水經注》各本。

如何理解前述胡適奇特的研究心理？一九三三年法國漢學界祭酒伯希和來到中國。伯氏此番來華，目的之一是了解當時的中國學研究。伯希和離開北京之前，胡適等人到火車站送行。伯希和告訴胡適等人以為中國堪稱世界學者只有兩人：「中國近代之世界學者，惟王國維及陳先生兩人。」[167]這裡的陳先生就是本書一開始提到的陳垣。胡適對伯希和的評價相當不是滋味。

胡適用《水經注》的研究展現他對考據的反省。一九五二年十二月十九日胡適在台灣大學文學院做了一場《水經注》的演講。結論是戴震沒有見過趙一清、全祖望的校本。他舉例說，一個人如果對一本書校對七遍，結果只留下第五校及第七校，留下的這兩校有相同的，也有不一樣的內容。另外的學者在長期的工作也只留下部分的校本。不同的學者校對同一本書，一定會有完全相同的部分。而這種情況後代的學者對戴震等留下的《水經注》校本「以理想來推校」，這其中難免會有推論的成分。

胡適這場演講總結，戴震之所以會被認為抄襲別人的成果：「因為戴東原是當時思想的一個叛徒，批評宋朝理學，批評程子，朱子。罵戴東原這一班人，又沒有下多的工夫，做到勤，又不仔細的校勘，做到謹，同時動了正誼的火氣，沒有做到和，稍為查了一下，就發表文章，也沒有做到緩。」[168]

戴東原為何是宋明理學的叛徒？按照朱維錚說法：「引人注目的是戴震所謂的真理，不是別的，就是我們已經熟悉的古老命題，體民之情，遂民之欲。所謂欲，據他解釋。便是人類引起日用飲食活動的物質需要，舍是而言理，非古賢聖所謂理也。這分明是荀況早已發現的簡單事實，到了十八世紀六十年代，不但需要重新論證，而且需要借助亞聖孟軻的性善論作掩護才能公諸於眾，可見在封建專制時代要說真話多麼困難。」[169]

問題到底出在哪裡？王國維逐一校對他能見到的《水經注》諸本。例如，明代

《永樂大典》本：「今宋本僅存十一卷有奇，而《大典》此書尚存半部，足彌宋本之闕。又道光時，張石舟穆曾校出《大典》酈書全部。今《大典》已闕，安得張氏校本出，更彌《大典》之缺陷乎？」[170]各種校本究竟有何關係？王國維的研究採懷疑的取向，例如，全祖望校本自稱得自其先人所見之「宋本」。胡適即寫道：「王國維先生是第一個懷疑全謝山家三世先人《水經注》校本的人。」[171]全氏祖宗所見的宋本是假託的。

王氏又懷疑戴震校本中引用的歸有光校本，「以東原之厚誣之《大典》觀之，則所引歸本，疑亦偽托也。」[172]王國維時代，已看不到所謂歸有光校本。丁山指出：「謂戴襲趙，說至不易，王國維進而譏戴氏私改大典原本以實己說，偽託歸有光本，以掩盜竊之跡，則太過。」[173]真的曾有這個校本？不只是各別的異文差異，而是整個本子不見。

那些學者工作所根據的原本，到底是什麼？陳橋驛的《水經注》新校本提到，全祖望家傳的校本即為雙韭山房校本。而清代張穆言、趙一清抄襲全祖望校本，胡適則認為全書其實抄襲趙校本。[174]重點在各本內容其實太相似，故有抄襲之嫌。于大成〈二重證據〉以為研究時若取「宋本」之一，展轉而生多本。「一若其書自古相傳即此一本者，比得古本相勘驗，乃知實有大謬不然者。」[175]

值得注意的是，《水經注》這本書中保存大量隋唐以前的考古文物，例如大量的石刻史料。對這本書用力甚深的，是中央研究院歷史語言研究所前輩嚴耕望先生：「積四十年功力，撰成《唐代交通圖考》，實際上這是一部涵蓋中古的地理書，其對於《水經注》的研讀，使這部重要而又難解的地理書之脈絡可漸漸呈現給學界。」嚴先生的研究對當時的交通路線、僑州、軍府、士族的分布等，皆別開生面。[176]

酈道元直接引用當時所見的各式各樣的刻石兩百多件。這些考古石刻有的也僅存殘石而已，也就是傳世文獻中保存了早期的文物。文獻遺聞，藉此不墜。[177]程千帆〈言公通義〉表達古代文獻大多重複的原因：「口耳之傳，勝于文字；專家之學，不重主名；諸子之言，每存舊典。述作之情，大異後來。不明所以，則真真偽偽，正復難言。」[178]

傳統中國不重視主名也就是作者權。同時也沒有所謂作品原創性的想法。西方有嚴肅作者的概念是跟作品商品化以後有關。[179]也就是法律意義的作品具有財產觀念是非常晚才出現的。所以雷同作品之間，其作者及原創性界線到底在哪裡？中國向來都忽視智慧財產權的問題。

梅廣舉例思想史的史料，不同的文獻與流派之間沒有直接對應的關係：「研究思想史不能從一些共同詞彙的使用上定奪流派的分合，即使想從文獻資料中建立相互間的影響關係也必須要特別小心；不是片段的雷同就能證明誰影響了誰。」[180]二重證據更重要的是注重實物與傳世文獻之間，不同相似文本的差異（discrepancies in texts）。

上述抄本遺失的情況，如果放回先秦兩漢出土文物的流傳狀況，出土文物往往多本歧出，存在抄本的多重遺失鏈，有些關鍵處往往只能存疑。田曉菲認為，在抄本年代的文本是「變動不居」，取得文本者可以合法地「用自己參與創造的文本」成為新作者。[181]福柯（Michel Foucault）〈思想系統史〉所說的知識生產的過程是經由「各種本能、衝動、欲望、恐懼，以及挪用的交互作用。」[182]虛構的全氏三世先人本子、歸有光校本等亦如是觀。羚羊挂角，無跡可尋。學術是衝動、欲望的知識。

什麼是二重證據法？最普通的理解是，用相對原始的出土證據去比較層層修改過的傳世文獻。我想借用義大利作家艾可（Umberto Eco）的術語「互文反諷」，來說明本書已經列舉的許多王國維的學術案例。什麼是互文，艾可認為就是從這個文本跑向另一個文本，二重文本永無止盡的呢喃與對話。互文為什麼又會反諷？史料如何被證據的質疑？

艾可解釋所謂的反諷：「不是陳述真理的相反，而是陳述與談話對象認為是真的東西的相反。」[183]二重證據法經過比較兩種類型的證據，表面得到真的東西。二重證據法，例如用羅振玉蒐藏的那些來路不明的古文物，以否定的方法證明傳世文獻的贗品特質。

復原史實，無論出土文物與傳世文獻，必選擇兩者中之可靠主要證據（evidence in chief），同時運用各種的衍生證據（derivative evidence）之排除及限制。什麼是主要證據？它可以是傳世文獻或出土文物。按所研究不同的歷史真相而尋求as if的相關證據。[184]主要證據中偽造的證據也很重要：「即使有心作偽，其有心亦為歷史真相。」[185]歷史真相與存心作偽的證據是相關的。很可惜，歷史科學中無論是哪一種證據都不存在「必真的東西」。[186]當我們說到證據這個詞，我們指的是一種有限制的模式（qualified model）。考古文物的使用也必須加以限制。出土文物並不以為是（autonomous）就是真實的。考古文物通常需要其他考古文物的配合證實。

王國維的證據主義並不強調出土文物的優先性。梁濤指出：「地下材料與紙上材料指向『糾正』，近年的出土文獻研究中也不乏此例。」[187]出土文物是不協調的證據。人的生活更是如此。

天才的痛苦

二重證據法的發明，對王國維而言是一種痛苦。生命中有一些基本的東西如維持生計等，也會導致生命的空洞貧乏。艾略特（T. S. Eliot）的詩：

> 周而復始的無盡的意念與活動，
> 無盡的發明，無盡的實驗
> 帶來動的知識，而不是靜的；
> 言語的知識，而不是沉默的；
> 文字的知識，卻對道完全無知。[188]

如上一章所說的，王國維研讀哲學之時代，特別注意人群之極少數「天才」，並將不幸、痛苦與之相連：「天才者，天之所靳而人之不幸也。」靳者，天之所奚落、所笑。此天才與人之特殊智力有關，痛苦亦相隨：「夫天才之大小，與其知力意志之大小為比例；故苦痛之小大，亦與天才之大小為比例。」[189]王氏所說的genius，按歷史學家麥克馬洪（Darrin M. McMahon）的新研究，是十八世紀啟蒙運動之後的發明。[190]

痛苦的天才也會生病。人只有在疾病中才會獲得尊嚴。當天才生病，往往比健康的天才更具生命。德國作家湯瑪斯・曼（Thomas Mann）寫道：「尼采說，人是病患的動物，這意思大概是說，人只有在疾病時，才能超越動物性。因此，在精神中，亦即在病患裡，才有人性的尊嚴。而且病患的天才往往比健康的天才更富人性。」[191]天才有兩種，病患的天才是真正的天才。

王國維曾經把人的痛苦分為兩類：天才之痛苦與人人都有的痛苦。他說：「夫歐洲近世之文學中，所以推格代之法斯德為第一者，以其描寫博士法斯德之苦痛，及其解脫之途徑，最為精切故也。」王國維所謂的的第一者格代指的是德國詩人歌德（Johann Wolfgang von Goethe）。法斯德就是歌德筆下的學者浮士德，他對知識感到絕望，曾經追求過他認為有意義的愛情。浮士德與一少女戀愛，這段戀情導致這位少女的母親及兄長意外的死亡。在《浮士德》悲劇的第一部快結束的時候，這位少女將與浮士德所生的孩子溺斃。這是浮士德的痛苦。王國維寫道：「法斯德之苦痛，天才之苦痛；寶玉之苦痛，人人所有之苦痛也。」[192]王國維痛苦，浮士德悲劇之痛苦也。

疾病的自覺

王國維的痛苦，除了生計問題之外，還有多種的疾病纏身困擾。王氏年輕時期就得腳氣病，[193]一直未癒。死前曾因肺病而吐血。[194]王國維致其供奉南書房認識的友人金梁一封信，值得特別注意。這封信由方繼孝收藏，未收入已出版王國維已出版書信集中。王國維寫道：「弟昨往醫生處注射一次，今日大便中仍有病毒而紅色已變為白。大約須注射四次乃妥耳。」[195]王氏看的是西醫。他特別提到自己的白色大便，相當不尋常。也特別提到「病毒」一詞。

病人的自白陳述，如王德威先生對自我秘密的吐露及詮述：「對於這『身體』內部的癥結當事人於自白之際反而不甚了了，必得藉助外人（other）加以闡述詮釋。」[196]白色大便是膽或消化系統病變？健康的糞便顏色一般呈黃色或黃褐色。「之所以是棕色的，是因膽汁色素的關係，而惡臭則是由於細菌分解產物的結果。」[197]隨著糞便中腐敗物質增多，大便的顏色會變得更深。[198]王國維上廁所會觀察自己的大便，確實是非常特殊的個人習慣。

由紅色轉白的大便，病的可能有：慢性細菌性痢疾、潰瘍性結腸炎、直腸癌等。孫淑萍〈疾病與大便顏色〉：「一旦消化道發生病症，大便顏色就會隨之劇變。」[199]或王氏已罹患絕症，消化道出現兆頭？總之，不是好兆頭。拉波特（Dominique Laporte）《屎的歷史》：穢物（faeces）的顏色仍然規定著一種對某些疾病有條理的分類，「不斷編織出一些對應關係，它們同樣被安排在一種身體的地圖學中，圍繞著右側的好兆頭和左側的壞兆頭？」[200]這預示王國維疾病的壞兆頭。

王國維的白色大便，可以與acedia的概念聯繫在一起。這個詞代表著對生存的絕望，同時也包含著「過度的哀傷、恐懼、意志力的喪失」。[201]王國維知道自己時間不多了：「歷經哲學美學轉向的王國維此時傾心考古和文字學，最終自沉而亡；眼無前路，他以此調動了反現代性的現代性。」[202]

我觀看王國維白色大便良久。在寫作的有一天，突然出現了尤里卡時刻

（eureka moments）。也就是從這件從未仔細討論的文件中，突然間發現了什麼。[203]

在這本書我多次引用凱博文教授醫療人類學的經驗。他的力著《照護的靈魂》哀悼他深愛妻子失智症末期的一步步敗壞，以至於死亡。

這部只能細讀反思的人類學經典，寫到有關病人大便的痛苦：「瓊安的病情繼續惡化。她開始尿失禁，必須穿著成人紙尿布，有三次她排便失禁，就排泄在地板上。我把穢物清理好，把地板洗乾淨，然後失控地哭了出來，很確定自己再也撐不下去了。瓊安安慰我，並且鼓勵我，就像她從一開始就對我做的那樣：你辦得到！亞瑟，你辦得到！」[204]

失禁的穢物不只是關於病人的兆頭；它也象徵了病人及其家屬做為一個人的素質被病痛消磨殆盡。凱博文提問醫療人類學的經驗：「你是否能夠忍受他人的痛苦滲入了你的身體中，並從中感到你自己的痛苦？」[205]

就算王國維本身完全沒有意識到自己的末期疾病，遲到的自殺也即將來到：「與每個人身體上的反應無關，病以某種分類表、符號論式的體系存在著。」[206]王氏在清華國學院即自覺活不久。他的學生戴家祥回憶：「一九二六年冬天何士驥（按：國學院首屆學生）流了眼淚對我講，『王先生說自己快會死了』。」[207]王國維對學生的抱怨，表達自己對疾病的不—適（dis-ease）的身體感。「證言總被某種無法說好說滿、卻又不得不說的狀態纏繞著。」[208]這是王氏的身體主觀深刻感受，如醫療人類學家指出的「病人的觀點最終決定了目前他是不是處於生病狀態。」[209]流淚的王國維自覺病重。

道德是痛苦的來源

重點不在王國維的白色大便（Life is full of shits）與哪個病症可以對應起來。而是他為什麼會生病？我認為他的道德觀讓他生病。德國心理學家米勒（Alice Miller）認為病人的「道德阻礙了他們去認清現實，真相一直埋藏在這些才華洋溢之人的身體中。」[210]王國維的道德讓他生病。對溥儀的忠心，對羅振玉的情感勒索，對八個孩子的責任感，對兩個妻子的愛等等。這些問題還不足以讓他去死嗎？米勒說這是人真正痛苦的來源：道德。

為什麼是道德？一九九六年我初識哈佛大學人類學家凱博文教授，那是一次會議的相聚。他告訴我將寫一本關於道德的書，這本學術的專書主要是他自己及聽來的道德故事，他將用讀過的書籍去詮釋。多年以後我收到他寄來的新書，他甚至引用看過的電影來闡述人類道德的困境。

凱博文認為道德有很多種，他認為最重要的是「將自己所信奉的道德標準具體化，我們想像一種可以引導生活朝向正確方向的方式：可以感受到自己對他人的責任，並且遵照這些感受行事；可以去回應那些令人困擾的事或深陷麻煩的人，讓自己覺得在這世上做了些好事。」[211]我不知道我這本書的寫作是否受到他的影響？

毫無疑問，王國維經歷了最困難的道德經驗，及面對讓他深陷麻煩的人，這一切如何發生的？真實的道德跟人的身心狀態是密不可分的。

王國維最嚴重的是一種「神經病症」。也可以說王氏異於常人的特殊體質（idiosyncrasy）。[212]各種神經症的名稱如歇斯底里與現在都不同。無論如何只有一個人的「精神原因」足以發明各式各樣的痛苦症狀。[213]王國維翻譯日文的《心理學》，其中提到「夫人有種種之情欲，種種之習慣，不能各如其快樂而滿足之」。[214]王氏感謝羅振玉，對其存所欲，同時對這個他者表現出期待及失望。

一九二五年，王氏在清華國學院的重要演講〈最近二三十年中中國新發現之學問〉，列舉當時五大出土發現，這五項新發現只提及羅振玉的貢獻。例如，甲骨文字，「丙午，上虞羅叔言參事始官京師，復令估人大蒐之」；敦煌及西域簡牘「癸丑冬曰，沙畹教授寄其校訂未印成之本于羅叔言參事」；敦煌之六朝、唐人文書「己酉冬日，上虞羅氏就伯氏所寄影本」排印出版；內閣大庫「為羅叔言所聞，三倍其價，購之商人」；中國境內之古外族遺物，其中「上虞羅福萇（羅振玉次子）乃始通西夏文之讀」。[215]羅振玉的長子羅福成對西夏文獻也有研究。[216]

王氏以不同方式不斷地呼喚羅振玉之姓名。演講這二年，他正面對失去二個孫女的痛苦。王國維痛苦的呼喊他學術上父親的名字，一遍又一遍。拉康（Jacques Lacan）討論複數（各種稱呼）父親姓名的功能，即連結著禮教價值與人的欲望等矛盾。他說：「神經症與面對父親的欲望的逃避不可分離。」[217]什麼是王國維神經症的心因？在哪些條件之下，才可能在心理學的領域中談論王國維的疾病？那些被壓抑說不出口的巨大痛苦？[218]若不是這一大批實物的出現，王國維的學問仍然侷限在傳統的經典。面對無法逃避巨大的痛苦，產生了最危險的方法。[219]對王國維而言，羅振玉這個金錢慾望來源的父親，是一種大他者的（de）危險慾望。王氏同時渴求的是他與羅振玉的具體差異性。

羅振玉的名字中的「玉」，與欲望的欲音近雙關。余國藩先生指出人類的欲望與生命的棄絕的關係：「王國維認為，『玉』、『欲』音近，彼此雙關互通，還把寶玉的絕塵解為生命意志的棄絕。」[220]

王國維進入清華兩年之後，決定選擇棄絕生命。這位對自我敏感性超過同時代學者的詩人，在個人生計利益與面對羅振玉痛苦友誼下，終於在身心俱疲顯露「自我攻擊的特性」。[221]

美國歷史學者魏斐德提到清代及民國初年知識分子生存在官（公領域）、政治及私領域（特別是經濟的範疇）等三個範疇之間的矛盾。他說中國近代從來不具備一個近代歐洲式的公共領域。所謂的市民社會，是預設個人的私利可以與公共利益相調和。然而中國的官僚們，包括民國時期還存在的溥儀皇帝，都打著為人民利益的旗號，並以道德統治為名。[222]王國維在這個政治無限擴大，同時公私界線模糊之中，個人痛苦達到無法承受的程度。

法國思想家巴迪歐解釋自殺是如何發生的，也就是如何與大他者保持一種相異的關係：「主體的象徵構成如何讓他者成為其構成的內部範疇，任何想將相異性驅逐出去，並徹底清洗主體的企圖都會導致犯罪或自殺行為。」[223]王氏無法逃避他學術上父親，同時也是個人一再重複的焦慮的來源。自殺是一種相異性主觀內在化的挫折。王國維作為「一個病人可以有權選擇其自己的死」。[224]充滿悲劇的時代裡，一個活著痛苦的人如何有權利去死？

王國維的同鄉陳乃乾回憶老友王國維自殺之後，感到自己的生命繼續是多餘的。雖然最終陳乃乾沒有回答他自己提出的問題，也就是王國維為什麼會死：「考查他致死的原因，是否純粹的出於自動？或出某人及某種環境的壓迫，在未死以前竟有不能告人不便告人的隱衷，以致犧牲自己的生命？」[225]王國維得了精神上的口吃。這也是王氏自動產生死亡實在幻境的根源。「自殺正是通過毀滅自己所支配的那點資本來反對這種正統的價值觀念。」[226]所謂的自己可以支配的那點資本指的是生命。

描寫自殺最深刻的，是美國詩人羅賓森（Edwin Arlington Robinson）的〈李查・柯禮〉（Richard Cory）這首詩。柯禮是他虛構的自殺人物，是一位完美先生。這首作品表達了一個人的內心痛苦，別人不一定能夠洞察出來：

> 每當李查・柯禮前往城裡廂，
> 咱們大夥都在路旁向他望：
> 他徹頭徹尾一副紳士模樣，

愛好整潔，修長猶如帝王。
而他總是一身文靜打扮，
說起話來總是通情達理；
但說早安時心裏好慌張，
而走開時又神采飛揚。
而他是位富人——呀，富比國王——
而且受過可羨的學校教育；
總之，咱們認為他美滿無雙，
咱們大有取而代之之想。
咱們成天工作，等待昏黃，
而盤中無肉，麵包難以下嚥；
而李查·柯禮於一平靜的夏夜
回家，以子彈打穿自己的腦腔。[227]

王國維是什麼時候跟詩中的柯禮一樣想死？這首詩中的柯禮的自殺原因，作者並沒有多說。自殺的自由就是理由。知道自殺這件事發生在柯禮身上，與知道柯禮是一位受過高等教育紳士的人生，是不一樣的。哈爾（Richard M. Hare）認為在做道德判斷的時候：「只知道某些事發生在某人身上，與知道他本人是怎樣的，兩者截然不同。」[228]當我們在多年以後看王國維，他本人究竟是怎麼樣的一個人？

痛苦即真實

俄國作家陀思妥耶夫斯基在他的長篇作品《群魔》，這裡的群，主要是取自《新約聖經》的鬼群故事。[229]這部小說是以俄國學生運動涅恰耶夫事件（一八四七－一八八二）為背景，故事中的工程師基里洛夫主張人生最高的自由是自殺。他在故事中也實踐了這個理想：「迄今為止，人之所以如此不幸而又可憐，就是因為他害怕在最重要的問題上表明自己的意志。」「我要以自殺來表明我的獨立不羈和我的可怕的自由。」意志有很多種。自殺是人類追求絕對意志的表現。

王國維的自殺充滿了意義感。每個人在他的一生裡伴隨著持續的否定：年紀越來越大，身體越來越不好，可以追求的東西似乎也越來越有限。但生命中總有一個缺席存在。英國思想家伊格爾頓（Terry Eagleton）寫道：「但凡有東西缺失，慾望就會湧上來。慾望與匱乏有關，它把當下掏空，以便把我們送到某個同樣掏空的未來。在某種意義上，死亡與慾望互為敵手，因為如果我們停止慾望，歷史就會停滯下來。在另一種意義上，作為弗洛依德眼中的生命源動力的慾望，通過其內在的匱乏反映了每個人都無法避免的死亡。在這個意義上，同樣，人生即是對死亡的預期。我們只有心懷死亡才能活下去。」[230]王國維的匱乏不只是生計上的，也包括內在的匱乏，例如太過強烈的道德感。他也只有一直懷著這樣的貧乏的道德感才活下來。

為了捕捉王氏生活的明治時代，我多次觀看一九五五年市川崑的電影作品《心》。這部電影對日本日常家居及生活用品的營造，如簷廊、紙拉門、壁龕衣櫃等形成的特殊的暗影，有種舊式的美感。劇中的男主角是一位不工作、與社會隔離的中年男性。故事表面上是二位男性同時愛上同一位女性，作家三浦紫苑認為沒人敢說出的這部作品是「描寫了一個對同性心生愛戀而困惑苦惱的男人之作」。[231]這是同性之間的精神之愛。故事發生在明治天皇逝去期間。這是關於兩個男人先後自殺的幽微心理故事。

王國維為羅振玉而死嗎？[232]還是王氏只為自己的痛苦而死？傅偉勳指出自殺的

有意義：「在許多特殊的生命境況、精神境況或外在境況下，自殺反可看成正當合理且有人生意義的個人行為。」[233]一個人為什麼不能僅僅為了痛苦而死？王國維為什麼不能在他的精神境況做有意義的自殺？

英國十七世紀的詩人但恩（John Donne）寫道：「我逃避痛苦，因為痛苦即真實。」[234]

三、四一二事件與王國維之死

王國維在一九二五年進入清華國學院，離他實踐自殺不到兩年。清華國學院正式的名稱是清華學校研究院國學部。這所研究院只辦了四年，一九二九年就停辦了。吳宓擔任國學院主任期間，希望能夠普及國學，而王國維等卻堅持國學的高深及專題的研究。

這所結合傳統中國書院理想及西式教育機構的國學研究所，之所以只辦了短短四年，應該不只是王國維與梁啟超先後去世，而是當時的君學大師如何與特定的國學學術旨趣的無法調和。[235]劉禾解釋，中國近代所謂的國學「與現代民族國家之間明顯的對應關係，而這二者皆是現代時期的發明。」[236]

王國維所認同的帝國秩序，與民族國家之間是不可調和的痛苦，他的感受是應該深刻的。

王國維自殺的前一年一九二六年，日本的大正年代（一九一二—一九二六）結束了。這段時期經歷了第一次世界大戰。美國賓州大學狄金森（Frederick R. Dickinson）教授，指出一戰對日本社會產生了根本性的變化。例如到現在還存在的日本老字號百貨公司都是在大正時期成立的。這個極東的島國誕生了所謂的大眾社會。出現了中產階級的大眾讀物，例如講談社的《King》、《主婦之友》等。[237]一九二〇年代，有學者也指出了日本與世界最先進的國家「距離顯著縮短」。日本的經濟與當時的世界市場緊密的結合。根據竹村民郎的大正日本時期的研究，在文化領域日本的文學也首次獲得國際性格。[238]

對照來看，我們必須稍稍回顧一九二七年中國的革命氣氛。王氏自沉的那一年，康有為與前北京大學圖書館長、共產黨員李大釗也不幸逝世。[239]近代中國史家陳旭麓將鴉片戰爭以後到一九四九年之間劃分為軍閥統治的時代。也就是民國持續著各種內戰。他將一九二七年的北伐作為分水嶺。蔣介石只不過形成中國表面統一的形式。[240]可以說整個民國時期都是戰爭時代。軍閥戰爭、對日戰爭到國共持續內戰，無日不戰。

相對於西南地區的軍閥而言，北方的軍閥更為重要，例如三大派系中奉系的張作霖。與日本關係極為密切的張作霖在一九二八年被日本軍閥暗殺。北洋軍閥內部的鬥爭，及日本軍閥暗殺張作霖，其實就是對中國中央政權的爭奪。

早在一九二六年三月二十至二十一日，蔣介石就將黃埔軍校與國民國命軍第一軍所謂共產黨人驅逐，同時派兵包圍蘇聯軍事顧問的住宅及參謀部等動作。當時的蘇聯駐華顧問勃拉戈達托夫回憶：「我們在同群眾交談時得知，在很多村子裡，人們根本就沒聽說過孫中山、國民黨、俄國的十月革命和蘇聯。不僅是群眾，甚至連國民軍的士兵都不清楚這些。」[241]當時的情況連生活在其中的中國人民無從得知真相。

除了大家熟悉的幾個軍閥的名字，還有許許多多大家沒有聽過的小軍閥。舉例來說，袁世凱新軍教練李純，一九一七年在江蘇擔任督軍。七年督軍任期剝削人民大量的錢財。李純的參謀長齊燮元在一九二〇年宣布李純的死因：「當時督軍公署參謀長齊燮元對外宣布李因『憂國憂民』而自殺身死」。[242]王國維是不是也因憂國憂民而自殺？

一九二四到一九二七年，國共歷經三年合作，這期間後者希望製造一個真實的動亂。胡適即解釋，當時中國內部的外國干涉極為嚴重，共黨希望透過相關的抗議活動而引起國際介入：「一九二五到一九二六年間所有大規模的反英的罷工和抵制運動，都是要打破英國在中國的勢力而逼出英國武力的干涉。」[243]胡適也注意到一九二七年的四一二事件導致的全國搜捕共產黨人的運動。

以共產黨人李大釗在一九二七年四一二事件之後被張作霖絞殺為例，我們感受當時肅殺的恐怖氣氛。曾經在北伐期間擔任國民黨中央黨部婦女部的呂雲章回憶：「共產黨的氣焰一天比一天高，蘇聯除派鮑羅庭外，不斷派視察團來，國民黨的同志失踪的一天比一天多，只要在會場關於反對國民黨的提案不發言，第二天失踪。不久，北京市黨部被張作霖在蘇聯大使館抄襲了，李大釗、潞支漁、以及替我當婦女部部長的張愷蘭等都被絞死。我假使晚走一個月或者在上海跟著潞支漁回去，也一定跟著他們同時遇難，這是幸運還是不幸呢？」[244]那一年的四月北洋政府外交次長吳晉獲得蘇聯大使館內有共黨陰謀顛覆政府的活動情報。國民黨與北洋軍閥處於交戰狀態，李大釗也被視為國民黨員或共黨而被判死刑。

李大釗去世，遺體停柩在北京長椿寺，梁漱溟見寺中棺材菲薄。他去求章士釗幫忙。李氏曾經為章士釗三個子女的家庭教師。他們共議李大釗死後裝殮喪事。[245]

一九二七年日本在保護日本僑民的名義下出兵山東，北伐一度中止，日本又撤兵。一九二八年中日之間發生嚴重衝突的濟南慘案。[246]根據周佛海的回憶，當時與張作霖有關的奉軍南下與北伐的革命軍對壘。「隨著革命勢力的發展，國共的摩擦，黨內的糾紛。也同時激盪的發展而尖銳化。」[247]同一年國民黨的武漢及南京兩個政府發生嚴重的分裂。按照中共的觀點，在寧漢兩個政府合流之後，便集中武力，準備消滅中共的武裝力量。[248]

集體死亡的年代

蔣介石即在上海策動所謂的四一二事件。國民黨軍人在上海寶山路一帶對著手無寸鐵的人民開槍。當時的情況，「當百餘萬人（按：此人數不確）的示威隊伍（一九二五年五月的十倍）抵達國民黨駐滬軍隊總司令部時，軍隊未事先警告就開槍射擊。」[249]四一二事件影響波及是全國性的，例如國民黨在廣州等地大肆搜捕共產黨人。

早在四一二事件前一年，蔣介石就在廣州發布戒嚴令。一九二六年三月二十日，蔣介石即在廣州整肅共產黨員領導的海軍單位，並逮捕蘇俄軍事顧問。[250]四一二事件延續前一年的逮捕行動。郭沫若在當時的情勢發表著名的文章〈請看今日之蔣介石〉。[251]對四一二事件進行非常細部討論的日本學者家近亮子，指出上海的資本家要求蔣介石鎮壓共產黨。他寫道：「以上海為中心的資本家階層和北伐的對象——北方社會」是南京國民政府正當性的來源。[252]

這個時候汪精衛，這位年輕時候曾經暗殺溥儀父親的國民黨元老，剛從法國回來，與共產黨人陳獨秀共同發表了一通四百餘字的國共合作宣言，並提出革命向左的口號。[253]

同時與王國維東遊日本的法學家董康，在一九二六年至一九二七年因為政潮波及暫時躲避至日本。這期間他在日本寫的日記，兩次提到羅振玉，同時也兩次提到朋友王國維。在日記的一九二七年三月九日這一天，提到北伐軍的情況「主倡廉潔，頗洽民望。」[254]北伐軍能夠取得一定的成功也是有一定的民意基礎。渴望統一的想法，例如民國第一位獲得博士學位的女性律師鄭毓秀，回憶自己那個時候與丈夫魏道明正在上海反對孫傳芳：「在收復許多省之後，總司令從江西移至浙江，再轉往上海。到上海時，魏博士和我早已與城裡的地下組織密切合作。當時的上海由孫傳芳將軍控制，我們著力在進行一些反對他的工作。」[255]

曾經留學中國的吉川幸次郎指出：「北京大學的先生迎接北伐軍時，十分喜悅，當時作為北伐軍進北京的是白崇禧將軍，白將軍率領的北伐軍，剛到城南的南苑時，北京的文化人代表就前去歡迎，致歡迎辭的是朱希祖先生。」[256]北京大學教授朱希祖的歡迎北伐軍致辭還登在當時的報紙上。

不過北伐事件導致許多類似郭沫若的知識份子更加激烈左傾。例如本書一開始提到的魯迅在國民黨清黨事件以後，思想上更加左傾。[257]李劍農的力作《戊戌以後三十年中國政治史》，討論現代軍事政治的歷史以北伐為斷代：「到十六年三月後旬，國民革命軍的大包圍圈，將要逼近南京，孫（按：孫傳芳）再由南京退往江北，南京便為國民革命軍所占領。于是長江以南，全歸入國民革命軍勢力範圍。直系軍閥的兩派大勢力，都已到了日薄西山的境地。因為蔣介石發動反革命政變，造成寧、漢對立之局，吳佩孚、孫傳芳復得苟延殘喘，與奉系軍閥打成一片，作最後的支撐。」[258]

翻讀一九二七年當時的報紙，全中國陷入一片血雨腥風。例如四月十三日北京的《晨報》：「今晨蔣介石所轄便衣軍隊（攜有機關槍，手槍，炸彈等），在閘北、南市、浦東一帶圍擊各共產系工會。戰鬥良久，工人死十五人，受傷者甚多。六百人已解除武裝，被捕者頗多，共產黨領袖陳獨秀亦被捕。」這是上海的情況，杭州也有類似的事件同時發生。[259]同樣是四月十三日上海的《申報》報導上海閘北寶山路一帶，國民革命軍與工人糾察隊總指揮處的武鬥情況。在湖州會館突然發生了槍響，「即見有六十餘便衣軍，臂纏白布黑工字徽章，正向會所內放槍。門前糾察隊二十餘人，亦向之抵禦。」[260]這裡臂纏白布徽章的所謂便衣軍，其身分是蔣介石聯合青幫以攻擊共黨份子。隔天上海的報紙，刊登上海街頭電線桿上懸掛著共產黨人頭顱的照片。

四一二事件的那天晚上，蔣回到上海的邁爾西愛路（今茂名南路）的住所。國民黨大老、與王國維同年出生的張靜江來到這個住處，勸蔣暫時先下野。第二天蔣就下令國民革命軍服從汪精衛的通電。蔣介石在這一年八月十三日辭職，但不到半年他又復職。[261]四一二事件的隔一天，中國女權運動先驅、同盟會早期成員何香凝「參加了湖北省黨部、漢口特別市黨部召開的會議，發表演說〈蔣介石是反革命派〉，指出蔣介石反對農工、殘害農工，就是反革命，號召討蔣。」[262]

四一二事件前夕的三月底，時任國民軍第六軍政治部的林伯渠，勸第六軍軍長程潛討蔣，不成。四一二事件後幾天，林的四月十七日日記寫道：「六軍學生營隊長王學林率官生奪糾察隊轉殺工人，並禁呼倒蔣口號。」[263]支持蔣的國民軍攻擊上海工人糾察隊。

曾擔任長期新聞記者的陶菊隱回憶四一二事件以後，國民黨控制言論的新局面「蔣介石公開與帝國主義沆瀣一氣，發動了四一二政變，並在公共租借南京東路（按：在上海）哈同大樓成立了新聞檢查所，檢查中國人所辦的報紙。」[264]

與王國維等一樣的知識份子如何感受當時動盪不安的時代氣氛，例如共產黨一九二七年在湖南湖北推行的工人、農民的武裝暴動。共黨不讓當地的國民黨加入工會，當地的工人擁有自衛武器，工人對雇主的抗議活動拿著武器進行暴動是常有的事，工人策動將雇主監禁起來也時有所聞。[265]

湖南著名的學者葉德輝也死在這一年。葉氏向來與革命黨不合。[266]在前述的上海四一二事件不久，四月十四日湖南長沙的教育學會舉行反國民軍蔣介石的示威活動。策畫活動的應該是共黨內部的群眾。平日好發激烈言論的葉德輝，在示威活動之中「遭到革命群眾的嚴厲鎮壓。」[267]

當時長沙的農會是由中共所控制的。葉德輝寫了對聯「農運宏開、稻粱粟麥黍稷、無非雜種」，沒想到罵人雜種的話傳到農會書記柳直荀的耳中，於是農會的糾察隊衝進葉德輝的住所，將葉德輝拖到長沙城的教育會坪處死。[268]葉氏的死傳到北京，對人在清華大學國學院的王國維造成心理上極大的震動。[269]胡適對這件事做了一首詩：「殺我者誰？共產黨。我若當權還一樣。當年我要殺康粱，看來同是糊塗賬。」[270]余英時先生提到：「在一九二七年以後，甚至國民黨的吳稚暉和胡漢民也說胡適是反革命了。」[271]一九二七年以後，革命導致知識分子思想的激進化。

曾經在江蘇無錫辦國學專修館的教育家唐文治，一九二七年也受到當地的共產黨、縣教育委員徐夢影的命令解散國學館。是年六月，徐夢影因清黨而遭到處決。唐文治回憶：「革命軍之入蘇也，有共產黨雜其間。錫邑教育局長徐夢影，共黨也，本不以專修館為然。有朱某者，具呈請封閉專修館，徐夢影遂令解散。館生崔履宸、張惟明、路式遵等赴縣署力爭，不能挽回，余即於二月二十六日辭職。」「旋工會解散，辦理清黨，主持公論者頗多，始得無事。其後，徐夢影逃上海，聞已伏法矣。」[272]

學者身處其間不免於難。在王國維自殺前一天，考慮如何避難的同時，葉德輝等人的死恐怕是當時知識分子揮不去的陰影。四一二事件以後，上海親近國民黨的團體請國民政府通緝章太炎等十幾位學者。[273]原因是章太炎在一九二三年以後即反對南方政府的北伐統一。章氏主張聯省自治，特別是支持湖南、四川等地的軍閥統治。[274]北伐後，章太炎自封民國遺民。

北伐的暴力化

四一二政變之後，上海成立特別市，由蔣的盟友黃郛接任第一任市長，[275]負責四一二事件的善後事宜。黃郛並促成江浙財團與蔣的軍事集團緊密聯合：「黃郛同江浙資產階級有密切關係，與中國銀行關係尤深，南京國民政府建立後，經濟上更仰賴于江浙資產階級的支持，上海的地位便格外突出。」[276]

呂思勉觀察到國民黨以北伐為分水嶺的大變化：「國民黨初起時，綱紀頗佳，然于北伐後遂漸壞，其職權與行政機關相混淆，或且制肘；社會視之，亦無異于一類行政機關之組織。至真為黨效忠者已寡，因黨而起之兵爭，亦不過為地盤勢力而已。」[277]余英時先生指出，國民黨北伐的過程造成其中下階層的幹部「流氓地痞化」。[278]北伐的全面暴力化，導致知識分子的幻滅。

王氏最後選擇自殺，不在別的時間，而在一九二七年，不是偶然的。仔細閱讀當時人在四川的學者吳虞於一九二七年整年的日記，這一年他記載了全國很多的暴力事件：「今年之殺機，何其甚也。」[279]一九二七年中國大屠殺。吳虞在一九二八年三月二十二日的日記寫道：「國民黨之成績，清黨以來，已殺二十萬人以上也。」[280]

清黨所殺的人是否是為共黨並不清楚。研究中國近代史的專家蔣廷黻說：「老百姓搞不清楚誰是共產黨誰不是共產黨。就是搞政治的和軍人也弄不清楚。到處充滿了懷疑和猜測。在國民黨之內也很不和協，人與人，派系與派系之間，紛爭不已。很少有人急於執行國父的主張。革命份子大多數想營求地位爭取工作崗位。」[281]這些保存在知識份子回憶的心聲，反映了所有人民的痛苦。

周作人一九二七年出版的文集《談虎集》中的記載可以體驗這一時期的恐怖氣氛，其中談到遺老及王國維的二重生活：「此輩全無心肝，始能恬然過其耗子蝗蟲之生活，絕非常人所能模仿，而王君（按：王國維）不慎，貿然從之，終以身殉，亦可悲矣。語云，其作始也簡，其將畢也鉅，學者其以此為鑑：治學術藝文者須一依自己的本性，堅持勇往，勿涉及政治的意見而改其趨向，終成為二重的生活，身心分裂，趨于毀滅，是為至要也。」[282]王國維也不過是過著雙面生活的鼠輩。

周作人也在這一年指出中國人好殺之本性。從皇帝到學者，都把殺人當目的：「在別國人我也不能保證他們必不如此，但我相信這在中國總是一種根深蒂固的遺傳病，上自皇帝將軍，下至學者流氓，無不傳染得很深很重，將來中國滅亡之根即在於此，決不是別的帝國主義等的關係。」[283]也就是中國人有極嚴重的暴力傾向？黃仁宇指出北伐確是中國現代史的轉捩點，就算多殺人「其本身又不乏積極性格」。從黃仁宇的大歷史觀來看，任何事件只要事後把時間拉長以後，都具備歷史的合理性。[284]

一九二八年周作人寫他對北伐的絕望〈歷史〉：「我讀了中國歷史，對於中國民族和我自己失了九成以上的希望。」[285]許多失望的知識份子從北京前往上海，如魏定熙（Timothy B. Weston）研究一九二〇年代北京大學的變化：「到一九二七年底，北京大學作為一個人文薈萃政治活耀的中心已不復存在，《語絲》（按：孫伏園等）和《現代評論》（梁實秋等）便都轉移到了上海。許多南下的北京知識分子利用人脈找到了教職，又重新開始學術研究。」[286]這一年王國維如果不自殺，再次回上海魔都謀求生計也是一個選擇。

經歷過一九二七年四一二事件的經濟學家千家駒回憶：「因為北洋軍閥政府這

樣公開的大規模殺害政治犯，還是第一次（按：指的是李大釗等被殺）。當然，這比之蔣介石的大批屠殺共產黨來，不過是小巫而已。」[287]這一年夏天千家駒回浙江武義縣家鄉探親，就受到當時的清黨委員搜索調查。

曾經在史語所工作的學者王明在北伐期間正好是十五、十六歲：「我在一九二六年暑期考上溫州十中，正在專心上課，到這年冬天，忽而廣東北伐軍從福建進入浙江，驅逐了軍閥孫傳芳的盤踞勢力。從此時局動盪，風潮迭起，中學時常停課，學生比較逍遙自在。」[288]

同一年，共產黨員郭影秋剛入銅山師範，他回憶：「我因目睹四一二政變後，國民黨到處清黨，屠殺共產黨人，對國民黨已引起反感，覺得把這個新牌國民黨迎來，只能使學校更加法西斯化。」[289]

蔣介石偏離孫中山的革命路線，進行黨內奪權。柳亞子〈回憶『四・一二』政變〉：「『四・一二的慘案，馬上到來，屠殺了數以百萬計的青年工人和學生。他們口頭上說的是清黨，是清洗中國國民黨內潛伏的共產跨黨分子。實際上呢！中國國民黨的優秀黨員，總理的忠實信徒，也被他屠戮了不少。」[290]「老而不死的吳賊敬恆，電賀蔣匪幫的劊子手某某說：『公真天人也。』」[291]

曾經在中國生活超過四十年的日本觀察家橘樸，沉痛的指出「即便是與五代、南北朝或是春秋戰國等黑暗時代相較，民國時期之悲慘狀態恐怕還是遠超乎上。」[292]如同我在本書第一章提到凱博文的研究取徑，一個值得探討的道德問題往往與個人的情緒，以及政治上的混亂密不可分。

在一切的絕望中

從四一二事件到王國維自殺不到兩個月。兩者的關係，不是因果的，而是強調王國維的自殺的外在條件。[293]我大學時候上李守孔老師的中國現代史的必修課。他上課不按照自己的教科書《中國近代史》演講。課堂上講的秘聞也從來沒有講過四一二事件。李老師應該是略過不提這個事件。他提到四一二事件後幾天，汪精衛下令解除蔣介石北伐總司令的職務。同時唐生智在漢口組織東征軍準備進攻南京政府。[294]陳布雷編的〈蔣介石先生年表〉非常詳盡。一九二七年條下，蔣介石四十一歲，四月只提到解散上海總工會。[295]

四一二事件以後，魯迅為自己的集子《野草》寫了一篇題辭。時間在一九二七年四月二十六日。當時人在廣州中山大學的魯迅也遇到四月十五的國民黨的屠殺。

魯迅寫作這篇題辭的心情，從窗口望出去，樓下有荷槍實彈的警察監視著。[296]他想得很深很遠：「過去的生命已經死亡。」與王國維一樣，這一年的民國生命已經死了。而中國人民就像野草一般，更深的生活在黑暗的舊社會裡：「我自愛我的的野草，但我憎惡這以野草作裝飾的地面。地火在地下運行，奔突；熔岩一旦噴出，將燒盡一切野草，以及喬木，于是並且無可朽腐。」[297]殺人如草。這篇題辭在他一九三一年五月《野草》再版的時候，被檢查機關抽去。

當時左派的出版家張靜廬指出北伐期間的有些書籍還賣得不錯：「從民國十四至民國十六年的三年間，我們也可稱它為新書業的黃金時代。革命策源地——廣州，是唯一的銷書市場。上海，雖在孫傳芳、李寶章等高壓之下，但是他們對於出版物是不在心上的。共產黨的機關刊物《嚮導》和《中國青年》，一樣地平安在上海流行著，其他的文藝讀物當然更不成問題了。」[298]這種情況在北伐之後就改變了。

一九二七年九月二十七日，魯迅與學生許廣平一起登上海輪從廣州前往上海，從此他採取所謂就姑且活下去的態度。對北伐以後中國的情況，他嘲諷地說：「北伐成功了，北京屬於國民黨，學生們就都到了進研究室的時代，五四式是不對了。

為什麼呢？因為這是很容易為反動派所利用的。為了矯正這種壞脾氣，我們的政府，軍人，學者，文豪，警察，偵探，實在費了不少的苦心。用詰諭，用刀槍，用書報，用鍛鍊，用逮捕，用拷問，直到去年請願之徒，死的都是自行失足落水。」[299]王國維死的時間是非常適當的。

一九二七年魯迅之弟周作人，在北平的院子裡獨對一灘苦雨。他在這一年認為中華民族亡有餘辜。在一切絕望之中，他指出中國人民最缺乏的是徹底的個人主義。[300]

發生四一二事件的上海，從此以後開始新的變化。民族主義抬頭，世界主義的普世性式微。李歐梵的《上海摩登》寫道：「中國方面的情形也山水巨變。群眾運動積聚了巨大的力量和影響以致於蔣介石在一九二七年四月突然對全體共產黨員發動了一次清洗。中國共產黨被迫轉入農村，同時也放棄了其城市基礎，並逐漸拋棄了基於工人運動的城市戰略。蔣介石於一九二八年在南京強化他的國民黨政權後，也開始以民族主義的名義進行意識形態上的控制。」[301]

一九二七年思想家朱謙之提到「所以自殺和革命這兩大思潮，差不多就占了我生涯的大半。於是我於一九二〇年七月五日，竟實行自殺了。」[302]一九二〇年代是中國知識分子集體自殺的年代。可見朱謙之計畫自殺的想法占據他生涯的很大部分。

一九二七年秋錢穆在蘇州省立中學教書。[303]早在一九二四年他就誠心接受孫中山的三民主義。他對中國文化的理解是正面的。如同強調文化與國家體制的不可分割性，馬修・阿諾德（Matthew Arnold）以為：「文化是對抗失序的砥柱，因為文化讓我們對國家體制有抱負、有期許。」[304]

詩人聞一多的民國世界——

這是一溝絕望的死水，
這裡斷不是美的所在，
不如讓給醜惡來開墾，
看他造出個什麼世界。[305]

北伐以後，知識界有什麼變化？何兆武回憶在這之後學校就有了政治學習：「我做小學生時，北伐以後就有了政治學習，黨義和革命史是學校裡的共同課，要背三民主義。」[306]我在學生的時候，也是要背三民主義，要上軍訓課。北伐的隔一年哲學家張岱年考上清華大學「開學之後，添設了軍事訓練，由兩個國民黨軍官任教官。我不願受國民黨的軍事訓練，退學了。」[307]

羅家倫也是打著北伐的旗幟接收了清華大學。馮友蘭回憶：「在一九二八年，國民政府的北伐，是受到人民擁護的，羅家倫是乘北伐之餘威，打著革命的旗幟，進入清華的。」[308]

北伐之後，知識分子內部分裂。到一九三〇年代知識界已徹底決裂。王曉漁寫道：「如果說一九二七年之前，知識分子雖然有內部分歧，他們面對外部的高壓政治還能擁有共同的底線；等到一九三〇年之後，他們內部分歧似乎已經超過了他們對外部高壓政治的一致性。也就是說，當國民黨推行一黨專政的時候，知識分子不但沒有共同維護一些基本底線，反而陷入內耗。」[309]王國維若不死，很顯然的他對北伐以後國民黨一黨專政的傾向是不會理會的。

芸芸眾生的痛苦

四一二事件以後，中國思想學界發生了中國社會史論戰。論戰的結果「企圖由之做出政治的結論」[310]並同時進行土地革命等。當時的及古代的中國社會的性質是什麼？一九二七年初，擔任黃埔軍校武漢分校的政治教官陶希聖，在北伐以後也擔任國民黨總政治部的秘書處主任，也加入與中共學者之間的辯論：「當時中共幹部派主張中國社會是半封建半資本主義社會，為其在長江流域製造農民暴動、實行土地革命之理論根據。」[311]

殷代與周代都是奴隸社會？之後中國進入長時間的封建社會時期？一九二九年陶希聖出版《中國社會與中國革命》，從這個書名就可以了解從事革命必須了解當時的中國社會性質。陶希聖說，中華民國「政治制度是現代的，社會基礎是古代的。辛亥革命以後的民主主義，可以說是有古代的社會基礎之現代的政治制度。」[312]問題是長期的封建社會如何斷代分期的問題，每個學者又有不同的說法。

逯耀東也提到四一二清黨以後，這一年四月底在武漢召開第五次全國代表大會，結果中國社會史大論戰，導致了王國維的研究成果結合馬克思的歷史發展五段論的公式。[313]一九二七年大部分參加社會史論戰的學者，主要是為了下個階段的革命。德里克（Arif Dirlik）指出：「一九二七年，經歷了革命的失敗的中國馬克思主義者轉向歷史研究，試圖以此證明自己的革命出發點是正確的。結果是，史學能夠證明所有不同的革命策略的合理性。」[314]

郭湛波《近五十年中國思想史》寫道：「王氏繼考證學之續，由古籍至古器物，及龜甲骨文；而龜甲骨文適為中國社會史之據，這又是思想一個矛盾的進展。」[315]郭湛波所說的矛盾，指的是中國社會史論戰中對中國社會性質的討論，王國維的學問非常奇異的與左派馬克思史學結合起來。

例如在北伐以後流亡日本十年的「郭沫若就利用王國維留下的基礎，和馬克思理論結合起來，討論中國古代社會。」[316]另一方面王國維的學術遺產，也逐漸在歷史研究中形成了「先師派」。[317]也就是研究中國古代史言必稱王國維先生。

四一二政變以後，共產黨領袖陳獨秀反對與國民黨左右兩派合作。四月政變當時只是中國共產黨主流之一的毛澤東回憶：「四月間，南京和上海開始了反共的運動。在廣州也發生了同樣的情形。五月二十一日，湖南發生了一次暴動，有幾十個農人和工人被殺。」[318]

一九二七年，這一年的八月周恩來與南昌起義的朱德共同走上革命道路，後來上了井岡山與毛澤東會師。[319]就在井岡山的水坑村的一條小溪旁邊，朱毛兩人的軍隊會合，組成一支一萬多人的軍隊。一九二七年所謂的紅軍誕生了。[320]八一建軍節也是發生在這一年。

一九二七年的北伐「還是資產階級的事」。[321]何炳棣指出，從一八五〇年後，整體中國就是「不得不以進一步降低生活水準為代價以安排養活更多的人口，如此而已。」[322]

也是一九二七，蔣夢麟指出共產黨開始在廣大的農村地區擴展他們的力量。從一九二八到一九三四年六年之間，農民暴動遍及全中國十八省兩百餘縣。[323]

陳永發先生指出從一九二七年開始，中共轉向鄉村發展：「從一九二七年夏到一九三一年秋，短短三、四年之間，中共在廣大的農村地帶建立國中之國，控制了大約一千萬的人口。」[324]一九二七年後殘餘軍閥的態度也把中共在農村的活動只當成各省的家務事來處理。[325]以這個分水嶺，中國共產黨激進化，同時日本軍閥準備在中國建立一個新的滿洲國，都是讓當時的知識份子處於黑暗的深淵之中。

韋蘇（Sue Williams）在一九八九年的歷史紀錄片《中國三部曲》（China Trilogy），提到蔣的失敗是因為在一九四八年之前中共早就控制了東北。這是國共內戰成敗的關鍵。這部記錄片所提供的影像，刺激歷史研究的想像。例如有幾次畫面是在街上公開槍殺人民的鏡頭。借用羅志田的提問：「近代中國何以久亂而不治？」[326]換一個提問方式：中華民國為什麼久亂？久亂的民國無法誕生公民社會。

一九三三年，年僅二十九歲的詩人朱湘搭乘上海至南京的江輪在途中投河自殺。朱湘的詩寫道：「中國該亡或許是一句真理。他是敗家子，穿的錦衣繡裳已經破了，他還在口頭上講那賣了的老家是多麼富麗。」[327]

如何理解中國人民的痛苦？詩人徐遲的詩寫道：「從前人是一個一個地死的，所以不知道什麼是死。現在死是以千百計，成億成萬計了，現在該知道什麼是死了吧。」[328]

一九二七年後中國人民成億成萬計的死亡，如同法國年鑑學派的創始人布洛赫（Marc Bloch）提到歷史所關心的對象是複數的人（men），「遠比有利於抽象觀念的單數，更適合研究變遷的科學（the science of change）。」[329]複數的痛苦的人，如康德所說的，沒有任何一個人想在這種情況下重活一次。康德的確把人的生活形容為一種受刑過程的緩刑期，就算生活優越的人也是在勞苦愁煩中度過。[330]

德語詩人策蘭（Paul Celan）的個人傳記，在動盪的黑暗時代提問一個也是王國維會問的問題：「除了自殺，難道還有其他方式可以填平現實世界中橫亙於犧牲者和倖存者間的那道鴻溝嗎？」[331]

如何體驗北伐時期那些現實世界中芸芸眾生間的痛苦？這個時候的溥儀正在天

津當寓公。一九二七年的秋天，當時北方的執政段祺瑞與溥儀會晤協商，「由于溥儀不肯放下皇帝的架子，段祺瑞又持執政之傲氣，雙方不歡而散。」[332]

因日軍在此時間出兵山東，蔣的第一集團軍在濟南為日軍所阻；而馮玉祥的第二集團軍、閻錫山的第三集團軍、李宗仁的第四集團軍聲勢都超過蔣的力量。張玉法指出：「四個集團軍之間的矛盾，引起了北伐以後的連年動亂。」[333]又例如以白崇禧為主的桂系一路打進北京，完成北伐。桂系勢力在此期間大肆膨脹，「南起鎮南關（廣西），北至山海關（河北），都是桂系勢力範圍。蔣氏對此，自然感受威脅。」[334]

中國內戰從此無已時。北伐不久就爆發蔣桂戰爭，廣西與中央對峙六年之久。蔣對白崇禧極為猜忌，不久又出現各軍系的反蔣的中原大戰。白先勇指出：「蔣氏過於迷思中央集權式的國家統一，才使得內戰頻仍，穩定的政治制度無法建立，國家難有真正的統一。」[335]一九二七年以後，中國以內戰為主要的發展情勢。馮友蘭提到閻錫山、馮玉祥等軍閥與蔣的中原大戰對學術界的種種影響。[336]例如清華大學的人事任命，主要是取決於南京政權的內定。[337]

易勞逸（Lloyd E. Eastman）指出，由於人的性格及中國文化的障礙始終存在，在蔣介石北伐後統治中國的最初十年，腐敗貪污及毫無效率的政府完全喪失了原有革命的精神。[338]中國人對權力的依賴，竟如此根深蒂固的。

也是一九二七這一年，蔣介石與宋美齡完成了大婚。[339]四一二大屠殺消息傳到莫斯科，蔣經國寫了一封公開信譴責蔣介石的暴行，信中部分內容刊登於當時俄羅斯報紙。那年他進入紅軍，在列寧格勒的軍事學校繼續讀書。[340]蔣經國後來改寫自己這段歷史。

遺老化的國學

一九二七年王國維過世，隔不到兩年梁啟超也去世了。根據趙儷生的對清華國學院回憶：「自一九二五至一九二九，招收過四班研究生，這些研究生遍布到全國去，也的確在中國傳統文化方面起了作用，但很快王國維大師投湖自盡了，梁啟超本身是一半政客一半學者，也病故了。」[341]

一九二七年的夏天，清華國學院培養的考古學者吳金鼎，沒有拿到畢業證書。他的重要著作《山東人體質之研究》就是他在清華國學院的學位論文。[342]這篇論文受李濟的人體測驗法指導，一共測量二百九十一人。他先走出了清華校園，暫時回到母校齊魯大學做一名助教。

吳金鼎雖然沒有取得清華研究院的學歷，後來成為舉世聞名的黑陶龍山文化（新石器時代晚期）的第一位發現人。[343]丁山提到吳金鼎在王國維去世三年後的重要貢獻：「一九三〇年李濟博士與吳金鼎先生在山東歷城龍山鎮發掘史前遺址，刊行了城子崖，證明渤海南岸，另成一種文化系統。」[344]岳南力作《之後再無大師》：「就在吳金鼎任教齊大並立志要在考古學與人類學領域幹出一番事業時，清華國學研究院在時代的隆隆炮聲中從沒落走向衰亡。」[345]

中央研究院歷史語言研究所一九二八至一九三七年的安陽考古，先後十五次。吳金鼎參與了第四次、第五次及第六次的田野發掘工作。[346]清華國學院的人才如陳寅恪與趙元任等學人，都進入中央研究院歷史語言研究所任職。如果王國維一九二七年沒有自殺的話，會不會成為史語所第一代的學人？

一九二七年李濟出版他第一本考古專著《西陰村史前的遺存》。李濟的考古學與王國維是完全不同的。李濟在山西南部汾河流域進行調查。目的之一是尋找傳說中夏代王朝的王都地區。他發現了大量的史前陶片，也找到史前人類養蠶的相關痕跡。[347]國學有好幾種。在同一個學術單位，王國維的考古與李濟的考古是截然不同的。早在一九二三年，陳問濤就提出國學之「遺老化」，也就是國學成為遺老的國學。[348]王國維雖然並不完全固守傳統文化，以考古學來說，他的確是落後的。二重證據法就是遺老化的國學。

清華國學院只辦了四年。蘇雲峰探討研究院停辦的各種因素，例如曾任清華大學憲法學教授的錢端升，很早就認為中國研究國學並不需要成立特別的學術機構。更重要的是，北伐以後國民政府官派校長羅家倫支持清華大學部學生的學生會的建議，停辦國學研究院。[349]

清華國學院停辦，一九二八年十月二十二日中央研究院歷史語言研究所在廣州柏園成立。[350]王國維去世，與這個新的研究機關有一種說不清楚的關係。不僅因為清華國學院的主要學者都進入了史語所；借用西格里斯特（Henry Ernest Sigerist）的洞見：「個人的疾病，哪怕是致死的疾病，都不會改變歷史的進程。當領袖人物死去的時候，一項事業可能會功敗垂成，但原因並不是因為他的死亡。只有當支撐這位領袖的力量大勢已去的時候，這項事業才會失敗。相反，他的死亡甚至有可能激活這項事業，歷史不止一次證明了這一點。」[351]王氏之死無疑激活了他生前所開創的各式各樣的新史學領域。

陳平原將一九二七年作為從古典中國轉型至現代的中國的分水嶺。他將這一段轉型認為是由兩代人合力完成的：一代是晚清的知識人，一代是五四運動的新文化人。[352]從來沒有在《新青年》發表文章的王氏，認為自己生存在一個意志薄弱的時代：「意志薄弱之結果，於廢學外又生三種之疾病：曰運動狂，曰嗜欲狂，曰自殺狂。」五四運動也是一種狂病。王國維又解釋什麼是意志薄弱：「至自殺之事，吾人姑不論其善惡如何，但自心理學上觀之，則非力不足以副其志而入於絕望之域，必其意志之力不能制其一時之感情而後出此也。」[353]王國維認真思考自殺。

王國維用自殺狂深刻地形容整個時代的氣氛。每個人在時代所面臨的真實道德並不相同。康德曾經曲折地思考自殺。他提問：「一個因一連串厄運而致絕望的人，他感覺到對生命之厭倦，但至今他仍尚有其理性，他能問自己：究竟自殺是否不相反於他的對自己的義務。現在他研究他的行動之格準是否能成為一個普遍的自然之法則。他的格準乃是：當生命的延長多分是帶來更多的罪惡，而並不帶來滿意時，以自我貪戀（自私）的立場，我即採用自殺作為一原則以縮短我的生命。如是，這所要問的簡單說來只是這問題，即：這基於自我貪戀的原則是否能成為一個普遍的自然之法則？」[354]

康德否定自殺。自殺並不自私。也並無任何普遍法則可循。也未必是為了履行一種義務（具又強制性的行動）而死。選擇的死是離開痛苦的主動自由。

四一二事件以後，中國人民如何可能寫詩？我將這一年王國維的自殺說成是一件政治事件。怎麼樣的政治事件？借用哈佛大學教授赫茲菲爾（Michael Herzfeld）的話，王國維的政治自殺史是一種所謂彼此競爭的歷史。[355]他的自殺史是為了所有的未來學者在他面臨極度情境時，認真考慮自殺所提供一個合理的理由。

最後的論文

一九二七年王國維自殺，同時也發表他人生最後一篇論文。這篇論文討論金代長城的歷史。王國維的這篇論文首次登在國立大學的期刊，也就是《燕京學報》第一期。陶晉生先生很早就注意到日本學者津田左右吉有一篇題目一模一樣的〈金代北邊考〉，重點也是討論金代的長城歷史。

津田的論文發表於一九一八年，時間比王國維的論文早很多。[356]蒙古國聯手當時的南宋攻打金國，金國滅了以後蒙古再滅南宋成立了橫跨歐亞的元朝。我年輕的時候讀過劉鄂公的《說南宋》，講南宋偏安的局勢。從金國的衛紹王完顏允濟開始，蒙古即打算併吞金國。[357]金國從西元一二一三年開始修築長城，一直到一一九八年停止，為了防止蒙古入侵。這個防禦系統花了金國大量的人力及財力陸續完成。

王國維討論金代長城的歷史無法使用考古發掘，主要是利用正史中的史料，涉及一個國家的政治及軍事。例如王國維提到金世宗修長城的情況：「案開壕之議，發于宗敘。宗敘以大定十年參政，次年巡邊，未幾而卒。是開壕之議起大定十年後也。至十七年，世宗思宗敘言，詔兩路招討司及烏古石壘部族臨潢泰州等路分定堡戍，具數以聞。」[358]這是中國近古史之偉大工程。掘地為壕塹主要是防止戰馬入侵，同時建築邊堡主要為了在戰地要害以居軍人。

王國維之後，有大量城牆的發掘；不過，城牆的有無與城市的存在沒有必然關係。金代長城如《左傳》昭公二十三年，楚國大夫沈尹戌論城牆的功能：「慎其四竟（境），結其四援」，「國焉用城？」不管增修那種城牆，重點在小心四方的邊境、注意與鄰國的外交，人民沒有內憂，那就不怕外敵入侵。

王國維的研究成果被整段的引入金毓黻的《宋遼金史》：「蓋邊堡與界壕相輔而行，缺一不可，章宗時右丞相襄主之最力，卒得竣功，亦收一時之小效，然界壕易為風沙堙塞，邊堡相距太遠，亦不易防守，故終無救於金室之敗亡。」[359]這是巨大的徒勞。

同樣關心東北歷史的傅斯年先生，也關懷《東北史綱》[360]的寫作：「史又稱金之先出靺鞨部，古肅慎地。」[361]當時滿洲獨立建國即將成真。王國維關心金代長城的歷史，無非預知滿洲國獨立最終也是徒勞的。人生也跟國家一樣是徒勞的。南宋如同中華民國的局勢，而金國也就是後來的滿洲國。

四、被壓抑的痛苦史

羅、王兩人在一九一六年京都一張合照，兩人都蓄著特殊意味的髮辮。如何重看這張歷史照片？

一九九六年我第一次訪問日本。後來我也經常去京都探望朋友。我留下一張與京都大學科學史教授山田慶兒的合照。山田教授一頭白髮，但濃濃的眉毛是黑色的。我們通了幾封信。他告訴我他最想研究的不是科學史，而是義大利作家但丁的《神曲》。不知道為什麼，山田教授感覺像是年老的蠟筆小新。我再一次重讀羅蘭・巴特的《明室》，這本討論如何看照片的經典，創造出「回想」這個概念。他說回想是一種往事，引導著主體的我，尋找一種微薄的回憶。照片具有回想的功能，「能讓我隱約望見有我以來的時光」。[362]

我就在京都那兒，在永觀堂讀王國維的作品：「一霎車塵生樹杪。陌上樓頭，都向塵中老。薄晚西風吹雨到，明朝又是傷流潦。」這是一首描寫人類痛苦的作品，車塵與流潦，時間的變化，無論你是在陌上或者是在樓頭，每一個人將在塵土飛揚中老去。有學者說：「這一首詞寫的則是宇宙間整個人類的憂傷。」[363]王國維，是我先愛上您的。我留下的這一張三人照，內中的人物都老了。

垂到腰際，那由照片正面看不見的是羅振玉與王國維的辮子。研究中國俗文學的青木正兒看過王先生的辮子：「唯至今猶垂辮以忠于清，則辛亥已有旨聽人民除辮。以言立異，則又不類其行誼，是誠不可解。姑且不論此言是非，先生正值壯年，也接觸過泰西新文明，堅持留辮子的頑固舉動，我不得不感到有些滑稽。但今天我才明白那條辮子是有著特別意義的。辮子就是先生的主義的象徵，他的信念、節義和幽憤，都被牢牢地編入辮子中了。」[364]

王國維的女兒王東明對父親的記憶也是他的辮子。「清晨天微亮，每每見母親立于父親身後，手中拿著只髮篦，仔仔細細的為他順著髮，再編結起來。」[365]這幅編結髮辮的畫面的確非常令人難忘。一九二七年自死那天晨起，王國維的妻子照常為他梳理髮辮，如常的吃完早餐去學校，並沒有任何的異樣。[366]

張紫葛敘述吳宓晚年對王氏蓄髮辮的道德象徵：「王國維並不留戀清王朝。但他看到很多士人在民國肇始之前，怒罵革命黨，穢詈萬端。等到民國建立，他們急轉彎：剪辮子，穿西裝，高喊『民主、共和』。王國維深以為恥。為了表示對這種無恥投機的憤慨，他就以蓄辮子、穿馬蹄袖來表示品德之分。」[367]但羅振玉也蓄辮子。羅、王一起留著長辮、一起研究學問、一起敬愛著皇帝。王國維也可以剪髮辮，但他為朋友留著辮子。

一九一三年京都第一代學者桑原騭藏發表〈中國人辮髮的歷史〉將中國人的辮髮上溯到八百年前。蒙古族與女真族很早就留髮辮。桑原指出，即便在民國初年的北京居民高達五分之四，持續留著髮辮的。[368]王國維的髮辮平淡無奇。大部分的中國人民仍然戀戀舊王朝，保持舊有的習俗。

如同王國維留辮子的理由，王氏自殺與羅振玉的外在條件類似，但更重要的是被壓抑的部分。溥儀提到，羅振玉在一九二四年在他被逼出宮後曾想死，一九二七年王國維死後，羅氏又有這個念頭：「說他自甲子以後，曾三次犯死而未死。在我出宮和進日本使館的時候，他都想自殺過，第三次是最近，他本想清理完了之事就死的，不料公竟先我而死矣，公死，恩遇之隆，為震古所未有，予若繼公而死，悠悠之口或且謂予希冀恩澤，所以他就不便去死了。」[369]羅振玉把不想死的理由推給王國維。溥儀借著羅振玉之口，指出王國維死後得到不少撫恤金。

沈從文的短篇小說〈自殺的故事〉回應羅振玉不死的藉口。這個故事的背景發生的時候是一九四〇年，剛好是羅振玉去世的那一年。也許是巧合，沈從文把故事中的主人翁設定為對金錢敏感的公司會計。這位會計回憶大學時代曾為一位女同學自殺的往事。會計讀的大學時期剛好是北伐的的隔一年：「革命的敷衍，在政治上是日見其糟，思想革命的不徹底，加以在十年前作大學生的男女，全是生長在十九世紀的中國家庭裡，培養得無法使其健康。」[370]羅振玉正是成長在十九世紀舊式家庭裡的商人。

特別值得一提的是，義大利導演貝托魯奇（Bernado Bertolucci）的作品《末代皇帝》（一九八七）。這部重看的電影主角溥儀一開始被俘至撫順戰犯管理所，也隨著王國維的腳步多次自殺未遂。一個皇帝的痛苦可能更甚於一般人的痛苦。研究中國近代主權想像的學者劉禾引用這部電影做為文本，並且自問：為什麼這部電影令人反感同時又迷人？[371]

皇帝真正的痛苦是什麼？德國作家布萊希特（Bertolt Brecht）在他的作品〈一個工人讀歷史的疑問〉寫著：「七個城門的底比斯是誰建造的？書本上列了一些國王的名字。石頭和磚塊是國王搬的嗎？」[372]底比斯是古希臘重要的城邦。溥儀住的北京城，他從來沒有搬過任何一塊石頭或磚塊，但他有生而為人的痛苦。

溥儀的痛苦是有苦說不出。他有五任妻子，可惜他不能人道。根據溥儀第五任妻子李淑賢的痛苦回憶，「溥儀自知他的病沒有康復的可能，他說，十七歲大婚以後與婉容、文繡都沒有夫妻生活，後來又娶了譚玉齡、李玉琴兩位貴人，也是只作擺設。二十世紀五〇年代李玉琴探監，並得到特別批准與溥儀同房，後來溥儀跟我說過，那一宿也只有說不完的話，而沒有別的。在這個問題上我很理解他，也深深地同情他。」[373]李玉琴探望溥儀，一夜無事可做。到底誰比較痛苦？

溥儀是怎樣的一位男人？宮崎市定研究清朝的獨裁君主，這個體制的運作成為中國人民唯一的選擇。這樣的天子透過告密政治所形成的君臣關係進行統治，而「信賴獨裁制的民眾被引上了若不是獨裁制國家便無法得到治理的方向。這對中國人民來說的確是可悲的結果。」[374]袁世凱、蔣介石等都利用不同的方式延續傳統的專制君主制度。

中國皇帝，簡單的說就是天下為私。[375]天下為私的人際關係，借用楊聯陞先生的洞見：「君主或父母僅憑其地位，即有特權接受其臣民或子女的尊敬與服侍。」[376]天下這個儒學的概念，從公有與民本的理想腐化成為一家一姓的私有化。[377]曾經在滿洲國內府中服侍溥儀四年多的王慶元，親身觀察皇帝的生活，他將滿洲國所有的臣民全部稱為奴才。[378]

不可解的困境

一九二五年六月羅振玉六十歲生日，王氏作祝壽詩：「百年知遇君無負，慚愧同為侍從臣。」[379]王國維詩中的「同」是什麼意思？或許他們也罹患相同的病。

同樣以自殺了結自己生命的奧地利作家茨威格（Stefan Zweig），在他撰寫的尼采傳記中用極大的篇幅描寫尼采的病痛：「誰的生活是一場悲劇，誰就會有英雄之死。」[380]王、羅這兩位溥儀的文學侍從之臣所生的疾病，借用作家里夫（David Rieff）悼念母親蘇珊・桑塔格的回憶錄，描述母親三次癌症、七十一歲死於血癌的深刻心路歷程。他與桑塔格皆不願面對死亡：「我想這在當時是一種感應性精神病：他不願做的正是我不能做的事情。」[381]

什麼是「感應性精神病」？也就是兩人一起生病。作者在書裡的原文為folie á deux，「指兩個關係密切的人共同患有的精神病。」[382]這也是羅、王兩人共享無解的幽憤、苦悶。

除此，溥儀觀察到羅振玉透過王氏的目光，對他的言行異常注視：「羅振玉並不經常到宮裡來，他的姻親王國維能替他『當值』，經常告訴他當他不在的時候，宮裡發生的許多事情。王國維對他如此服服帖帖，最大的原因是這位老實人總覺得欠羅振玉的情，而羅振玉也自恃這一點，對王國維頗能指揮如意。我後來才知道，羅振玉的學者名氣，多少也和他們這種特殊瓜葛有關。」[383]羅氏透過王國維打探宮中皇帝的動向。羅振玉的君學也是一種二重證據法。

王國維的學生姜亮夫回憶羅振玉與王氏的危險關係，「先生學通中外，《資本論》曾朱墨作記，論《紅樓夢》比於《史記》，則其思想並非頑固不化者比，然半生與羅振玉關係最密，而學術上之成就，亦羅代之力為多，且絆以婚姻，而薦之勝朝，似皆與先生思想相刺繆，則其行藏，多非其所願。」[384]為什麼不死？

我翻閱王國維最新的《全集》一過。很可惜找不到王氏討論馬克思的著作。王國維預言中華民國以共和始、以共產終。他到底如何理解馬克思的資本？

張灝先生討論中國共產主義所具備的一種激進的理想主義心態。這也是王國維所擁有的一種心態。張灝先生舉了民國時期各式各樣的例子，表達這種心態的緊張結構（tensive structure）。這種雙重結構，一方面強調對當前民國的黑暗及全然的失望，同時表達對未來光明世界例如共產革命的熱烈期待。這兩種心情同時存在著，並存在著一種緊張關係。知識分子這種兩極特殊的心理，驅動他們想盡了辦法去克服這種緊張。[385]這種緊張結構也是在混亂的政治情況下，與個人的道德困境的不可化解。

我們回顧王國維在自殺之前的幾件思想活動。一九二六年五月，王國維接見了四川史學家李思純。李氏向王國維請示了有關元代歷史的相關問題。王氏貽贈李思純親筆手書的詩幅：「京師厭塵土，終日常掩關。西山朝暮見，五載未一攀。卻憶軍都游，發興亦偶然。我來自南口，步步增高寒。」[386]王國維表達他的心境。西山指的是北京西郊的山脈。軍都山也位於北京北郊一帶。此時王國維已經入住清華園中，隔年即投湖。

王國維逝世前數日，曾為學生謝國楨所託，書寫扇面。扇面所題詩為唐末、五代韓偓之作品以自況，如其他詩作哀唐室淪喪之恨。[387]詩云：「官途棄擲須甘分，迴避紅塵是所長。」[388]韓偓心甘放棄仕進。

謝氏讀至後一句：「先生寫玉山樵人『迴避紅塵是所長』的詩句就知道先生自沈之志早已決矣。」[389]王氏引述跨越兩個時代詩人的詩作是其痛苦自我情感的流露。[390]

陳寅恪紀念王國維之死，也把王氏比做詩人韓偓：「曾訪梅真拜地仙，更期韓偓符天意。回思寒夜話明昌，相對南冠泣數行。」[391]陳寅恪回憶在清華大學工字廳與王國維夜話清朝往事。梅真指的是逃避王莽篡漢的遺民，而韓偓也就是王國維提詩送給學生中避朱全忠之篡者，南冠這個典故則指的是被俘的楚國囚犯。陳寅恪以同情心理解王國維的痛苦。

如王國維同時代的作家夏目漱石自白：「我堅信那死一定要比生快樂。」[392]人到一個時刻，也許會真正體會這句話。這同時是發出王氏自沉之前相似的內心之音。

真正嚴肅的哲學問題

王國維自殺的前一天為人書扇，除了上面引用韓偓的詩以外，也引用遺老、也是溥儀的老師陳寶琛詠落花之詩，傾訴了清社既屋的痛苦。大量的遺民雖然生存著，每個人遭遇不同，但是一片淨土難求：「流水前溪去不留，餘香駘蕩碧池頭。燕啣魚喋能相厚，泥污苔遮各有由。委蛻大難求淨土，傷心最是近高樓。庇根枝葉由來重，長夏陰成且小休。」[393]

「委蛻」出自《莊子・知北游》，是死亡的婉辭。

陳寶琛到底在說什麼？人如落花一般，落入前溪去已不留，有的花落在泥土被汙染了。有的落花被深深的青苔所遮蔽。落花如落水。最傷心的是花落了，還留著暗暗的餘香。傷心之人如果此時登上高樓，恐怕只有一死了。

自殺不一定選擇自沉，也可登樓自盡。看那枝葉守護著樹根，到了長夏的時候，是要隱退的時刻吧。

葉嘉瑩解釋幾首與詠花的詩，她說花開到長夏已算是末期了。而「對一個生之悲苦困惑的人說來，到此時的唯一願望，自然只是早日求得一個休息之所了。」[394]

詩中所謂的碧池頭，典出王維的凝碧池頭詩。這首詩暗示了對清王朝的懷念。詩無達詁，痛苦奈何！

落花這樣的象徵，馮友蘭晚年曾經用類似花落的比喻談到王國維之死：「靜安先生聞國民革命軍將至北京，以為花落而春亦亡矣；不忍見春之亡，故自沉於水，一瞑不視也。」[395]這裡提到的不忍見，指的就是他自己的不忍見。王國維不忍見春天逝去？可是到底什麼先亡？春天的花如櫻花浪漫盛開不久，花落後春季也就結束了。王國維是花，還是那個將要失去的春天？換言之，春亡王國維也亡。

王國維是傷感的。在這自殺前夕，他渴求得一個可以休息之所在。〈論天真的詩和傷感的詩〉，德國詩人席勒（Friedrich Schiller）寫道：「傷感詩人因而經常與兩種相互衝突的想像和感覺、及與有限的真實和他們的無限的思想打交道，而他們所激發的混合感情將始終證明這個雙重源泉的存在。」[396]王國維從事歷史考古越久，就跟他生活中所激發的混合情感越來有越深的困惑。

王國維的自殺是恐怖的。法國作家加謬這位因為突然的車禍而去世的作家曾深刻的思考哲學性的自殺。他寫道：「真正嚴肅的哲學問題只有一個：自殺。」其他的哲學問題是些智力遊戲。

他又說：「我還從未見過為本體論原因而去死的人。伽利略曾經堅持過重要的科學真理，而一旦他窮苦潦倒，就輕易地放棄了自己的主張。」[397]人會為了生計自殺的。加謬認為一個人不是為了追求生活的最好（例如像羅振玉一般的有錢有勢），而是為著生活的更多。

用加謬的話來說，就是再窮再病也要義無反顧地去生活。人活下來，並對抗荒謬之任何的最終解答。他說：「我對哲學性的自殺並不感興趣，但對於突如其來的自殺頗感興趣。」[398]就算快樂的人，有時候湧現突如其來的死亡意念。生活的確如同沒完沒了的苦役。就如同加謬想像中的神祇西西弗，他不斷的把石頭推上山頂，石頭又一次次的滾下來。痛苦如同不斷重複的勞作。

與王國維同年自殺的日本作家芥川龍之介，死的時候只有三十六歲。芥川的死不可能追根究柢，如佐藤春夫的意見：「尼采所謂只有做過的才能了解，我既一次也沒有自殺的經驗，對這位朋友的特別之死，當然是無法了解的。芥川曾經拿錶計算上吊的時間，量過感覺苦痛的時間是一分二十幾秒。」[399]

王國維長期的痛苦，與最終一分二十幾秒的痛苦有多少差異？我與我在史語所的同事宋光宇先生曾經有一次長談。我還記得談話是在他家中頂樓私設的佛堂。他再次提到他一生研究關心的課題：中國人究竟為什麼要做善事？為什麼在那麼長的談話時間，我沒有體會到隔年他在這個房間中即將做的抉擇？

自殺是人生存中無法避免的事。為什麼？夏目漱石的《我是貓》是一本自殺之書。他不討論為什麼自殺，而是「當人考慮自己時，幾乎會想到自殺。」[400]

三浦雅士認為，自殺是理解現在的自己是怎麼形成的這個疑問：「自殺就是自己殺死自己。那麼，被殺的自己和殺人的自己，到底哪一個才是真正的自己呢？當然！所謂自殺，就是殺死『打算殺死自己』的自己，原理上應該是不可能。儘管如此，人還是自殺。『人』！只能說所謂『自己』，就是一個他者。」[401]殺死王國維的那個活在中華民國的他者，就是真正的曾經活在清代的自己。

追隨到滿洲

如果王國維一九二七年不死，他會跟隨溥儀到新成立的滿洲國嗎？胡文輝有詩詠王國維：「若無一曲昆明水，或恐追隨到滿洲。」[402]至少羅振玉是試圖借重日本的力量在東北重建大清帝國。[403]當時日本關東軍參謀部板垣征四郎幕後策畫將溥儀從天津勸移到東北，一九三一年十一月六日是最後期限，滿洲國就要建國了。

滿洲國獨立，這一年溥儀二十六歲。進入一九三〇年代，日本批評政府最力的日本共產黨員也開始轉向支持發展軍國勢力。[404]東亞大勢進入戰爭期。一九三三年二三月，日本關東軍攻佔熱河省：「熱河之失，充分顯示了東北軍戰力的低下，及其士氣的低落。不過，蔣介石亦非無責任。在戰役前夕，其判斷只要增調東北軍進入熱河，即可嚇阻關東軍輕舉妄動。」[405]一九三五年十一月二十一日日本對華提出十三條要求，華北五省自治，包括財政獨立。中國承認滿洲國。華北所有鐵道皆由滿鐵來經營等。[406]

如果王國維北伐後，從北京回到上海，如魏斐德講論的一九三七年至一九四一年「孤島」時期的上海，藍衣社進行頻繁的各種恐怖、暗殺等活動。各式各樣的犯罪烟娼等，滬西特別流行。魏斐德利用上海市政府檔案，描寫不同犯罪個案，例如暗殺汪政權的外交總務司長的細節。「這次事件激化了西方列強與日本對公共租界控制權方面的衝突，導致雙方都採取了幾個重大措施，最終釀成了珍珠港事件。」[407]王晶作品《大上海》（二〇一二），時間設定一九四〇年，賭場大亨被日本人指定任上海市長，與舊識、也是國民黨特務之間的故事。歷史學者的錯誤（historian's fallacy）往往由事後結果，去解釋歷史人物的決定。更重要的，應根據那時的決定理解各種結果。

王慶祥《偽帝宮內幕》特別提到羅振玉：「他在九一八事變前就開始奔波，與關東軍司令官討論東亞大勢，事變後又凡六渡遼與日方往復磋商，決迎遜帝蒞東。」[408]這位國學大師最感興趣的不是學問，而是爭取滿洲國的首揆。按溥儀的回憶：「這時搶首揆這把椅子的人不但有羅振玉，還有張景惠、熙洽、臧式毅等人。」[409]滿洲國建立，建都長春。羅振玉擔任參議府的參議。也就是議員。

王國維死後，羅振玉更加寂寞，但羅氏繼續從事他的古董生意。周進以末代皇后婉容身邊的裁縫描述當時滿洲國的生活：溥儀搬來長春以後，當地的古玩生意就開始興盛了。「在收藏界，人們普遍認為，羅振玉人品不佳，幾乎每個人都能講出一段羅振玉賣假貨的故事。」[410]

羅振玉賣假古董的故事非常多。溥儀的遠房侄子毓嵣一九三二年到了長春陪伴溥儀，他親眼見到有一天羅振玉帶了一些漢代的玉請溥儀過目，最後溥儀退回這些假貨。溥儀親口對毓嵣說：「羅振玉專拿贋品唬弄人，他的那些漢玉，都是把玉石放在熱豆油鍋裡炸，然後變色的，沒有一件能看得上眼。我從此才知道，假漢玉是用豆油炸的。」[411]王國維終於可以擺脫商人羅振玉的賣假貨生意。

商人有時候也是知識分子。但羅振玉不是：「不是所有的讀書人或用字的人必然地為知識份子，因為這個界說強調從事於及一般重要性觀念二點。」[412]雖然羅振玉也很喜歡談道德，不過他的道德是觀念性的。

我曾仔細閱讀胡嗣瑗的日記。一九二四年溥儀被逐出清室以後，胡嗣瑗擔任溥儀天津辦事處的主管，參與機密。一九三一年這一年，胡嗣瑗的日記一共提到羅振玉八次之多。十月三日條下：「羅振玉父子僕僕奉吉，謝介石助其張目，金梁更大言一切皆備，卻與羅各出一途。此輩見金不見人，動欲挾上為孤注者，真是可慮。」[413]羅振玉認錢不認人，唯利益是圖。

在胡嗣瑗日記一九三一年十月二十一日條下提到羅振玉為人「黨同伐異，無所不用其極」。羅振玉到底是怎麼樣的人？「臣因言振玉所排者不止孝胥一人，其處心積慮，非上左右更無一人方可聽其所為。」[414]羅振玉左右溥儀，排斥其他親近溥儀的臣子。

滿洲國時期，羅振玉一如往常，他的政治事業往往跟學術興趣結合在一起。根據陶德民的研究，一九三三年，羅振玉不甘位於他的對手鄭孝胥之下，企圖控制即將成立的所謂日滿文化協會的滿方主導權，便拜託好友京都大學教授內藤湖南遊說，直接動用已被沒收的東北軍張作霖父子的財產來印製《清實錄》。[415]

根據鄭孝胥的年譜，昭和八年，也就是一九三三年十月，鄭孝胥接掌滿日文化協會的會長。[416]羅振玉在一九三三年根據自己個人收藏的內閣大庫的史料，影印清太祖實錄三種。同一年，內藤湖南寫給羅振玉的信：「悉印行《實錄》事已有頭緒，欣快之至。弟已修書西園寺公、齋藤首相，謝其鼎力矣。」[417]當時內藤已經病重，隔年便去世了。

一九三六年，羅氏七十一歲，終於當上了滿洲國的滿日文化協會會長一職。[418]羅振玉一生借用其政商關係的印書事業手法皆可如斯觀。

滿洲國成立的同時，陳伯達認為從一九二七到中日戰爭爆發的十年間為「十年內戰」。戰爭所製造的民國史短週期，「中國的統一是不可能的。」[419]

痛苦的無意義

王國維早年探求人類「二重之痛苦」的交互秘密：「積極的苦痛」與「空虛的苦痛」。王氏同時擁有二種痛苦，而且一切嗜好、消遣，與痛苦密不可分。其中積極痛苦易治：「嗜好中之煙酒二者，其令人心休息之方面多，而活動之方面少。易言以明之，此二者之效，寧在醫積極的苦痛，而不在醫消級的苦痛。」[420]喜歡抽煙的王氏，認為煙酒只對積極痛苦有效。文學、美術可治療消極痛苦。無論是哪一種痛苦，所面臨的是痛苦的無意義，而不是痛苦的本身。

尼采指出：「正是痛苦的無意義而不是痛苦本身至今成了長期壓抑人類的災難——而禁欲主義理想給人類提供了一種意義！」。[421]尼采嘲諷基督教式的禁欲主義提供痛苦唯一的意義。在禁慾主義的想像中，人的痛苦得到了解釋。而「所有通向自殺的虛無主義的門都被關閉了。」[422]有時候人追求虛無，不能無所追求。

王國維〈人間嗜好之研究〉以為人活著即悲劇。他就是悲劇中之主人公：

> 自吾人思之，則人生之運命固無以異于悲劇，然人當演此悲劇時，亦俯首杜口，或故示整暇，汶汶（按：汙濁的意思）而過耳。欲如悲劇中之主人公，且演且歌，以訴其胸中之苦痛者，又誰聽之，而誰憐之乎？夫悲劇中之人物之無勢力之可言，固不待論，然敢鳴其苦痛者，與不敢鳴其痛苦者之間，其勢力之大小，必有辨矣。[423]

沈默的王國維屬「不敢鳴其痛苦者」。作為悲劇之主角，且歌且演；如劇作家契訶夫（Michael Chekhov）所說的，悲劇演員身處的自我界線完全瓦解的身心狀態。「他的生理與心理皆暴露在比自己強大好幾倍的力量之中。」[424]

自殺是不敢鳴其痛苦者的抉擇。一九一九年，湖南長沙一名名為趙五貞的女性在新婚的轎子裡自殺，毛澤東一連用九篇文章討論趙五貞之死。毛澤東批評趙五貞的自殺，「說自殺並不是一種正確的方式，獲得幸福的真正辦法，應該是社會革命。」[425]社會革命解決人的一部分問題，然而人的痛苦並不是社會革命可以改變的。

王國維的死也不是社會革命可以解決的。事實上，王氏的自殺在一九二〇年代是獲得當時社會輿論環境的支持。一個厭世的人實行他的自殺權，其被壓抑的痛苦，只有透過當時的主導的悲觀主義氣氛而得到合法性。

自殺並不容易。魯迅曾經評論他那個時候的電影明星阮玲玉的自殺事件，阮玲玉二十五歲自殺，原因不外乎幾種。魯迅寫道：「但我的不豫備自殺，不是不屑，卻因為不能。凡有誰自殺了，現在是總要受一種強毅的評論家的呵斥，阮玲玉當然也不在例外。然而我想，自殺其實是很不容易，決沒有我們不豫備自殺的人們所藐視的那麼輕而易舉的。」[426]痛苦又不能自殺，這也是一種說不出來的痛苦。

患有口吃的王國維不知道如何陳說他的痛苦。他說天才的痛苦有兩種，尼采的痛苦比叔本華的痛苦更痛苦。他的痛苦接近尼采。他舉了一個晝夜之苦的比喻：「叔氏之天才之苦痛，其役夫之晝也；美學上之貴族主義與形而上學之意至同一論，其國君之夜也。尼采則不然，彼有叔本華之天才，而無其形而上學之信仰。晝亦一役夫，夜亦一役夫，醒亦一役夫，夢亦一役夫，于是不得不弛其負擔，而圖一切價值之顛覆，舉叔氏夢中所以自慰者，而欲于晝日實現之。」[427]

王國維到底想說什麼？

尼采的痛苦來自於這個世界神已死亡。形而上的、只是神學的、教會體制性的上帝已死，活著的神其實仍然還活著。從而人類的不快樂意識（the Unhappy Counsciousness）處於有限的個體與永恆普遍的理性領域的裂縫中。[428]阿提澤（Thomas Altizer）認為尼采並不是無神論者而是激進的基督徒。[429]激進的基督徒的痛苦是孤單的。

上述王國維對痛苦的體驗，則來自於依託於《列子・周穆王篇》的一個做夢故事。[430]故事講的是有一個有錢人及役夫（這裡指的是僕人，[431]也就是勞動人），兩個人的不同痛苦。役夫的痛苦是白天努力工作，晚上做甜夢。他天天夢見自己當了國王，享盡榮華富貴，醒過來以後他又重複去做他的工作。有錢人為了自己的財產整天身勞神疲，到了晚上睡覺，卻夢見自己給人家當奴僕，睡也睡不好。所以役夫的痛苦只有白天勞動的痛苦。

有錢人的痛苦則是白天、晚上不得休息，非常痛苦。[432]尼采的痛苦屬於晝夜都痛苦的痛苦，也就是不得安息。誰體驗過吃安眠藥還睡不著的苦痛嗎？這是永恆狀態的痛苦。葉嘉瑩解釋王國維遺囑中為言明的內在痛苦：「經過了這種痛苦的時代變亂（這已是一種不幸），按道理不該使自己的人格蒙受污辱。」只是為自己的痛苦死，不再受辱苟活著。[433]

王國維比較有錢人與役夫各自的夢，表達痛苦感的不同層次。楊仁山體會所謂的役夫之夢，有錢人的痛苦更加痛苦：「先述役夫晝苦而夜樂，客也；後述尹氏晝勤而夜苦，主也。二者相形，尹氏不如役夫遠甚。蓋尹氏治產之勤，未嘗受樂，而夜夢之苦，過于役夫。世之以財產自豪者，亦可以悟矣。」[434]本書中的有錢人羅振玉，治產之勤，賣國寶以自樂，其實也不快樂。

無限重複的痛苦

人的痛苦如果是一種重複的痛苦，如尼采所說的成為生活中永恆的狀態：也就是「無限重複，永無解脫」。[435]也就是一種不斷重複的痛苦狀態。阿根廷作家波赫士（Jorge Luis Borges）在他的《永恆史》提到，尼采尋找宇宙中最恐怖的思想，也就是永恆痛苦的可能性。[436]

德國作家赫曼赫塞（Hermann Hesse）在他的《荒野狼》中道出一個人之所以會自殺，是面臨兩種痛苦間的選擇：「在微小而短暫的痛苦與極其難熬而無休止的痛苦之間。」[437]後者是人的生活。

夏目漱石指出叔本華的「厭世主義，其實並不是真實的」。畢竟叔本華長壽，他也沒有選擇自殺。夏目微妙的分析，真正被囚之人痛苦之痛苦：

> 人生的根本問題，是在生其物，而其生之內容存乎這個活動，故若這個活動，為周遭的事情所壓迫，或完全消滅，那時我們就不能沒有被奪了生其物的保證之感了。然則囚人最怕的，不是苦役，不是勞動，也不是看守的鞭打，只

在暗室禁錮。他端坐於暗室之中，正可以悠哉遊哉，然而卻以此為超乎一切苦楚的苦楚，這完全是因為做著生命之內容的活動的意識，絕對被禁止。[438]

痛苦狀態是被囚、有限之舞台。對權力的活動、及被禁止的痛苦。自殺有時候是表演。衣笠貞之助的作品《白鷺》敘述明治末期的一位新女性，困於生計最後選擇自殺的故事。人的生計在這部作品中是最核心的問題。女主角在電影中提到自己生活中的不自由。追求自由往往與自殺有關？

王國維四次讀過德國哲學家康德的作品。一七八四年康德的論文〈回答這個問題：什麼是啟蒙？〉指出人必須脫離受監護的狀態。實現啟蒙，也就是每個人公開的運用其理性，這就是自由。人不是在服從的狀態下生存。[439]王國維也不想受羅振玉監護或掌控的狀態下做學問。

王國維的欺真之技，是一種「戲的」。看看自死之後，羅振玉、溥儀會什麼反映？同時也演給作為「秘密觀眾」的我們觀看：「雖然秘密觀眾可能不是『實際存在的』，是一種不可能理解的、純粹的編造；它既是演員靈魂的一部分，也是角色靈魂的一部分，並且它對兩者均能產生極其重要的後果。」[440]洞澈戲曲表演內在秘密的王氏，展演每一個人生最根本的痛苦問題。

獨立與自由何在

陳寅恪是真正可以理解王國維痛苦的人。一九五三年底，中國科學院希望陳寅恪就聘中古史研究所所長之職，陳氏拒絕。陳寅恪的理由再一次提到王國維：「我認為王國維之死，不關與羅振玉之恩怨，不關滿清之滅亡，其一死乃以見獨立自由之意志。獨立精神和自由意志是必須爭的，且須以生死力爭。」[441]

很早就有人否定陳寅恪前述的說法，陳元暉即指出：「說王國維之死是殉道，是成仁，是為最高理想而死，是為中國文化而死，這是不切實的評價，是為朋友掩蓋闕失的諱言。」[442]根據我這本書的長期思考，王國維與羅振玉有恩也有怨。滿清之滅亡，中華民國存在，對王國維的生存問題造成相當大的痛苦。「在一個政治意識形態特別強大的國家裡，個體是從來沒有過選擇的自由。」[443]

王國維死於中華民國期間，同死之時意味了什麼？

林語堂在一九三五年用英文寫了一篇〈中華民國的真相〉指出這個國家人人自私自利、唯利是圖。他寫道：「中國是地球上最失政的國家，而她的貧苦的人民，被捲于暴力的漩流中，不自明了，卻是出其不屈不撓的勤勉辛勞而容忍的一切，最後終能克服困難。等到他們的最後一文錢被搾取掉，讓他們流為乞丐。」[444]飽受貧苦與暴力的人民的痛苦是最終成為一無所有的乞丐。

林語堂也提到當時的知識份子：「這個民族跳躍波動變遷于誇大妄想與憂鬱病二者之間，自很容易地變成歇斯底里症了。這表顯于一般知識階級者，尤為明顯，他們蓋慣于發生神經興奮作用，因為他們具有絕望的過分感覺，他的精神沉溺入永遠消沉的狀態中。」[445]這個得了躁鬱交替的中華民族擺盪於兩極之間。民國時期建立兩種形式的中央主義（centralism）。他們的知識份子在神經亢奮與永遠消沉狀態之間，最後只有絕望。

什麼是中華民國？周黎庵在〈「遺民」今昔〉中提到，新的政權成立會導致有一些人消極對待。他們對於成長的年代表達一種黍離之悲。他寫到中華民國的一種奇怪現象：「明末的士人，雖不身與抗爭，但遺民的頭銜和行徑，總還是在亡國之後才放上的；而今日的學者之流，卻更進一步，當舉國尚在一致抗爭中，勝負之數未可預卜，他們早已準備亡國後的事業，先把遺民的招牌掛出了。」[446]中華民國尚未亡國，遺民只是少數學者的心理需求。

事實上，對一個重視利益、重視權力的民族，沒有多少中國學人是擁有獨立自由之意志的。如何可能？陳寅恪先生提到的自由與獨立，借用佛洛姆（Erich Fromm）的話來說：「在封建和君主專制秩序中，個人是既無自由亦無獨立的。他不是受制於傳統的規律，就是受制於在他上面的人之獨裁而任性的管制與命令。」[447]中國的道德只有鬥爭的道德。

張舜徽論起王國維的忠君事上，較之羅振玉有過之而無不及：「王國維生前拖長辮子，入宮請安，特別是弄到南書房行走的官職之後，侍候溥儀，唯敬唯謹，那種忠君事上的態度，較之羅氏，有過之而無不及。」[448]就算求死，中國學人也沒自由。王國維生死力爭，得不到自由。

得不到個體自由的王國維，自死是其意志的表現的最後形式。人類一生都不斷的在表現不同的意志。蘭克（Otto Rank）指出：人類之所以恐懼死亡，因為只有死亡讓意志活動完全停息。他解釋自殺與人的意志：「依靠堅強意志征服死亡在後來的階段導致了自殺現象。」[449]王國維用了一種自我貶低的道德形式實現他對死亡的征服。

如同前述，余英時先生認為在北伐前夕王國維精神狀態已經崩潰，但他忍耐著。在清華大學的最後兩年，他仍然有大量的創作[450]、指導學生、編寫講義等等。王國維生命的後期，對個人自尊的敏感更為加劇。[451]這種對自我獨立的需求對王氏而言成為痛苦的主要來源。

人的自由史是一部「普遍史」。也就是人類歷史的發展是有一個方向性的。人類的角度在歷史上不同，但更大的或有目的性的，就是自由。法蘭西斯・福山（Francis Fukuyama）寫《歷史之終結及最後一人》，這裡的最後一人主要就是發揮尼采的說法。

歷史有方向性嗎？也就是往追求自由的方向終結。他認為最後之人也是現代自由的人：「不是所有的靈魂都同樣的高尚和智慧，而所有的肉體都有痛苦，因此，民主社會關注的問題是保護肉體免受痛苦。在民主社會中，人們最關心物質利益，希望生活在一個旨在滿足人體無數細微需要的經濟世界中，對此我們並不大驚小怪。尼采認為，最後之人之所以離開生活艱苦的地區，是因為他需要溫暖。」[452]如果王國維生活在民主社會中，他一定會珍惜他的自殺權。

對照王氏在清華國學院的同事吳宓的自殺，有學者閱讀他留下的日記史料：「吳宓至少有八次記載了自己的自殺衝動，其中最嚴重的一次已經付諸行動。」[453]

就以一九二八年十月二十五日為例：「『宓在室中思潮湧集。念宓終生勞苦，如今授課過多，至於肺肝作痛，頭昏腦熱。若斯犧牲，實屬無味。《大公報》事，只為每月百元收入，而累人至此，致一己心愛而神往之著作，終不能成。竭力得錢，僅足養家，一己所得快樂及效益何在？而理想之愛，遂心之行，卒乃扞格阻障，不獲如志。長此困迫鬱悒，不如即死，遂擬即時投身荷花池中，了此殘生。其後徘徊室內，竭力制止，乃免。』看來吳宓有一個『投水而死』的情結，幾次欲自殺，居然全部是要投水。而此時王國維已自沉昆明湖，恐更加深了吳宓投水自殺的念頭吧。」[454]吳宓自殺的內在理由為疾病的痛苦及生計問題交加，「困迫鬱悒」。為何不死？

被壓抑的痛苦

什麼是痛苦？什麼動力支撐著一個人的痛苦？我構思這本書的時候看過好幾遍西班牙導演阿莫多瓦（Petro Almodóvar）的作品《痛苦與榮耀》（Pain and Glory），劇中的主人翁面臨到人生的創作瓶頸，這部電影也花了很長的篇幅描述男主角身心的各式各樣的疾病。他回想起他年幼時的母親，母親最後的死亡及他與母親死前的和解，讓他了解生命痛苦的來源。

上述電影中的男主角與他最初的同性伴侶再次相遇，他終於可以再次從事創作了。本書讓王國維重新見到他年少的同性文學好友樊少泉。

樊少泉是王國維在東文學社年少同性的好友。在王氏的《人間詞話》中有位稱為樊抗父的稱讚王國維的作品，創造了前代詞家從未有過的精神境界。[455]士為知己者死。一個人一生總會遇到許多磨難，有時候追想到生命中最純淨的階段（沒有利益與金錢污染的階段），還有人欣賞他。

樊抗父就是樊少泉。熟悉中國古代戲曲史的王國維，不會不了解中國古代的戲班，男女互為反串。男扮女裝或者女扮男裝是非常平常的事。[456]在年輕的時候，同性的友誼往往比日後的異性更深刻難忘。每個人都有痛苦，但是被壓抑的痛苦是最深的痛苦。[457]被壓抑的痛苦史才是痛苦的歷史。

在結束這一章之前，我又仔細地把夏目漱石的《心》閱讀一遍。這本夏目辭世前兩年的作品竟然有四五種中文翻譯版本。他認為人心的明暗，往往隨著金錢及欲望而擺動。男主角年少時的同性友人，如何主動告白表達對男主角的愛。這位同性友人最後為何自殺？就算生活在一起，男主角不斷問：「我一再思索K的死因。」

各種推測的死因，與男主角同性友人最後自殺的一瞬真的有什麼關係嗎？李永熾[458]提到自殺私人動機與公開的理由的差異：「漱石已提示自殺乃解決自我的一種可能性。但這種自殺不能單基於私人動機，還須靠公共動機——為明治精神殉死——予以正當化。」[459]

其實這兩位男人不愛故事中的女主角。而是無法對同性說出難以啟齒的感情。「我進一步追問，如果要退出的話，辦得到嗎？問到這裡，他突然語塞，只說很痛苦。」[460]

第四章

再思，人的痛苦史

如何評價王國維？只能拿他同時代的學者做一個比較。常燕認為梁啟超與王國維相較，這兩位清華大學的國學大師，前者遠遠超出後者：「一千個王國維的出現，抵不住一個梁啟超的死亡的損失。」[1]

我通過一本書所得的評價恰好相反。王國維對學問，及其個人生存狀態的敏感性，遠遠超過梁啟超。他展示了做為人的痛苦，也告訴我們二重證據法的不可靠。

有一天我夢見了王國維。寫作時，我的書桌前放了一張羅王兩人的合照。夢想舊游，時不我予。人與人之間的危險關係豈止二重？王國維那個樣子就是在京都的年輕時候，還是不說話。「建民知我。」王國維認為痛苦是自己的，只有這件事他不跟人分享。人短暫的生命如弱草棲塵間，總該為一個人保留一些他不想講的秘密吧。

史景遷（Jonathan D. Spence）在一篇較罕為人知的論文〈近代以前的中國社會的自殺行為與家庭的關係〉提到近代之前中國的自殺並不是不正常的行為。這篇論文仔細的分析各種史料的自殺案例，而得出一個有意思的結論：「幾乎在所有自殺案例的背後都有一名罪魁禍首，應該對自殺行為負責，並且應受到應得處罰。」[2]誰是王國維自殺案件背後的罪魁禍首？

王國維的自殺，借用布朗修（Maurice Blanchot）的說法，是一種勇敢的外在創舉：「自殺中的『什麼都未發生』能夠接收歷史中某一事件的形式，借由此，借由這一勇敢的終結，一次創舉的外在結果，這種形式使用一種個人化的表達方式：製造謎題的是，確切地說在殺死我的同時，我無法殺死我，是某種程度上的泄密，某人（或某物）使用一個消失的我——以他者的形象——為了向他揭露，向所有人揭露即刻逃脫的事物。」[3]也就是我無法殺死我，後者如本書第一章所提示具有一種靈魂的形式。

王國維與羅振玉之間的危險關係，可以教我們什麼？張舜徽討論他們的關係及下場：「兩人在清末，官秩甚卑。辛亥以後，猶硜硜守君臣之義，以遺老自命。」「要之羅、王二人，沆瀣一氣，頑梗不化，為世詬病。考古之功雖勤，而識時之智彌短。」[4]

王國維痛苦，是處於文化衰落時之人的真實痛苦。韋伯（Max Weber）於一九一七年的演講，分析學人不快樂的心理，與一位農夫滿足心理相較：後者「他的生命已經根據自身意義在臨終之時帶給他所能提供的東西，因為對他而言已經沒有留下想要解決的謎團，這輩子他已經能夠『滿足』了。然而一個文化人，置身在持續累積思想、知識、問題的文明當中，則可能會變得『厭倦生命』，而不是：滿足於生命。」[5]韋伯也明確指出，學術終究並無法提供人的生命任何意義。學問終究是外在之物。

大哉，死乎。馮友蘭指出：「愛之功用，在令生死無常者長生，而使人為神。」[6]自殺的毒鈎在哪裡？

周予同認為許多知識份子其實都思考過自殺。他評論了王國維的死，也提到另外一位學者夏曾佑的自殺：「夏氏以醇酒自戕，而王氏則以蹈水悲劇終。知及之、勇不足以赴之的人每每有這種悲悶。」[7]活下來的人剩下來的只有痛苦。錢穆也寫道：「我想能決然自殺的人，畢竟終是一個有心力的人。」[8]

因為
人生總是
比詩還短[9]

王國維雖然為了生計終生研究學問，但如葉嘉瑩詮釋王氏所說的成就大學問者的三種境界之二：也就是「衣帶漸寬終不悔，為伊消得人憔悴」。王國維的學問「難在固執」。[10]王氏體會做學問是要後悔的。他先放棄如詩之短的生命，接著放棄學問。

比王國維晚幾年去世的日本思想家內村鑑三有一本專門寫人物的作品《代表的日本人》，不是一個時代中有代表性的日本人，而是在那麼長的歷史，內村選出了五個日本人代表日本的靈魂。他認為中江藤樹（一六〇八—一六四八）這位悲觀的、短命的陽明學派儒者，是真正的日本人。

內村鑑三是一位基督徒，卻用感人的筆觸描述一位十七世紀的日本儒者。[11]我如何選擇現代有代表性的歷史學家？我又如何學習內村鑑三深入一個人的「內心世界」？表裡不一的學者多的是，他們留下的作品如何可信？借用內山的說法，人如果是十分，王國維擁有九分的靈魂及一分的身體。王國維是為了帶有道德上學（meta-ethic）的姿態投湖的。

王國維與羅振玉是清末民國初年兩種不同的知識份子的存在方式。我們也稍稍回顧一下同樣也是朋友的管寧與華歆。有一天管寧與華歆同席讀書，兩位跨越東漢末至曹魏的歷史人物在這一刻做了不同的選擇。華歆對共讀窗外的官僚隊伍廢書觀看。大丈夫當若是。管寧拒絕仕途，而華歆做為曹魏的官僚，始終對行政工作樂此不疲。一九二七年中華民國分崩之時，這也是人心悔否之日，王國維以一死明志。

曾有人統計，在王氏自殺前六年，一個接一個的親人死去：「王國維也是很早就經歷了親人的死亡，他年僅四歲母親就去世，之後也是在短短數年間經歷了多位親人的死亡，這大致分為兩個時期：一個是在一八八七到一九一〇年，其祖父、父親、妻子和女兒先後去世，一個是在一九二一到一九二六年，王國維竟然有八位親人去世，他所體驗的死亡意識之強烈，大概也只有馬一浮可以相比。」[12]王氏在人的必死性及其剩餘的時間中思考，為什麼不能跟著他最親密的八個親人一起死？

王國維欲成一位「大學問者」的痛苦。他認為成大學問者必經三種境界。其中，「『眾裡尋他千百度。回頭驀見（當作『驀然回首』），那人正（當作『却』）在、燈火闌珊處』；此第三境也。」[13]王氏的第三境界引自辛棄疾〈元夕〉一詞，即正月十五日元夜之熱鬧，詞人寫這一夜花燈、遊客、歌舞、月光等。顧隨《蘇辛詞說》寫道：「夫那人而在燈火闌珊處，是固不入寶馬雕車之隊，不遂盈笑語之群，為復是鬧中取靜？」[14]

王氏之學問要之不同流俗。也不以「成功」小境界來理解的。[15]「那人」指的即學者本人。人生及學問俱不可往熱鬧之處著腳！

作為痛苦的人，因學問及生計而有各自的承擔定向。如何融入歷史團體，看自己就是這個歷史團體的一部份，與其他的人同苦共樂，及一起分享在此歷史團體並進的喜悅。

王國維去世後一年，中央研究院歷史語言研究所成立。余英時也提到傅斯年，「他完全接受了王國維和胡適關於新史料的觀點。」[16]這個研究所的歷史已經超過九十年了。謝保成指出史語所與王國維之間的關係：「二十世紀前半紀，除新石器時代考古外，歷史語言研究所沒有一項研究不以王國維《最近二三十年中中國新發見之學問》為源頭。」[17]史語所處於學術界之元夕。錢穆先生是這麼看史語所的：「現在是國家的中央研究院設立歷史語言研究所，它代表什麼？代表歐洲，代表歐洲某一國的某一派。諸位想想，我們中國人的面子放在那裡？」[18]

台大歷史系的教授傅樂成提到，中央研究院歷史語言研究所第一任所長傅斯年在一九四〇年代末期「有自殺殉國的念頭」。殉國？傅斯年先生來到台灣不久就去世了。根據傅樂成的回憶，傅先生在台大歷史系的時候，還經常的問台大歷史系的同事姚從吾：「老姚！我們什麼時候一起去跳海？」[19]傅樂成說這是一種慢性的自殺。

米蘭．昆德拉（Milan Kundera）曾思索著：「人類生命只有一次」的一次性。王國維的自殺只發生一次。而「只發生一次的事，就是壓根兒沒有發生過的事。」[20]王氏的自殺不重要，輕得不能承受。人的痛苦是忍受日常生活的不斷重複。[21]王國維忍受來自生計、疾病的持續痛苦。王氏清華的同事浦江清以為相較無窮地痛苦，學問只不過裝飾觀瞻：「如先生所自云，商彝周鼎，藉飾觀瞻而已。故一旦時機相逼，則最後之解脫，先生亦樂為之。『五十之年，只欠一死』，何言之悲耶！」[22]

只欠一死了。這一天王國維來到溥儀的夏宮。他在排雲殿西側的魚藻軒徘徊。人生還有什麼時刻，比這短暫的時刻更煎熬？早晨的風吹著一枝枝杞樹。因為生活太疲倦，這個時候反而有了寧靜的感覺。他來頤和園時跟同事借了五元。可見王國維平常身上是不帶錢的，買了門票，不久之後人們會在他的口袋找到四元四角。他從他的布袍粗掛中摸出了菸盒，慢慢地點燃最後一枝紙菸。

王國維並沒有點燃第二根紙菸。不斷推遲的自殺終於來了。他將這枝紙菸吸之至盡，接著解決他積極的及消極的二重痛苦。曾經目睹王國維遺體的劉節，目睹王氏被撈起的身體被蓋著草薦，薦角壓以磚頭：「蓋先生淹沒已經二十餘小時，面目紫脹，四肢拳曲，匍匐地上，令人慘不忍睹。」[23]人充滿了勞苦，詩意地栖居在此一大地。[24]

本書一開始，提到魯迅在一九二七年以極為特殊的方式紀念王國維及其工作。魯迅對王氏的死因不感興趣。他在晚年的時候，對自殺有他的看法：「自殺是弱者的行為呀」。魯迅不去思考朋友或學生的死，如果不知道其死法，總是比知道更為悲哀。[25]

王國維之死是一再推遲的自殺。如同前清遺老「梁濟在一九一二年第一次向神明和父靈起誓殉清之後，經過了六年才實踐他的決定。」[26]王氏的自殺，早有預感並經歷長時間的準備。社會學家伊利亞斯（Norbert Elias）所說的臨死孤寂者，「被封閉起來的個人（homoclausus）之自我形象，肯定與預感自身死亡，或在緊迫的情境下體驗自身死去的方式緊密相關。」[27]自殺是與私人關係最緊密的死亡方式。誰也不能替王國維死。王國維擁有朝向自殺的自由。

我寫王國維的故事，是一個學者真實人生的故事。我們讀他的一生是希望凝塑人生的生命機制。我們到底為何而活？

王國維對死亡預感的自覺起於京都時期，同時這也是發明二重證據法的起源時期。趙萬里《王靜安先生年譜》三十七歲條下：「二月二十九日清明，與家人遊真如堂，循東麓，下至安樂寺，時櫻花初放。」[28]那應是旅居京都那些年間例行的春遊。為何不再珍惜春天剩下的時間？

德國思想家圖根德哈特（Ernst Tugendhat）寫道：「人類生命因為意識到各種局限性而產生痛苦，這些局限性產生了時間意識。」[29]王國維心中思索著即刻或者不久的自殺。櫻花欲落未落，那就早些吧。王國維回中國前，是否預感幾年之後自身的逝去？

那些研究王國維種種死因的學者們，曾有一個為你哭泣？

後記

想寫幾本書，沒想到先完成這本作品。年輕的時候，我留下一些有關王國維的讀書筆記，感覺把這些史料丟棄有點可惜。學者最重要的研究資料是自己的筆記。我記得考博士班資格考試時，考試書目列了王國維的幾本書。

我寫王國維這本書時，大部分資料取自於自己書房的書架。我收藏了三萬餘本書，退休後不知道如何處理。

「出版超越了政治對抗。」[1]歷史寫作超越政治對抗。我因對王國維始終不了解而開始寫他的傳記。

我問自己，王國維的人與學問有哪些關係。我用一年的時間寫完初稿，之後我又去研究醫學史的相關題目。我花了不少時間閱讀王國維早期的文學創作。也花了一些時間閱讀溥儀與羅振玉的相關傳記。我讀的最熟的是羅繼祖《羅振玉年譜》。我閱讀了上百本的自傳。

王國維三十歲以前四次研讀康德，我也花了很多時間閱讀柄谷行人的《移動的批判》（中文翻譯本），感到有點痛苦。一個人同時成為歷史學家與哲學家是不可能的。讀報紙，這一天報紙登出全球因肺炎死亡的人數超過七十四萬人。這是在公布肺炎流行之後短短的時間之內發生的事情。同一天報紙刊登王浩威醫師的說法：「這一次疫情對世界的改變，已經遠遠超出我們可以想像的程度。」二〇二〇年十月七日報紙：「超過七億人或已被傳染武肺病毒，是目前確診數的二十倍以上。」

讀二〇二〇年九月十四日的報紙〈故宮國寶究竟是誰的〉。溥儀曾經賣過大量國寶，羅振玉也把大量國寶賣到日本人手中。王國維在宮中看到只有少數人才能看到的國寶。誰的國寶？這篇社論引用一位政治人物說故宮國寶屬於中華民國。哪個中華民國？我這本書主要是指出中華民國史已經是過去的、仍然是存在的（not yet but already）。

王國維自殺快一百年了（二〇二七年），我還想念著他。

二〇二一年，我修改這本書的期間躲進新山（位於新北市汐止）幾天。閒看秋雨，暫避魚梁渡頭的喧鬧。這本書也整整花了一年左右修改。在新山我帶著一本已經讀過的書：Arthur Koestler的《學術應召女郎》（*The Call Girls*）。這是一本一九七七年翻譯的中文小說。

我渴望在夜裡播放露天電影的地方，看一場已經看過的老電影。

一九五四年，義大利導演雷納托・卡斯特拉尼（Renato Castellani）的作品《羅密歐與茱麗葉》一開場就是兩大家族集體仇殺。因瘟疫男主角沒收到神父的信。茱麗葉只欠一死的選擇。

這本書，我引用一百多部電影作品，後來刪減成目前的版本。《台灣人類學刊》內容開闢影評專欄。我也在這本書思考如何利用帶有歷史意涵的電影作為文本引述。韓國導演朴贊郁曾經用智慧型手機拍了一部電影，效果不錯。有沒有可能拍一部王國維與他三個男人的imovie？

從路邊撿回一隻流浪貓（在公寓養貓，鄰居會抗議？），並繼續修改這本書。本書討論的是現代史學史無法迴避的大問題，也是王國維的生命痛苦史。獻給，曾經為愛而死過的所有人。也獻給：Joseph、Eliora還有Amira，他們教導我什麼是值得活的。

我建議閱讀本書的讀者，從本書所附的圖片開始閱讀。之後休息一陣子，讀本書的長序，再讀書中的四章六節。我這本書期待學者提供意見，不過我最早設定的讀者對象是好學深思的大學學生。

本書保留電影劇本《中國一九二七》的改編權利。電影版將在上海、京都、臺北取景。參見張婉婷作品——《三城記》。

15　王惠玲註釋，《人間詞話》（台南：文國，1998），頁47。

16　余英時，〈20世紀中國國史概念的變遷〉，收入氏著，《人文與理性的中國》（上海：上海古籍出版社，2007），頁370。

17　謝保成，《龍虎鬥與馬牛風——論中國現代史學與史家》（北京：三聯書店，2012），頁145。

18　錢穆，《經學大要》（台北：素書樓文教基金會，2000），頁566。這是錢先生1974年上課的演講稿。

19　傅樂成，《時代的追憶論文集》（台北：時報文化，1984），頁204。

20　Milan Kundera著，韓少功、韓剛譯，《生命中不能承受之輕》（台北：時報文化，1991），頁246-247。

21　趙衛民，《尼采的生命哲學》（台北縣：名田文化，2003），頁184。

22　浦江清，〈論王靜安先生之自沉〉，收入氏著，《浦江清文史雜文集》（北京：清華大學出版社，1993），頁4。

23　謝維揚、房鑫亮主編，《王國維全集》第二十卷（杭州：浙江教育出版社，2009），頁312。

24　Martin Heidegger著，陳春文譯，《思的經驗》（北京：商務印書館，2018），頁203。

25　錢理群，《與周氏兄弟相遇》（香港：三聯書局，2008），頁198-199。

26　林毓生，《思想與人物》（台北：聯經，1983），頁218。

27　Norbert Elias著，鄭義愷譯，《臨終者的孤寂》（台北：群學，2008），頁141。

28　趙萬里，《民國王靜安先生國維年譜》（台北：台灣商務印書館，1978，頁17。

29　Ernst Tugendhat著，鄭辟瑞譯，《自我中心性與神秘主義：一項人類學研究》（上海：上海譯文出版社，2007），頁92。

後記

1　林載爵，〈基本盤、新應用、寬視界〉，*Verse* vol. 4（2021），頁93。

2019），頁140。

458 夏目漱石著，林皎碧譯，《心》（新北市：大牌出版，2014），頁265。

459 李永熾，《歷史的跫音》（台北：遠景，1984），頁191。

460 夏目漱石著，林皎碧譯，《心》，頁236。

第四章

1 常乃悳，《中國思想小史》（上海：上海古籍出版社，2005），頁14。

2 Andrew Hsieh C.K. & Jonathan D. Spence，〈近代以前的中國社會的自殺行為與家庭的關係〉，收入林宗義、Arthur Kleinman編，柯永河、蕭欣義譯，《文化與行為：古今華人的正常與不正常行為》（沙田：香港中文大學出版社，1990），頁39。

3 Maurice Blanchot著，魏舒譯，《災異的書寫》（南京：南京大學出版社，2016），頁89。

4 張舜徽，《清人文集別錄》下冊（北京：中華書局，1980），頁674。

5 Max Weber著，李中文譯，《以學術為志業》（新北市：暖暖書屋，2018），頁98。

6 馮友蘭，《一種人生觀》（北京：中國人民大學出版社，2004），頁31。

7 朱維錚編，《周予同經學史論著選集》（上海：上海人民出版社，1983），頁551。

8 錢穆，《錢賓四先生全集》44（台北：聯經，1998），頁265。

9 寺山修司著，彭永堅譯，《寺山修司少女詩集》（長沙：湖南文藝出版社，2018），頁326。寺山也有電影作品。

10 葉嘉瑩，《嘉陵談詞》（台北：純文學出版社，1973），頁7。

11 內村鑑三著，陳心慧譯，《代表的日本人》（新北市：遠足文化，2018），頁146-147。

12 劉克敵，《民國學風》（北京：九州出版社，2019），頁199。

13 徐調孚校注，《人間詞話》（北京：中華書局，2018），頁17。

14 顧隨，《蘇辛詞說》（香港：中和出版有限公司，2018），頁47。

441 包偉民編，《歷史學基礎文獻選讀》（杭州：浙江大學出版社，2007），頁2。

442 陳元暉，《論王國維》（長春：東北師範大學出版社，1990），頁245。

443 田崇雪，《遺民的江南：中國文化史上的遺民群落》（上海：學林出版社，2008），頁221。

444 林語堂著，郝志東、沈益洪譯，《中國人》（上海：學林出版社，2000），頁407。

445 林語堂著，郝志東、沈益洪譯，《中國人》，頁408。

446 徐俊西主編，《周木齋、周黎庵、金性堯卷》（上海：上海文藝出版社，2010），頁88。

447 Erich Fromm著，孟祥森譯，《基督教義的心理分析》（台北：晨鐘出版社，1971），頁56。

448 張舜徽，《中國文獻學》（台北：木鐸出版社，1983），頁340。

449 Otto Rank著，鄭玉榮、殷宏偉譯，《心理學與靈魂》（北京：中國人民出版社，2020），頁130。

450 王國維最後的日子，還發表了五十多篇文章。見洪國樑，《王國維著述編年提要》（台北：大安出版社，1989），頁120-136。

451 張曉唯，〈羅振玉在天津〉，收入李立夫、路紅主編，《末代皇帝溥儀在天津》（天津：天津人民出版社，2010），頁97。

452 Francis Fukuyama著，黃勝強、許銘原譯，《歷史的終結及最後之人》（北京：中國社會科學出版社，2003），頁345。

453 劉克敵，〈吳宓的自殺情結〉，收入氏著，《陳寅恪和他同時代的人》（台北：時英，2007），頁170。

454 劉克敵，上引書，頁173-174。

455 馬自毅注譯，《新譯人間詞話》（台北：三民書局，2000），頁112-113。

456 曾永義，〈有關元人雜劇搬演的四個問題〉，《中外文學月刊》第13卷第2期（1984），頁54。

457 John Kaag著，林志懋譯，《在阿爾卑斯山與尼采相遇》（台北：商周，

422 Friedrich Nietzsche著，謝地坤等譯，《論道德的譜系・善惡之彼岸》，頁132。

423 王國維，《靜庵文集》，頁147。

424 Michael Chekhov著，白斐嵐譯，《致演員：麥可・契訶夫論表演技巧》（台北：書林，2018），頁156。

425 吳飛，《自殺作為中國問題》（北京：三聯書店，2007），頁44。

426 魯迅，《朝花夕拾》（台北：風雲時代，2017），頁241。

427 王國維，《靜庵文集》（瀋陽：遼寧教育出版社，1997），頁94-95。

428 Robert Stern著，林靜秀、周志謙譯，《黑格爾與精神現象學》（台北：5南，2010），頁122-127。

429 Thomas Altizer, *The Gospel of Christian Atheism* (Philadelphia：Westminster Press, 1966), p. 25.

430 蕭登福，《列子探微》（台北：文津出版社，1990），頁108。

431 王強模，《列子全譯》（貴陽：貴州人民出版社，1996），頁81。

432 嚴捷、嚴北溟，《列子譯注》（台北：文津出版社，1988），頁75。

433 葉嘉瑩，《王國維及其文學批評》（台北：源流文化，1982），頁99。這本書，我在服兵役時購於汀洲路的學英書局。

434 楊仁山，《經典發隱》（武漢：崇文書局，2016），頁61。

435 王安憶，《小說家的讀書密碼》（台北：麥田，2006），頁194。

436 Jorge Luis Borges著，劉京勝、屠孟超譯，《永恆史》（上海：上海藝文出版社，2015），頁82。

437 Hermann Hesse著，李世隆譯，《荒野狼》（台北：桂冠，1994），頁74。

438 夏目漱石著，張我軍譯，《文學論》（北京：知識產權出版社，2012），頁140。

439 Immanuel Kant著，李秋零主編，收入《康德著作集》第8卷（北京：中國人民大學出版社，2010），頁40-46。

440 Robert Cohen著，李醒譯，〈秘密觀眾〉，收入《論觀眾》（北京：文化藝術出版社，1986），頁246。

403 胡平生編，《復辟運動史料》（台北：正中書局，1992），頁483。

404 涂豐恩，《大人的日本史》（台北：平安文化，2015），頁178。這是我讀過最有意思的日本史。

405 黃自進、陳佑慎、蘇聖雄主編，《1930年代的華北特殊化》（1）（香港：開源書局，2019），頁5。參看本書的導言部分。

406 黃自進、陳佑慎、蘇聖雄主編，《1930年代的華北特殊化》（1），頁360-361。

407 Frederic Evans Wakeman, Jr. 著，芮傳明譯，《魏斐德上海三部曲：1937-1941》（長沙：岳麓書社，2021），頁105。

408 王慶祥，《偽帝宮內幕》（吉林文史出版社，1986），頁37。

409 文斐編，《我所知道的偽滿元凶》（北京：中國文史出版社，2005），頁39。

410 周進，《末代皇后的裁縫》（台北：時英，2007），頁190。

411 愛新覺羅・溥杰等，《回憶溥儀》（北京：中國文史出版社，2017），頁47。

412 金耀基，《中國現代化與知識份子》（台北：時報文化，1982），頁55。

413 胡嗣瑗，《胡嗣瑗日記》（南京：鳳凰出版社，2017），頁100。

414 胡嗣瑗，《胡嗣瑗日記》，頁110。

415 陶德民的研究，見傅佛果著，《內藤湖南》（南京：江蘇人民出版社，2013），頁329。

416 葉參等，《鄭孝胥傳》（滿洲圖書株式會社，1938），頁35。

417 內藤湖南，《內藤湖南漢詩文集》（桂林：廣西師範大學出版社，2009），頁450。

418 羅振玉，《雪堂自述》（南京：江蘇人民出版社，1999），頁210-211。

419 陳伯達，《關於十年內戰》（北京：人民出版社，1953），頁19-21。

420 王國維，《靜庵文集》，頁146。

421 尼采著，謝地坤等譯，《論道德的譜系・善惡之彼岸》（桂林：灕江出版社，2000），頁131。

偓貶於唐天復（901-904）3年2月11日，為濮州司馬。岑仲勉，《通鑑隋唐紀比事質疑》（台北：九思，1978），頁378。

388《雪堂雅集：羅振玉、王國維的學術世界》（杭州，西泠印社，2018），編號2601。

389《雪堂雅集》，〈題王國維先生書扇面絕筆書遺跡〉。

390 陳世驤，〈中國抒情傳統〉，收入氏著，《陳世驤文存》（台北：志文，1975），頁35。

391 陳美延、陳流求編，《陳寅恪詩集》（北京：清華大學出版社，1993），頁15。

392 夏目漱石著，吳樹文譯，《玻璃門內》（新北市：自由之丘文創，2012），頁24。

393 陳寶琛，《滄趣樓詩文集》（上海：上海古籍出版社，2006），頁180。劉永翔、許全勝點校本。

394 葉嘉瑩，〈幾首詠花的詩和一些有關詩歌的話〉，收入氏著，《迦陵談詩》（台北：東大，2005），頁322。

395 翟志成，《馮友蘭學思生命前傳（1895-1949）》（台北：中央研究院近代史研究所，2007），頁434。

396 J. C. F. Schiller著，張佳珏等譯，《席勒文集》6（北京：人民文學出版社，2005），頁106。

397 Albert Camus著，杜小真譯，《西西弗的神話》（北京：西苑出版社，2003），頁4。

398 Albert Camus著，杜小真譯，《西西弗的神話》，頁57。

399 賴祥雲，《芥川龍之介的世界》（台北：志文出版社，1986），頁124-125。

400 三浦雅士著，林皎碧譯，《漱石：文豪消失的童年和母愛》（台北：台灣商務，2009），頁28。

401 三浦雅士著，林皎碧譯，《漱石：文豪消失的童年和母愛》，頁28。

402 胡文輝，《現代學林點將錄》（廣州：廣東人民出版社，2010），頁18。

370 沈從文，《沈從文全集 第5卷》（太原：北岳文藝出版社，2002），頁178。

371 劉禾著，楊立華等譯，《帝國話語政治：從近代中西衝突看現代世界秩序的形成》（北京：三聯書局，2014），頁306。

372 陳映真編，《復興文藝變革的力量》（台北：人間，2006），頁294。

373 李淑賢，《我的丈夫溥儀》（北京：群眾出版社，2018），頁33。

374 宮崎市定著，孫曉瑩譯，《雍正帝：中國的獨裁君主》（北京：社會科學文獻出版社，2016），頁160。

375 邢義田，《秦漢史論稿》（台北：東大圖書，1987），頁43-84。

376 楊聯陞著，段昌國譯，〈報——中國社會關係的一個基礎〉，收入段昌國等譯，《中國思想與制度論集》（台北：聯經，1981），頁370-371。

377 尤西林，〈有別於「國家」的「天下」——儒學社會哲學的一個理念〉，《九州學刊》6卷2期（1994），頁105-123。

378 王慶元口述，《隨侍康德皇帝紀實：偽滿宮內府護軍王慶元回憶錄》（北京：群眾出版社，2019），頁116。

379 蕭艾，《王國維詩詞箋校》，頁106。

380 Stefan Zweig著，任國強、郭穎杰譯，《與心魔搏鬥：荷爾德林、克萊斯特、尼采》（鄭州：河南文藝出版社，2020），頁15。

381 David Rieff著，姚君偉譯，《泅泳於死亡之海：母親桑塔格最後的歲月》（台北：麥田，2012），頁75。

382 David Rieff著，上引書，頁83。

383 溥儀，《我的前半生》（北京：東方出版社，2007），頁172-173。

384 姜亮夫，《姜亮夫全集·24》（昆明：雲南人民出版社，2002），頁283。

385 張灝，〈再論中國共產主義思想的起源〉，收入余英時等著，《中國歷史轉型時期的知識分子》（台北：聯經，1992），頁55-62。

386 李德琬，〈魚藻軒中涕淚長——記李哲生1926年晉謁王國維先生〉，收入王元化主編，《學術集林》卷11（1997），頁28。

387 李由，《唐詩選箋：中唐—晚唐》（台北：秀威經典，2017），頁254。韓

2018），頁41。

353 王國維，《王國維論學集》（北京：中國社會科學出版社，1997），頁385。

354 牟宗三譯註，《康德的道德哲學》（台北：台灣學生書局，1983），頁56。

355 Michael Herzfeld著，賈士蘅譯，〈了解政治事件的意義——歐洲民族國家中的分枝與政治〉，收入克斯汀・海斯翠普編，《他者的歷史：社會人類學與歷史製作》（台北：麥田，1998），頁112。

356 陶晉生，《女真史論》（台北：食貨出版社，1981），頁164。

357 劉鄂公，《說南宋》（台北：平原出版社，1965），頁217。

358 王國維，《觀堂集林》，頁448。

359 金毓黻，《宋遼金史》（台北：台灣商務印書館，1982），頁103。

360 傅先生這本書寫於37歲。主要是要認為歷史上的東北屬於中國。見傅樂成，《傅孟真先生年譜》（台北：傳記文學出版社，1979），頁33。問題是現實上的東北屬於日本與俄國。

361 傅斯年，《東北史綱》（上海：上海古籍出版社，2012），頁6。

362 Roland Barthes著，許綺玲譯，《明室》（台北：台灣攝影季刊，1996），頁83。

363 王宗樂，《苕華詞與人間詞話述評》（台北：東大圖書，1976），頁38-41。

364 內藤湖南、青木正兒著，王青譯，《兩個日本漢學家的中國紀行》（北京：光明日報出版社，1999），頁137。

365 羅繼祖主編，《王國維之死》（廣州：廣東教育出版社，1999），頁190。

366 羅繼祖主編，《王國維之死》，頁185。

367 張紫葛，《心香淚酒祭吳宓》（台北：捷幼，1998），頁20。

368 桑原騭藏著，錢婉約、王廣生譯，《東洋史說苑》（北京：中華書局，2005），頁125。

369 溥儀，《溥儀自傳》（台北：大申書局，1976），頁193。

北：國立台灣大學出版委員會，1981），頁188。

337 馮友蘭，《馮友蘭自述》（鄭州：河南人民出版社，2004），頁88。

338 Lloyd E. Eastman著，陳謙平、陳紅民等譯，《1927-1937年國民黨統治下的中國流產的革命》（北京：中國青年出版社，1992），頁356。

339 蔣介石告訴那時候第一個棄婦陳潔如（1906-1971），他娶宋美齡只是政治婚姻，目的是藉著宋家的扶助，取得北伐的勝利。宋美齡的哥哥宋子文（1894-1971）也反對這樁婚事。蔣介石的親信朋友包括青幫的成員在內，對宋子文威逼利誘，警告宋如果堅持反對，他將無法在上海混下去。見林博文，《跨世紀第一夫人宋美齡》（台北：時報文化，2000），頁83-89。

340 李台珊著，黃中憲譯，《宋美齡》（台北：五南，2010），頁90。

341 趙儷生，《籬槿堂自敘》（上海：上海古籍出版社，1999），頁33。

342 吳金鼎，《山東人體質之研究》（北平，1931年出版）。台北中央研究院歷史語言研究所1992年影印。

343 李光謨，《從清華園到史語所：李濟治學生涯瑣記》（北京：商務印書館，2016），頁129。

344 丁山，《商周史料考證》（北京：中華書局，1988），頁2。

345 岳南，《之後再無大師》（台北縣：八旗文化，2010），頁184。

346 石璋如，《安陽發掘簡史》（台北：中研院史語所，2019），頁199-200。

347 李光謨編，《李濟與清華》（北京：清華大學出版社，1994），頁29-32。

348 陳問濤，〈國學之遺老化〉，《學燈》第5卷第16號（1923），頁1。

349 蘇雲峰，《從清華學堂到清華大學，1911-1929》（台北：中央研究院近代史研究所，1996），頁372-373。

350 王懋勤，〈歷史語言研究所正式成立的日期〉，收入，《中央研究院歷史語言研究所四十周年紀念特刊》（台北，1968），頁204。

351 Henry Ernest Sigerist著，秦傳安譯，《疾病的文化史》（北京：中央編譯出版社，2009），頁121。

352 陳平原，《作為一種思想操練的五四》（北京：北京大學出版社，版社，1989），頁220。

321 何炳棣著，葛劍雄譯，《1368-1953中國人口研究》（上海：上海古籍出版社，1989），頁274。

322 Ross Terrill著，胡為雄、鄭玉臣譯，《毛澤東》（台北：五南，2011），頁163。

323 蔣夢麟，《西潮》（台北：金楓出版，1990），頁206。

324 陳永發，《中國共產革命七十年》上冊（台北：聯經，2001），頁235。

325 陳永發，《中國共產革命七十年》上冊，頁239。

326 羅志田，《中國的近代：大國的歷史轉身》（北京：商務印書館，2019），頁87。

327 秦賢次、王宏志編，《詩人朱湘懷念集》（台北：志文出版社，1990），頁91-92。

328 徐俊西主編，《戴望舒、徐遲卷》（上海：上海藝文出版社，2010），頁255。

329 Marc Bloch著，周婉窈譯，《史家的技藝》（台北：遠流，1989），頁32。寫到這裡突然想起了康樂（2007年去世）先生。

330 Hannah Arendt著，曹明、蘇婉兒譯，《康德政治哲學講稿》（上海：上海人民出版社，2013），頁41。

331 Wofgang Emmerich著，梁晶晶譯，《策蘭傳》（台北：傾向出版社，2009），頁198-199。

332 胡曉編，《段祺瑞年譜》（合肥：安徽大學出版社，2006），頁251。

333 張玉法，〈蔣介石對日本兩次出兵山東之反應（1927-1928）〉，收入氏著，《近代變局中的歷史人物》（北京：九州出版社，2013），頁287。

334 白先勇、廖彥博，《悲歡離合四十年——白崇禧與蔣介石》上（台北：時報文化，2020），頁110。

335 白先勇、廖彥博，《悲歡離合四十年——白崇禧與蔣介石》上，頁144。

336 閻錫山（1883-1960）是民國史上唯一能在固定區域（山西省）做長期統治的軍閥。見曾華璧，《民初時期的閻錫山：民國元年至十六年》（台氏著，《學步集》（北京：三聯書店，1961），頁271-298。

304 Matthew Arnold著，姜葳譯，《文化與失序：評論政治與社會之論文》（台北：開學文化，2017），頁187。

305 這是聞一多在1928年出版的詩集。藍棣之編，《聞一多詩全編》（杭州：浙江文藝出版社，1995），頁234。

306 何兆武，《上學記》（新北市：木馬文化，2011），頁30。

307 張岱年，《張岱年學術自傳》（成都：巴蜀書社，1993），頁7。

308 馮友蘭，《三松堂自序》（新店：谷風出版社，1987），頁82。

309 王曉漁，《知識分子的內戰：現代上海的文化場域：1927-1930》（上海：上海人民出版社，2007），頁7-8。

310 鄭學稼，《社會史論戰簡史》（台北：黎明文化，1978），頁1。

311 陶希聖，《八十自序》（台北：中國大陸問題研究中心，無出版年月），頁18。

312 陶希聖，《中國社會與中國革命》（台北：食貨出版社，1977再版），頁186。

313 逯耀東，《中共史學的發展與演變》（台北：時報文化，1979），頁29-53。

314 Arif Dirlik著，翁賀凱譯，《革命與歷史：中國馬克思主義歷史學的起源，1919-1937》（南京：江蘇人民出版社，2004），頁205。

315 郭湛波，《近五十年中國思想史》（濟南：山東人民出版社，1997），頁62。

316 逯耀東，《且做神州袖手人》（台北：允晨，1989），頁145。

317 楊寬，《歷史激流中的動盪和曲折：楊寬自傳》（台北：時報文化，1993），頁85。

318 毛澤東，《毛澤東自傳》（北京：解放軍文藝出版社，2001），頁43。這本書由斯諾執筆。

319 竹內實，《中國歷史與社會評論》（北京：中國文聯出版社，2006），頁188。

320 何炳棣著，葛劍雄譯，《1368-1953中國人口研究》（上海：上海古籍出

315。雷啟立是我2011-2012年第二次到哈佛大學東亞系訪問時認識的學者。

286 Timothy B. Weston著，張蒙譯，《權力源自地位：北京大學、知識分子與中國政治文化：1898-1929》（南京：江蘇人民出版社，2015），頁255。

287 千家駒，《七十年的經歷》（香港：鏡報文化，1992），頁35。

288 王明，《王明自傳》（成都：巴蜀書社，1993），頁4。

289 郭影秋，《往事漫憶》（北京：中國人民出版社，1986），頁13。

290 數以百萬計，這個人數是錯誤的。

291 徐俊西主編，《柳亞子、陳去病、高旭卷》（上海：上海文藝出版社，2010），頁157。

292 子安宣邦著，陳瑋芬譯，《東亞儒學：批判與方法》（台北：台大出版中心，2004），頁93。

293 蔣天樞，《陳寅恪先生編年事輯》（上海：上海古籍出版社，1997），頁80。這是陳先生的史學方法。

294 李守孔，《中國近代史》（台北：三民書局，1990），頁265。

295 陳布雷編，秦孝儀續編，〈蔣介石先生年表〉上，《傳記文學》第26卷第5期（1975），頁9。

296 孫玉石，《野草研究》（北京：北京大學出版社，2007），頁125。

297 魯迅，《野草》（北京：人民文學出版社，1991），頁1。

298 張靜廬，《在出版界二十年》（台北：龍文出版社，1994），頁93。

299 魯迅，《魯迅全集》第4卷（北京：人民文學出版社，2005），頁487。

300 劉淑玲，《吳宓和民國文人》（北京：人民文學出版社，2016），頁79-86。

301 李歐梵，毛尖譯，《上海摩登：一種新都市文化在中國，1930-1945》（香港：香港牛津大學出版社，2006），頁335-336。

302 朱謙之，《自傳兩種》（台北：龍文出版社，1993），頁25。

303 錢先生在這一時期的著作被認為抄襲。白壽彝，〈錢穆和考據學〉，收入

268 胡耐安，《六十年來人物識小錄》（台北：台灣商務印書館，1977），頁91。

269 張世瑛，〈罪與罰：北伐時期湖南地區懲治土豪劣紳中暴力儀式〉，《國史館學術集刊》第9期（2006），頁49-99。

270 劉心皇，〈關於葉德輝〉，收入氏著，《帝王生活的另一面》（台北：聯亞出版社，1977），頁300。

271 余英時，〈中國文化危機及其思想史的背景〉，收入氏著，《歷史人物與文化危機》（台北：三民，2004），頁165。

272 唐文治，《唐文治文集》第6（上海：上海古籍出版社，2018），頁3720。

273 姚奠中、董國炎，《章太炎學術年譜》（太原：山西古籍出版社，1996），頁387。

274 李潤蒼，《論章太炎》（成都：四川人民出版社，1985），頁332-366。

275 黃郛僅任上海市長一月有餘。張樸民，《北洋政府國務總理列傳》（台北：台灣商務印書館，1984），頁128。

276 李鳳琴，《黃郛與近代中國政治》（天津：南開大學出版社，2017），頁113。

277 呂思勉，《呂思勉文史四講》（北京：中華書局，2008），頁105。

278 余英時，《中國知識分子論》（鄭州：河南人民出版社，1997），頁168。

279 吳虞，《吳虞日記》下冊（成都：四川人民出版社，1986），頁359。

280 吳虞，《吳虞日記》下冊，頁399。

281 蔣廷黻著，謝鍾璉譯，《蔣廷黻回憶錄》（台北：傳記文學出版社，1979），頁110。

282 周作人，《談虎集》上（台北：里仁書局，1982），頁280-281。

283 周作人，《談虎集》上，頁295。

284 黃仁宇，《從大歷史角度讀蔣介石日記》（台北：時報文化，1994），頁74及頁67。

285 雷啟立，《苦境故事：周作人傳》（上海：上海文藝出版社，1997），頁聯經，2017），頁72。

251 汪兆騫，《民國清流——那些遠去的大師們》（台北：大旗出版社，2019），頁347-395。談到1927年知識分子的變化。

252 家近亮子著，王士花譯，《蔣介石與南京國民政府》（北京：社會科學文獻出版社，2005），頁101。

253 胡耐安，〈汪精衛生前生後識小錄〉，《傳記文學》第23卷第3期（1973），頁25。

254 董康，《董康東遊日記》（石家莊：河北教育出版社，2000），頁83。

255 孫毓秀著，賴婷婷譯，《玫瑰與槍：百年前一位中國奇女子衝擊傳統的革命史》（台北：網路與書，2013），頁147。

256 吉川幸次郎著，錢婉約譯，《我的留學記》（北京：公民日報出版社，1999），頁52-53。

257 張釗貽，《尼采與魯迅思想發展》（香港：青文書屋，1987），頁81。

258 李劍農，《戊戌以後三十年中國政治史》（北京：中華書局，1965），頁387-388。

259 王欣等編，《老新聞——民國舊事（1924-1927）》（天津：天津人民出版社，1998），頁264。

260 王欣等編，《老新聞——民國舊事（1924-1927）》，頁266。這是一本史料集。

261 張建智，《張靜江傳》（武漢：湖北人民出版社，2004），頁209-215。

262 陳姍，《何香凝年譜》（南寧：廣西人民出版社，2016），頁117。

263 陶菊隱，《陶菊隱回憶錄》（台北縣：漢京文化，1987），頁189。

264 林伯渠，《林伯渠日記（1926年6月-1927年6月）》（北京：中共中央黨校出版社，1981），頁103。

265 陳公博，《苦笑錄》（香港：香港大學亞洲研究中心，1979），頁125。

266 金梁，《近代人物志》（台北：文海出版社，近代中國史料叢刊續編第68輯），頁346。

267 杜邁之、張承宗，《葉德輝評傳》（長沙：岳麓出版社，1985），頁58。

著，《經典淡出之後：二十世紀中國史學的轉變與延續》（北京：三聯書店，2013），頁3-27。

236 劉禾著，宋偉杰等譯，《跨語際實踐：文學、民族文化與被譯介的現代性：中國：1900-1937》（北京：三聯書店，2002），頁349。

237 Frederick R. Dickinson, *World War I and the Triumph of a New Japan, 1919-1930* (Cambridge: Cambridge University Press, 2013), pp.537-575.

238 竹村民郎著，林邦由譯，《大正文化：帝國日本與烏托邦時代》（台北：玉山社，2010），頁252。

239 Jonathan Spence著，溫洽溢譯，《天安門——中國知識分子與革命》（台北：時報文化，2007），頁301及頁310-311。

240 陳旭麓，〈軍閥與近代中國社會〉，收入氏著，《中國近代史十五講》（北京：中華書局，2008），頁197。

241 A. B. Blagodatov著，李輝譯，《中國革命紀事：1925-1927》（北京：人民出版社，2018），頁127。

242 竇守鏞、蘇雨眉，〈李純一生的聚斂〉，收入杜春和等編，《北洋軍閥史料選輯》下冊（北京：中國社會科學出版社，1981），頁261。我讀這本書中的史料，感受中國人民的真正痛苦。

243 胡適著，聶華苓譯，《史達林策略下的中國》（台北：胡適紀念館，1974），頁15。

244 呂雲章，《呂雲章回憶錄》（台北：龍文出版社，1990），頁43。

245 梁漱溟，《憶往談舊錄》（台北：老古，2007），頁146。

246 陶振譽，《日本史綱》（台北：中國文化研究所，1964），頁240。這是我大學時代修徐先堯老師的日本史課本。

247 周佛海，《往矣集》（台北：秀威，2013），頁71。

248 閻稚新，《李大釗與馮玉祥》（北京：解放軍出版社，1987），頁243。

249 Vera Schwarcz著，劉京建譯，《中國啟蒙運動：知識分子與五四遺產》（台北：桂冠，2000），頁206。

250 Lucien Bianco著，何啟仁譯，《中國革命的起源，1915-1949》（台北：

220 余國藩著，李奭學譯，《重讀石頭記：紅樓夢裡的情欲與虛構》（台北：麥田，2004），頁313。

221 韓炳哲著，莊雅慈、管中琪譯，《倦怠社會》（台北：大塊文化，2015），頁107。

222 Frederic Wakeman, Jr.著，梁禾編，〈中國明清朝代公共領域的界限〉，收入氏著，《遠航》（北京：新星出版社，2018），頁12-125。

223 Alain Badiou著，藍江譯，《何謂真正生活》（北京：中國人民大學出版社，2019），頁121-122。

224 Elisabeth Kubler-Ross著，陳舉譯，《生寄死歸》（香港：基督教文藝出版社，1976），頁65。

225 王國維，《王國維先生全集》16（台北：文華出版社，1968），頁7153。

226 Jean Baudrillard著，車槿山譯，《象徵交換與死亡》（南京：譯林出版社，2006），頁273。

227 徐進夫譯，《死的況味》（台北：志文出版社，1987），頁277-278。

228 Richard M. Hare著，黃慧英、方子華譯，《道德思維》（台北：遠流，1991），頁119。

229 《馬可福音》5章：1-20節。

230 Terry Eagleton著，朱新偉譯，《人生的意義》（香港：香港牛津大學出版社，2017），頁114。

231 三浦紫苑著，黃瀞瑤譯，〈歷經百年仍像近在咫尺——老師原來是個重度浪漫主義者呢！〉收入《一本讀懂——夏目漱石》（新北市：野人文化：2015），頁131。

232 雷紹鋒，《王國維的治學方法》（台北：新視野，1999），頁349。

233 傅偉勳，《死亡的尊嚴與生命的尊嚴：從臨終精神醫學到現代生死學》（台北：正中，1993），頁36。

234 John Donne著，傅浩譯，《約翰・但恩詩集》（上海：上海譯文出版社，2016），頁25。

235 羅志田，〈一次寧靜的革命：吳宓與清華國學院的獨特追求〉，收入氏

204 Arthur Kleinman著，王聰霖譯，《照護的靈魂：哈佛醫師寫給失智妻子的情書》（台北：心靈工坊文化，2020），頁219。

205 Arthur Kleinman著，王聰霖譯，《照護的靈魂：哈佛醫師寫給失智妻子的情書》，頁279-280。

206 柄谷行人著，趙京華譯，〈所謂病之意義〉，收入氏著，《日本文學的起源》（北京：三聯書店，2003），頁103。

207 戴家祥，《戴家祥集》（杭州：浙江古籍出版社，2010），頁226。

208 黃涵榆，《附魔、疾病、不死生命》（台北：書林，2017），頁120。

209 R. Hahn著，禾木譯，《疾病與治療：人類學怎麼看》（上海：東方出版中心，2010），頁374。

210 Alice Miller著，林硯芬譯，《身體不說謊：再揭幸福童年的秘密》（台北：心靈工坊文化，2015），頁45。

211 Arthur Kleinman著，劉嘉雯、魯宓譯，《道德的重量：不安年代中的希望與救贖》（台北：心靈工坊文化，2007），頁52-53。

212 佛洛伊德著，廖運範譯，《佛洛伊德傳》（台北：志文出版社，1999），頁40。

213 宮城音彌著，李永熾譯，《精神分析導引》（台北：水牛出版社，1974），頁112。

214 元良勇次郎著，王國維譯，《心理學》，收入謝維揚、房鑫亮主編，《王國維全集·第17卷》（杭州：浙江教育出版社，2009），頁386。

215 王國維，《靜庵文集》，頁203-207。

216 李國慶編，《弢翁藏書年譜》（合肥：黃山書社，2000），頁17。

217 Jacques Lacan著，黃作譯，《父親的姓名》（北京：商務印書館，2017），頁79。

218 Michel Foucault著，王楊譯，《精神疾病與心理學》（上海：上海譯文出版社，2014），頁84。

219 這是加拿大導演David Croneberg（1943-）的作品：A Dangerous Method（2011）。

2017），頁157。

188 彭海瑩編，《艾略特的心靈世界》（台北：雅歌出版社，1988），頁71。

189 王國維，《靜庵文集》（瀋陽：遼寧教育出版社，1997），頁92-93。

190 Darrin M. McMahon, "Where Have All the Geniuses Gone?" *The Chronicle of Higher Education* (Oct 21, 2013), pp.1-7. 另，Darrin M. McMahon, *Divine Fury: A History of Genius* (New York: Basic Books, 2013).

191 Thomas Mann著，李永熾譯，《歌德與托爾斯泰——人文性的探討》（台北：水牛，1987），頁35。

192 周錫山評校，《王國維文學美學論著集》（上海：上海三聯書店，2018），頁20。

193 蕭艾，《王國維評傳》，頁27。

194 羅繼祖主編，《王國維之死》（廣州：廣東教育出版社，1999），頁176。

195 方繼孝，《舊墨記：世紀學人的墨迹與往事》（北京：北京圖書館出版社，2005），頁106。

196 Michael Foucault著，王德威譯，《知識的考掘》（台北：麥田，1993），頁63。〈導讀二〉

197 Sherwin B. Nuland著，林文斌、廖月娟譯，《生命的臉》（台北：時報文化，1998），頁248。

198 辨野義己著，鄭世彬譯，《大便力》（新北市：晶冠，2015），頁9。

199 孫淑萍，〈疾病與大便顏色〉，《醫學文選》1990年第6期，頁86。

200 Dominique Laporte著，周莽譯，《屎的歷史》（北京：商務印書館，2018），頁93。

201 Edward W. Said著，易鵬譯，《佛洛伊德與非歐裔》（台北：行人出版社，2004），頁129。

202 王德威等，《五四@100：文化，思想，歷史》（台北：聯經，2019），頁41。

203 Sarah Maza著，陳建元譯，《想想歷史》（台北：時報文化，2018），頁244-245。

170 王國維，《觀堂集林》，頁359。

171 胡頌平編，《胡適之先生年譜長編初稿（7）》（台北：聯經，1984），頁2491。

172 王國維，《觀堂集林》，頁368。

173 丁山，〈酈學考序目〉，《中央研究院歷史語言研究所集刊》第3本第3分（1932），頁362。

174 陳橋驛新校本，《水經注》（上海：上海古籍出版社，1990），頁3。〈前言〉。

175 于大成，〈二重證據〉，收入氏著，《理選樓論學稿》（台北：台灣學生書局，1979），頁539。

176 毛漢光，《中國中古政治史論》（台北：聯經，1990），頁22。

177 施蟄存，《水經注碑錄》（天津：天津古籍出版社，1987）。

178 程千帆，《閒堂文藪》（濟南：齊魯書社，1984），頁266。

179 Mark Rose著，楊明譯，《版權的起源》（北京：商務印書館，2018），頁9-18。

180 梅廣，〈語言科學與經典詮釋〉，收入葉國良編，《文獻及語言知識與經典詮釋的關係》（台北：台大出版中心，2004），頁60。

181 田曉菲，《七發》（南京：譯林出版社，2019），頁24-25。

182 汪民安主編，《福柯讀本》（北京：北京大學出版社，2010），頁86。

183 Umberto Eco著，翁德明譯，《艾可談文學》（台北：皇冠，2008），頁274。

184 Hans Vaihinger, *Philosophy of the "As If," A System of the Theoretical, Practical and Religious Fictions of Mankind* (London: Routledge & Kegan Paul, 1949).

185 桑兵，《晚清民國的學人與學術》（北京：中華書局，2008），頁125。

186 Edmund Husserl著，張慶熊譯，《歐洲科學危機和超越現象學》（台北：桂冠，1992），頁83。

187 梁濤，《「親親相隱」與二重證據法》（北京：中國人民大學出版社，關《孫子》《老子》的三篇考證》（台北：中央研究院近代史研究所，2002），頁69。

156 虞萬里，〈馬衡與漢石經研究〉，收入馬衡，《漢石經集存》（上海：上海書店，2014），頁2。

157 衛聚賢，《中國考古小史》（上海：商務印書館，1934），頁22。

158 Peter K. Bol著，王昌偉譯，《歷史上的理學》（杭州：浙江大學出版社，2009），頁240。

159 張岱年，《中國古典哲學概念範疇要論》（北京：中國社會科學出版社，1989），頁39。

160 陳三立，《散原散舍詩文集補編》（南昌：江西人民出版社，2007），頁296。

161 王國維，《觀堂集林》，頁367。

162 王國維，《觀堂集林》，頁368。

163 「戴東原與章實齋嘗以論修志事意見不合，至於丑詆。觀《文史通義》可見。此猶曰學術之爭。然史識本非東原所長，古人云君子不以己所能者媿人，實齋之使氣亦可已而不已者。至實齋與汪容甫議論齟齬，几欲揮刃（見洪稚存懷人詩），則更敗興之尤矣。」瞿兌之，《杶廬所聞錄》（瀋陽：遼寧教育出版社，1997），頁75。

164 陳橋驛，《酈道元評傳》（南京：南京大學出版社，1994），頁212。

165 胡適紀念館編，《論學談詩二十年：胡適楊聯陞往來書札》（台北：聯經，1998），頁193。

166 胡適紀念館編，上引書，頁191。

167 桑兵，《晚清民國的國學研究》（上海：上海古籍出版社，2001），頁246。

168 胡適，《胡適講演集》上冊（台北：中央研究院胡適紀念館，1978），頁86。

169 朱維錚，《朱維錚史學史論集》（上海：復旦大學出版社，2015），頁264-265。

380。

142 鄭欣淼，《故宮與故宮學》（台北：遠流，2009），頁241。

143 李朝遠，〈『金石學是中國考古學前身』說獻疑〉，收入氏著，《青銅器學步集》（北京：文物出版社，2007），頁374。

144 馬旡咎，《中國金石學概要》（台北：藝文印書館），1978，頁18-35。

145 王國維，《觀堂集林》，頁605。蕭艾認為王國維的考證：「其錯誤的根本原因，就在於沒有見到實物。」蕭艾，《王國維評傳》（板橋：駱駝出版社，1987），頁133。

146 屈萬里，《漢魏石經殘字》（台北：聯經，1985）。

147 張須，《通鑑學》（台北：聚珍書屋，1984），頁187。

148 李零，《蘭台萬卷：讀漢書藝文志》（北京：三聯書店，2011），頁5-7。

149 「兩漢專門之授受，至鄭君而一變，自是厥後，齊詩、慶氏《曲臺記》先亡，施氏梁丘之《易》、歐陽夏侯之《書》亡於永嘉，《魯詩》不過江東，孟京《易》、《韓詩》雖在，人無傳者，《公羊》《穀梁》二傳亦式微殆絕，其禍皆起於鄭學之肆行而諸經棄如土苴也。」張爾田，《史微》（上海：上海書店，2006），頁21。

150 「魏黃初立博士，因乎時勢，古學多起晉初，十九博士，《戴記》、《公》、《穀》外，其餘大抵皆古說也。學術之劇變未有甚於斯時者，其詳見吾友王靜庵〈博士考〉。」張爾田，《史微》，頁23。

151 謝維揚、房鑫亮主編，《王國維全集・第6卷》（杭州：浙江教育出版社，2009），頁313。

152 陳國慶編，《漢書藝文志注釋彙編》（北京：中華書局，1983），頁14及頁66。

153 王國維在〈書《論語鄭氏注》殘卷後〉以為敦煌殘卷有四篇，多〈泰伯〉一篇。見《觀堂集林》上，頁100。

154 謝維揚、房鑫亮主編，《王國維全集・第6卷》，頁320。

155 何炳棣（1917-2012）認為《孫子》是中國最早的私人著作，這是錯誤的。而出土《吳問》的撰寫時間應該也是戰國時代的作品。何炳棣，《有

論殷王國的疆域有多大，及其對外戰爭的地理路線。

129 王國維，《觀堂集林》，頁549。

130 馬承源，《中國古代青銅器》（上海：上海人民出版社，1982），頁102。

131 許倬雲，《西周史》（台北：聯經，1990），頁302。

132 馬衡，《凡將齋金石叢稿》（北京：中華書局，1996），頁303。

133 齊思和，《史學概論講義》（天津：天津古籍出版社，2007），頁189。

134 「阮文達公《稽古齋・鍾鼎款識》云：『散盤初藏揚州徐氏，後歸洪氏。』不言貢之內府，蓋其書成於家慶九年也（士鑒藏一拓本，為十年趙懿子手拓，而汪孟慈所藏，其時盤在洪氏）。張叔未《清儀閣題跋》云：『揚州徐約齊以萬金得之於歙州程氏，繼洪氏，嘉慶十四年鹺使某貢入府』云云。士鑒囊直南齋，與王文敏公研求金石之學，每言暘鼎、散盤，不知尚在人間否？文敏云：『暘鼎不可知，散盤則嘗聞諸老輩，謂阿敬敏林保曾以進呈，或者尚儲天家。』相與形諸夢想。越二十餘年，歲在甲子，聞清理內庫，原器猶存。命工椎拓，於是人間復有傳本。」章伯峰、顧亞主編，《近代稗海》第13輯（成都：四川人民出版社，1989），頁256。

135 夏含夷著，陳劍譯，《中國古文字學導論》（上海：中西書局，2013），頁6。

136 「此盤往歲由內庫搜出，少府諸臣不能定真贗，邀振玉審定。番禺商承祚實侍行並拓墨，故與拓本之賜。今此盤已如金人之辭漢（指的是唐代詩人李賀的〈金銅仙人辭漢歌〉），瞻對之餘，為之泣然。」羅振玉，《雪堂類稿》丙金石跋尾（瀋陽：遼寧教育出版社，2003），頁39-40。

137 瘂弦編，《劉半農文選》（台北：洪範書店，1979），頁165。

138 何賢武、王秋華主編，《中國文物考古辭典》（瀋陽：遼寧科學技術出版社，1993），頁313。

139 陳介祺，《秦前文字之語》（濟南：齊魯書社，1991），頁216。

140 陳介祺，《秦前文字之語》，頁266。

141 Leon Rosenstein著，葉品岑譯，《古物新史》（台北：麥田，2019），頁

（北京：東方出版社，1999），頁347-349。

115 夏目漱石著，陳寶蓮譯，《心》（台北：先覺，2000），頁228。

116 Kenneth G. Henshall著，李忠晉譯，《日本史：從石器時代到超級強權》（台北：巨流，2003），頁120。

117 李光貞，《夏目漱石小說研究》（北京：外語教學與研究出版社，2007），頁59。

118 沙培德，〈溥儀被逐出宮記：1920年代的中國文化與歷史記憶〉，收入《1920年代的中國》（台北：中華民國史料研究中心，2002），頁31。

119 張光直，《美術‧神話與祭祀》（台北：稻香出版社，1993），頁99-112。

120 梁啟超，《清代學術概論》（台北：台灣商務印書館，無出版年月），頁95。

121 陳勝前，《學習考古》（北京：三聯書店，2018），頁77。

122 王氏在1924年10月，「奉溥儀旨諭同羅振玉一起檢理內府所藏彝器，又獲觀散氏盤於養心殿西廊。」孫敦恒，《王國維年譜新編》（北京：中國文史出版社，1991），頁135。亦見黃公渚，《周秦金石文選評注》（高雄：學海，2019），頁111-114。

123 章炳麟，《訄書》（瀋陽：遼寧人民出版社，1994），頁152。，音球，逼迫之意。

124 蕭璠，《先秦史》（台北：眾文圖書，1990），頁96。

125 游國慶主編，《二十件非看不可的故宮金文》（台北：故宮，2019），頁49。

126 晚殷與早周時期的青銅禮器風格類似。周代禮器重食器輕酒器。中周時期以後，周人開始重視銘文，字數增多。禮器的功能也轉於世俗化。例如出現冊命、土地轉讓等內容。陳芳妹，〈青銅藝術所見商周文明的關係〉，《東吳大學中國藝術史集》第15卷（1986），頁43-92。

127 譚旦冏，《商周銅器史》（台北：光復書局，1982），頁150。

128 李學勤，《殷代地理簡論》（台北：木鐸出版社，1982），頁49。本書討

97 《陳寅恪先生全集（下）（補編）》（台北：九思，1977），頁70。

98 王德威，《後遺民寫作》（台北：麥田出版，2007），頁34。

99 孫敦恒，《王國維年譜新編》（北京：中國文史出版社，1991），頁136。

100 周康燮主編，《羅振玉傳記彙編》（香港：大東圖書公司，1978），頁117。陳邦直撰寫的《羅振玉年譜》稱讚羅氏為偉大的羅振玉先生。這本年譜出版於滿洲國康德10年（1943）滿日文化協會。

101 王德毅，《王國維年譜》（台北：中國學術著作獎助委員會，1967），頁291。

102 吳澤主編，《王國維全集・書信》（北京：中華書局，1984），頁409。

103 吳澤主編，《王國維全集・書信》，頁412。

104 莊士敦著，淡泊、思齊譯，《紫禁城的黃昏》（北京：紫禁城出版社，1992），頁234。

105 Sigmund Freud著，楊紹剛譯，《文明及其缺憾》，頁127。

106 陳鴻祥，《王國維傳》（北京：人民出版社，2004），頁539-548。

107 郡盈午，《中國近代士階層研究》（北京：中國社會科學出版社，2008），頁146。

108 周明之，《近代中國的文化危機：清遺老的精神世界》（濟南：山東大學出版社，2009），頁186。

109 王東明，〈讀父親王國維年譜有感〉，收入陳平原、王鳳編，《追憶王國維》（北京：三聯書店，2009），頁482。

110 蔣英豪，《王國維文學及文學批評》（沙田：香港中文大學崇基學院，1974），頁31。

111 張愛玲，《紅樓夢魘》（台北：皇冠，1997），頁202。

112 朱嘉漢，〈少年普魯斯特的煩惱〉，《INK》203（2020），頁46。

113 賈英華，《末代皇帝秘史：你所不知道的溥儀》（香港：香港中和，2020），頁270-272。

114 他也說：「雖以孫文、馮玉祥之暴亂，其一開口亦言十五年之爭亂，此何以故？」也就是從民國建國以來，無日不亂。王慶祥，《溥儀交往錄》

頁30。

81 沈兼士，《沈兼士學術論文集》（北京：中華書局，2004），頁343。

82 袁燦興，《了卻君王身邊事：大清內務府》（北京：東方出版社，2019），頁27-35。

83 故宮博物院，《故宮已佚目錄二種》（北京：故宮博物院，1930），頁1。

84 單士元，《故宮札記》（北京：紫禁城出版社，1990），頁100-103。

85 張舜徽，《文獻學論著輯要》（西安：陝西人民出版社，1985），頁450。

86 潘際坰，《宣統皇帝祕聞——我的前半生補篇》（香港：林東書局，無出版年），頁49。

87 遼寧省檔案館編，《溥儀私藏偽滿秘檔》（北京：檔案出版社，1990），頁162。

88 趙萬里，《王靜安先生年譜》（台北：廣文書局，1971），頁46。

89 吳景洲，《故宮盜寶案真相》（北京：文史資料出版社，1983），頁72。

90 吳瀛，《故宮塵夢錄》（北京：紫禁城出版社，2005），頁9-10。

91 吳瀛，《故宮塵夢錄》，頁17。

92 愛新覺羅．溥佳，〈溥儀出宮的前前後後〉，收入呂長賦等編，《溥儀離開紫禁城以後》（北京：文史資料出版社，1985），頁16。

93 李達嘉，〈尋找立國方針：梁啟超的聯邦與反聯邦論述〉，收入走向近代編輯小組編，《走向近代：國史發展與區域動向》（台北：台灣東華，2004），頁191-231。

94 柯劭忞是溥儀的老師。陳恒慶（1844-1920）云：「柯太史鳳蓀，詩古文淵源家學，別有心傳。故兄弟皆成進士，太史文名馳天下。」見《 書稀庵筆記》。蔡登山主編，《清朝官場秘聞：《春冰室野乘》《諫書稀庵筆記》合刊（台北：獨立作家，2016），頁406。

95 柯劭忞，《新元史》，收入《傳世藏書．史庫15》（海南國際新聞出版中心，1996）。姚景安等整理本。柯氏另撰《新元史考證》58卷。

96 劉成禺，《洪憲紀事詩本事簿注》（太原：山西古籍出版社，1997），頁289-191。

63 俞建偉、沈松平，《馬衡傳》（上海：上海教育出版社，2007），頁63。

64 周退密、宋路霞，《上海近代藏書紀事詩》（上海：華東師範大學出版社，1998），頁35。

65 吳修藝，〈王國維傳書堂藏善本書志研究〉，收入吳澤主編，《王國維學術研究論集》（2）（上海：華東師範大學出版社，1987），頁339。

66 謝維揚、房鑫亮主編，《王國維全集‧第9卷》（杭州：浙江教育出版社，2009），頁173-174。我將王氏這本書目閱讀一過。

67 陳銘，《潮落潮生——王國維傳》（杭州：杭州出版社，2004），頁171。

68 嚴耕望，《治史經驗談》（台北：台灣商務印書館，1981），頁167。

69 李君，《1931年前鄭孝胥》（北京：中華書局，2018），頁232。

70 馬敘倫，《我在六十歲以前》（台北：龍文出版社，1994），頁49。

71 例如良弼（1877-1912）即是宗社黨的創始人。見趙柏巖，《宣統大事鑑》（台北：廣文書局，1978），頁17-18。

72 羅繼祖，《我的祖父羅振玉》（天津：百花文藝出版社，2007），頁281。

73 張旭、車樹昇、龔任界編，《陳寶琛年譜》（福州：福建人民出版社，2017），頁435。

74 陳夔龍，《夢蕉亭雜記》（北京：北京古籍出版社，1985），頁121。

75 劉北汜，《故宮滄桑》（南粵出版社，1988），頁24。

76 John Dowey、Alice C. Dowey著，林紋沛、黃逸涵譯，《1919，日本與中國：杜威夫婦的遠東家書》（台北：網路與書出版，2019），頁204。

77 溥杰，《溥杰自傳》（北京：中國文史出版社，2001），頁25。

78 鄭懷義等，《皇叔戴濤》（北京：華文出版社，2002），頁111。

79 錢穆，《中國歷代政治得失》（北京：三聯書店，2012），頁3。阮芝生，〈先生‧請安息——素書樓散記〉，《中華日報》民國79年10月17日。我曾經問過這個問題：中國傳統皇室與政府如何區分？錢先生的素書樓如何歸屬？

80 溥佳，〈清宮回憶〉，收入中國人民政治協商會議全國委員會文史資料研究委員會編，《晚清宮廷生活見聞》（北京：文史資料出版社，1985），

44 羅琨，張永山，上引書，頁181。
45 王東明，《百年追憶》，頁71。
46 許全勝，《沈曾植年譜》（北京：中華書局，2007），頁432。
47 王慶祥、蕭文立校注，《羅振玉王國維往來書信》（北京：東方出版社，2000），頁662。
48 Reinhold Niebuhr著，孫仲譯，《光明之子與黑暗之子》（香港：道風書社，2007），頁55。
49 收入章太炎、劉師培等，《中國近三百年學術史論》（上海：上海古籍出版社，出版年月日漏印），頁389。
50 余英時，《論戴震與章學誠》（北京：三聯書店，2000），頁96。
51 余英時，《中國文化與現代變遷》（台北：三民，1992），頁214。
52 Peter Gay著，天悅譯，《我不是阿瑪迪斯：莫札特傳》（台北縣新店市：左岸文化，2009），頁117。
53 杜正勝，《歷史的再生》（台北：社會大學出版社，1989），頁108。
54 Friedrich Nietzsche著，林建國譯，《查拉圖斯特拉如是說》（台北：遠流，1989），頁77。
55 Annemarie Pieper著，李潔譯，《動物與超人之維——對尼采查拉圖斯特拉第一卷的哲學解釋》（北京：華夏出版社，2001），頁305。
56 Paul Veyne著，趙文譯，《福柯：其思其人》（鄭州：河南大學出版社，2017），頁279。
57 婁林，〈尼采論學者與民主政制〉，收入劉小楓主編，《古典學研究》第3輯（上海：華東師範大學出版社，2019），頁1-13。
58 收入吳閑編，《國學到底是什麼》（武漢：崇文書局，2019），頁22。
59 周君適，《偽滿宮廷雜憶》（成都：四川人民出版社，1980），頁41。
60 高陽，《高陽說詩》（瀋陽：遼寧教育出版社，1998），頁103。
61 傅斯年，〈中西史學觀點之變遷〉，《當代》116期（1995），頁68。
62 丸山真男著，藍弘岳譯，《日本的思想》（新北市：遠足文化，2019），頁172-173。

（北京：清華大學出版社，2010），頁242。

27 陳獨秀，《獨秀文存》（安徽人民出版社，1996），頁248。

28 森鷗外著，黃碧君譯，《切腹的武士》（新北市：紅通通文化出版社，2018），頁79。

29 林同濟、雷海宗，《中國之危機》（香港：黃河出版社，1971），頁30-31。這本書有幾種版本。

30 人類集體自殺的例子很多。信仰不是唯一的因素。1978年南美東北部的人民聖殿教，有908名的教徒集體自殺，其中包括274名教徒的兒童。

31 林林主編，《郭沫若詩詞鑒賞》（石家莊：河北人民出版社，1994），頁1。

32 郭沫若，《郭沫若卷》（西安：陝西人民出版社，1995），頁463。

33 黃侃，《黃侃日記》（南京：江蘇教育出版社，2001），頁311。

34 周勛初，《當代學術研究思辨》（南京：南京大學出版社，1993），頁207。

35 呂偉達主編，《王懿榮集》（濟南：齊魯書社，1999），頁488。

36 蕭艾，《一代大師——王國維研究論叢》（長沙：湖南人民出版社，1988），頁266。

37 Wener Sombart著，賴海榕譯，《為什麼美國沒有社會主義》（北京：社會科學文獻出版社，2003），頁211。

38 陳來，〈陳寅恪《王觀堂先生紀念碑銘》與大學精神〉，收入氏著，《山高水長集》（北京：中華書局，2015），頁192。

39 顧頡剛，《走在歷史的路上——顧頡剛自述》（台北：遠流，1989），頁178。

40 顧頡剛，《走在歷史的路上——顧頡剛自述》，頁105。

41 牟宗三，《五十自述》（台北：鵝湖出版社，1989），頁26。

42 周作人，〈心中〉，收入鍾叔河編，《周作人文類編．日本管窺》（長沙：湖南文藝出版社，1998），頁501。

43 羅琨、張永山，《羅振玉評傳》（南昌：百花洲文藝出版社，1996），頁180。

13 王國維，《王國維考古學文輯》（南京：鳳凰出版社，2008），頁35。
14 孫作雲，《天問研究》（北京：中華書局，1989），頁107。
15 嚴紹璗，《日本中國學史》（南昌：江西人民出版社，1993），頁267。
16 王慶祥、蕭文立校注，《羅振玉王國維往來書信》（北京：東方出版社，2000），頁676。
17 錢穆，《國史大綱》（台北：台灣商務印書館，1995），頁25-26。
18 內藤湖南著，夏應元等譯，《中國史通論》（北京：社會科學文獻出版社，2004），頁66。
19 王國維輯有《古本竹書紀年輯校》。見錢穆，《先秦諸子繫年》（香港：香港大學出版社，1956），頁410-423。
20 方詩銘、王修齡，《古本竹書紀年輯證》（台北：華視出版社，1983），頁188-290。
21 高去尋，〈試論夏文化的探索〉，收入《潛德幽光——高去尋院士百歲冥誕紀念集》（台北：中央研究院歷史語言研究所，2009），頁31-37。
22 周一平，〈1917年前後王國維的政治思想〉，收入《王國維學術研究論集．第3輯》（上海：華東師範大學出版社，1990），頁210-231。
23 周言，《王國維與民國政治》（北京：九州出版社，2013），頁164。
24 余英時，《余英時回憶錄》（台北：允晨文化，2018），頁49-50。
25 梁煥鼐、梁煥鼎，《清梁巨川先生濟年譜》（台北：台灣商務印書館，1980），頁47。
26 「梁君之死，其志誠可嘉，但吾人持論當為後世標準，則必當繩之以經誼。所謂賢者俯而就之，不肖者跂而企之。考六經，以事死君難者蓋有之矣！未聞以殉君見褒者也。崔杼弒齊君，晏嬰赴之。人問：『嬰死乎？』曰：君非為己而死，吾安得死之。逢丑父與齊君易位，以詐晉師。以後儒論之忠莫非丑父，而董仲舒謂丑父當服上刑。且父子至親也，不勝喪而死，比之不孝。夫婦，至親也，公叔文伯死，婦人自殺於房者四人，其母敬姜不以為然。夫以父子、夫婦之親，聖者尚不忍責人以死，況君臣之以義合者乎？」馬奔騰輯注，《王國維未刊來往書信集》

安主編，《重新思考皇帝：從秦始皇到末代皇帝》（台北：時報文化，2019），頁208-209。

246 唐君毅，《說中華民族之花果飄零》（台北：三民書局，1974），頁17-18。

247 林憲，《自殺及其預防》（台北：水牛，1986），頁95。

248 太宰治著，劉霄翔、雷佩佩譯，《生而為人，我很抱歉》（新北市：高談文化，2019），頁346。

249 陳鴻祥，《王國維年譜》，頁168。

第三章

1 葛兆光，《餘音》（桂林：廣西師範大學出版社，2016），頁63。

2 徐鑄成，《徐鑄成傳記3種》（上海：學林出版社，1999），頁373。

3 徐鑄成，《徐鑄成傳記3種》，頁338-339。

4 李恩績，《愛儷園夢影錄》（北京：三聯書店，1984），頁274-275。

5 曹聚仁，《天一閣人物譚》（上海：上海人民出版社，2000），頁411。

6 陳平原、王楓編，《追憶王國維》（北京：中國廣播電視出版社，1996），頁40。

7 劉蕙孫，〈我所了解的王靜安先生〉，收入陳平原、王楓編，《追憶王國維》（北京：中國廣播電視出版社，1996），頁547-548。

8 王旭梁，《羅福萇生平及其學術述論》（台北：文史哲出版社，2015），頁59。

9 袁英光、劉寅生，《王國維年譜長編》（天津：天津人民出版社，1996），頁165。

10 袁英光、劉寅生，《王國維年譜長編》，頁154。

11 黃應貴，《反景入深林：人類學的觀照、理論與實踐》（台北：三民，2008），頁226。

12 董作賓、胡厚宣、黃然偉，《甲骨年表正續合編》（台北：中央研究院歷史語言研究所，1976），頁11。

231 這個說法取自趙利棟。王國維，《王國維學術隨筆》（北京：社會科學文獻出版社，2000），頁8。

232 王國維，《古史新証》（北京：清華大學出版社，1994），頁53。

233 西山尚志，〈歷史「抹殺論」的展開——近代日本史學界上的「科學」與「道德」衝突〉，收入中國社會科學院歷史研究所等編，《第七屆中日學者中國古代史論壇文集》（北京：中國社會科學出版社，2016），頁361-389。

234 蕭艾，《王國維詩詞箋校》，頁17。

235 蕭艾，《王國維詩詞箋校》，頁2

236 王蘧常，《清末沈寐叟先生曾植年譜》（台北：台灣商務印書館，1982），頁57。

237 黎烈文，《西洋文學史》（台北：大中國圖書公司，1979），頁181。西洋文學的古典時代大約起於十七世紀中至十八世紀末。當時的作者或作品可以與希臘羅馬一樣具有文學的價值。

238 Edith Hamilton著，黃毓秀、曾珍珍譯，《希臘悲劇》（台北：書林，1984），頁9。

239 丁志可主編，《殉清遺老的民國歲月》（南寧：廣西人民出版社，2008），頁23。

240 黃濬，《花隨人聖盦摭憶》（上海：上海書店，1998），頁343。

241 沈雲龍，《黎元洪評傳》（台北：中央研究院近代史研究所，1963），頁64-73。

242 徐高阮，《中山先生的全面利用外資政策》（台北：台灣商務印書館，1963），頁34。

243 來新夏，〈滿門忠烈的謝枋得〉，收入氏著，《評功過》（北京：商務印書館，2016），頁96-99。

244 楊劍鋒，《現代性視野中的陳三立》（北京：中國社會科學出版社，2011），頁187。

245 韓承樺，〈被放棄的皇帝：清末民初知識分子的思考與選擇〉，收入胡川

216 川床邦夫著，張靜譯，《中國烟草的世界》（北京：商務印書館，2011），頁35。
217 江上波夫著，林慶彰譯，《近代日本漢學家——東洋學的系譜 第一集》（台北：萬卷樓，2017），頁135。
218 內藤湖南著，武瓊譯，《清史九講》（北京：華文出版社，2019），頁127-128。
219 賀昌群，〈日本學術界之「支那學」研究〉，收入氏著，《賀昌群文集·第1卷》（北京：商務印書館，2003），頁449。
220 李零，《待兔軒文存》（桂林：廣西師範大學出版社，2015），頁12。
221 葉桂生、謝保成，《郭沫若的史學生涯》（北京：社會科學文獻出版社，1992），頁48。
222 郭沫若，《革命春秋》（香港：三聯書店，1978），頁346。
223 相對於東京大學，創立於1897年的京都大學更具異端色彩。見李永熾，《歷史、文學與台灣》（豐原：中縣文化，1992），頁134。
224 Joshua A. Fogel著，陶德民、何英鶯譯，《內藤湖南：政治與漢學（1866-1934）》（南京：江蘇人民出版社 2013），頁196。
225 堀敏一著，鄒雙雙譯，《中國通史——問題史試探》（北京：社會科學文獻出版社，2015），頁212-218。
226 永原慶二著，王新生等譯，《二十世紀日本歷史學》（北京：北京大學出版社，2014），頁39。
227 Joshua A. Fogel著，上引書，頁242。
228 B. Schwartz著，林鎮國譯，〈論保守主義〉，收入楊肅獻等編 ，《近代中國思想人物論——保守主義》（台北：時報文化，1980），頁36。
229 王小林，〈「加上說」與「層累說」：中國學背後的日本國學〉，收入氏著，《從漢才到和魂：日本國學思想的形成與發展》（台北：聯經，2013），頁249。
230 陳瑋芬，〈和魂與漢學：斯文會及其學術活動史〉，收入陳少峰主編，《原學》第5輯（1996），頁368-383。

197 岑仲勉，《隋書求是》（永和：史學出版社，1974），頁350。

198 朱希祖認為中國魏晉以前無歷史之專官。見朱希祖，《中國史學通論》（台北：莊嚴出版社，1977），頁13。

199 王愛衛，《朱希祖史學研究》（北京：中華書店，2018），頁99-100。

200 朱劍心，《金石學研究法》（杭州：浙江人民美術出版社，2015），頁14-15。

201 朱淵清，〈朱希祖：走向實證史學〉，收入朱淵清主編，《新史學發覆》（上海：中西書局，2019），頁63-64。

202 汪榮祖，《康章合論》（北京：中華書店，2008），頁16-17。

203 辛德勇，《石室賸言》（北京：中華書局，2014），頁2。

204 辛德勇，《石室賸言》，頁37。

205 關於王國維明堂研究的批評，見張一兵，《明堂制度研究》（北京：中華書局，2005），頁16-21。

206 王國維，《觀堂集林》上冊，頁72-85。

207 孫星衍，《問字堂集；岱南閣集》（北京：中華書局，1996），頁45。

208 林泰輔著，錢穆譯，《周公》（台北：台北商務印書館，1971），頁76-77。錢先生可讀同時代日本漢學家作品。

209 呂思勉，《經子解題》（台北：河洛圖書，1978），頁91。

210 Charles-Victor Langlois、Charles Seignobos著，余偉譯，《史學原論》（鄭州：大象出版社，2010），頁112。

211 錢玄，《三禮名物通釋》（南京：江蘇古籍出版社，1987），頁124。我記得這是我碩士班資格考的參考書之一。

212 李金松，《述學校箋》（北京：中華書局，2014），頁66。

213 周一平、沈茶英，《中西文化交匯與王國維學術成就》（上海：學林出版社，1999），頁373-374。

214 陸懋德，《史學方法大綱》（北京：商務印書館，2019），頁95。

215 陳平原、王楓編，《追憶王國維》（北京：中國廣播電視出版社，1997），頁413。

究所，2000），頁620。

179 Philippe Godefroid著，周克希譯，《華格納：世界終極的歌劇》（台北：時報文化，2001），頁96-97。

180 小泉純一郎著，賴明珠譯，《小泉純一郎の音樂遍歷》（台北：財信，2009），頁77。

181 Arthur Goos著，洪力行譯，〈記憶與慾望之間：華格納的劇本與浪漫主體性〉，收入羅基敏等編，《愛之死：華格納的崔斯坦與伊索德》（台北：高談文化，2003），頁183-184。

182 Alain Badiou著，艾士薇譯，《瓦格納五講》（鄭州：河南大學出版社，2014），頁137。

183 Alain Badiou著，艾士薇譯，《瓦格納五講》，頁184。

184 這本書被梁啟超稱讚為空前創作。見梁啟超，《中國近三百年學術史》（北京：中國華僑出版社，2007），頁243。

185 李零，《鑠古鑄今——考古發現和復古藝術》（沙田：香港中文大學藝術系，2005），頁9。

186 謝維揚等，《王國維全集．第三集》（杭州：浙江教育出版社，2009），頁338-339。

187 《王國維全集．第三集》，頁460。

188 《王國維全集．第三集》，頁456。

189 李國雄述，王慶祥著，《隨侍溥儀三十三年》（台北：思行文化，2014），頁50。

190 郭沫若，《歷史人物》（新文藝出版社，1947），頁297-298。

191 《王國維全集．第三集》，頁381。

192 《王國維全集．第三集》，頁382。

193 許嘉璐，《周禮譯注》（台北：建安，2002），頁268-269。

194 唐蘭，〈古樂器小記〉，《燕京學報》14期（1933），頁70-71。

195 楊伯峻，《孟子譯注》（北京：中華書局，2006重印），頁332。

196 朱維錚，《中國經學史十講》（上海：復旦大學出版社，2002），頁120。

17。

165 《泉屋博古：中國古銅器編》（京都：泉屋博古館，2002），〈序〉文。

166 趙園，《明清之際士大夫研究：作為一種現象的遺民》（北京：北京師範大學出版社，2014），頁110。

167 王國維，《王觀堂先生全集》16（台北：文華出版公司，1968），頁7105-7114。

168 陶方宣，《歷史的辮子：陳寅恪與王國維》（北京：新華出版社，2016），頁168。

169 許地山，《國粹與國學》（長沙：岳麓書社，2011），頁118。

170 杉村邦彥，〈羅振玉的文字之福與文字之厄：京都客寓時代的學習、生活、交友及書法活動〉，收入劉恒、張本義主編，《如松斯盛：首屆羅振玉書法書學國際學術研討會論文集》（瀋陽：萬卷出版公司，2009），頁114。

171 山崎豐子著，王文萱譯，《我的創作、我的大阪》（台北：天下雜誌，2011），頁242-243。

172 徐俊西主編，《戴望舒・徐遲卷》（上海：上海文藝出版社，2010），頁115。

173 唐振常，《唐振常文集》第5卷（上海：上海社會科學院出版社，2013），頁132。

174 青木正兒著，王吉廬譯，《中國近世戲曲史》上冊（台北：台灣商務印書館，1965），頁1。

175 「觀堂不能耐貧，遂甘為貧而殉身耶？」見羅繼祖，《楓窗3錄》（大連：大連出版社，2000），頁265。

176 Friedrich Nietzsche著，趙千帆譯，《論道德的系譜》（新北市：大家出版，2017），頁22-23。譯者〈導讀〉。

177 Isaiah Berlin, *The Hedgehog and the Fox* (New York: Simon and Schuster, 1966), p. 31.

178 Paul Tillich著，尹大貽譯，《基督教思想史》（香港：漢語基督教文化研

149 張灝，〈轉型時代在中國近代思想史與文化史上的重要性〉，收入氏著，《張灝自選集》（上海：上海教育出版社，2002），頁122。

150 徐廣宇編譯，《1904-1905，洋鏡頭裡的日俄戰爭》（福州：福建教育出版社，2009），頁20。

151 陳平原、王楓編，《追憶王國維》（北京：中國廣播電視出版社，1996），頁420。

152 三好行雄著，趙慧瑾譯，〈關於心鏡〉，收入夏目漱石著，《心鏡》（台北：星光出版社，1985），頁273。

153 田井玲子，〈外國人雜居地から生まれたチセイナタウン——神戶〉，收入《チャイナタウン展——もろひとつの日本史》（福岡：福岡博物館，2003），頁122-131。

154 張連科，《王國維與羅振玉》（天津：天津人民出版社，2002），頁187。

155 羅繼祖，《羅振玉年譜》（台北縣：行素堂，1986），頁47。

156 劉盼遂，《劉盼遂文集》（北京：北京師範大學出版社，2002），頁690。

157 吳世昌，〈近五十年中國歷史文物之喪失〉，收入氏著，《吳世昌全集》第2卷（石家莊：河北教育出版社，2003），頁281。

158 容庚，《容庚雜著集》（上海：中西書局，2014），頁206-207。

159 道坂昭廣，〈關於京都大學附屬圖書館藏《羅氏藏書目錄》〉，收入羅振玉、王國維編，《羅氏藏書目錄》下冊（北京：北京大學出版社，2015），頁237-250。

160 茅海建，〈晚清的思想革命〉，收入氏著，《歷史的敘述方式》（上海：上海三聯書店，2019），頁210。

161 陸丹林，《晚清民國名人志：從康有為到張大千》（台北：獨立作家，2015），頁145。蔡登山增訂本。

162 羅繼祖，《庭聞憶略：回憶祖父羅振玉的1生》（長春：吉林文史出版社，1987），頁54。

163 葉德輝，《書林清話·書林餘話》（長沙：岳麓書社，1999），頁217。

164 梁容若，《現代日本漢學研究概觀》（台北：藝文印書館，1972），頁

129 葉嘉瑩，《中國詞學的現代觀》（台北：大安出版社，1988），頁88-89。
130 董橋，《辯證法的黃昏》（台北：合志文化，1988），頁88。
131 顧隨，《顧隨全集》3（石家莊：河北教育出版社，2000），頁232。
132 張大春，《雍正的第一滴血》（台北：時報文化，1987），頁220。
133 沈從文，《沈從文自傳》（台北：聯合文學雜誌社，1987），頁26。
134 陳旭麓，《辛亥革命》（上海：上海人民出版社，1956），頁118。
135 郭廷以，《近代中國史綱》（沙田：中文大學出版社，1980），頁422-423。
136 金耀基，《從傳統到現代》（台北：時報文化，1980），頁59。
137 李廣柏，《新譯明夷待訪錄》（台北：三民書局，2014），頁16-17。
138 李樹青，〈論知識份子〉，收入周陽山主編，《知識份子與中國》（台北：時報文化，1981），頁20。
139 羅振玉，《清代學術源流考》（南京：江蘇文藝出版社，2011），頁33。
140 周傳儒，〈史學大師王國維〉，收入《文史哲學者治學談》（長沙：岳麓書社，1982），頁6。
141 黃侃，《黃季剛詩文集》下冊（北京：中華書局，2016），頁495。
142 潘光哲編，《容忍與自由：胡適思想精選》（台北：南方家園，2009），頁55。
143 潘光哲編，《容忍與自由：胡適思想精選》，頁63。
144 喬志航，〈王國維學術思想與日本中介資源問題〉，《江漢論壇》2000年第2期，頁89。
145 羅振玉、王國維，《流沙墜簡》（北京：中華書局，1993），〈出版說明〉。
146 鄭有國，《中國簡牘學綜論》（上海：華東師範大學出版社，1989），頁106-114。
147 夏含夷，《西觀漢記：西方漢學出土文獻研究概要》（上海：上海古籍出版社，2018），頁326。
148 狩野直喜著，周先民譯，《中國學文藪》（北京：中華書局，2011），頁382。

110 楊一之，《康德黑格爾哲學講稿》（北京：商務印書館，1996），頁43。

111 柄谷行人著，林暉鈞譯，《移動的批判：康德與馬克思》（台北：心靈工坊文化，2019），頁115。

112 李明輝，《康德哲學在東亞》（台北：國立台灣大學出版中心，2016），頁262。

113 高瑞泉，《天命的沒落：中國近代唯意志論思潮研究》（上海：上海人民出版社，2007），頁190。

114 包向飛，《康德的數學哲學》（武漢：武漢大學出版社，2013），頁191。

115 李澤厚，《批判哲學的批判——康德述評》（天津：天津社會科學院出版社，2003），頁229-261。

116 佛雛，上引書，頁33-34。

117 蔡元培，《蔡元培選集，哲學教育》（台北：文星書店，1967），頁49。

118 馮友蘭，《中國哲學簡史》（北京：北京大學出版社，1998），頁281。

119 劉昌元，《尼采》（台北：聯經，2004），頁47。

120 李長之，《詩人李白及其痛苦》（台北：大漢出版社，1979），頁144。

121 梁錫華，《徐志摩詩文補遺》（台北：時報文化，1980），頁280。

122 袁英光、劉寅生，《王國維年譜長編》（天津：天津人民出版社，1996），頁37。

123 千葉三郎，《內藤湖南とその時代》（東京：國書刊行會，1986），頁285-287。

124 王國維，《靜庵文集》（瀋陽：遼寧教育出版社，1997），頁161-162。

125 季羡林，〈我所了解的陳寅恪先生〉，收入《柳如是別傳與國學研究》（杭州：浙江人民出版社，1995），頁4。

126 魏斐德，《遠航》（北京：新星出版社，2018），頁158。

127 Walter Benjamin著，孫冰編，《本雅明：作品與畫像》（上海：文匯出版社，1999），頁146-147。

128 陳永正，《王國維詩詞全編校注》（廣州：中山大學出版社，2000），頁426。

93 舒蕪，〈悲觀主義解釋不了悲劇——重讀王國維的紅樓夢評論〉，收入氏著，《紅樓說夢》（北京：人民文學出版社，2006），頁364。

94 Friedrich Nietzsche著，衛茂平譯，《偶像的黃昏：如何用錘子哲思》（上海：上海人民出版社，2019），頁115。

95 潘光哲，《晚清士人的西學閱讀史（1833-1898）》（台北：中研院近史所，2014），頁349。

96 劉小楓，《拯救與逍遙：中西方詩人對世界的不同態度》（台北：久大文化，1991），頁56。

97 馬思猛輯注，《王國維與馬衡來往書信》（北京：三聯書店，2017），頁236。

98 胡適，《胡適論學近著》（濟南：山東人民出版社，1998），頁490。

99 吳劍杰編，《張之洞卷》（北京：中國人民大學出版社，2014），頁404。

100 桑兵，〈「中國哲學」探源〉，收入氏著，《學術江湖：晚清民國的學人與學風》（桂林：廣西師範大學出版社，2017），頁72。

101 陳致，《余英時訪談錄》（北京：中華書局，2012），頁100-101。

102 桑木嚴翼著，余又蓀譯，《康德與現代哲學》（台北：商務印書館，1991），頁133。原版出版於1934年。

103 Karen Horney著，李明濱譯，《自我的掙扎》（台北：志文出版社，1986），頁231。

104 佛雛，《王國維哲學譯稿研究》，頁152。

105 高力克，《五四的思想世界》（北京：東方出版社，2019），頁31。

106 錢鷗，〈青年時代的王國維與明治學術文化〉，《日本中國學會報》第48輯（1996）。

107 王國維，《靜庵文集》，頁51-52。

108 這是一種智的直覺。李明輝，〈牟宗三哲學中的「物自身」概念〉，收入氏著，《當代儒學之自我轉化》（台北：中央研究院文哲所，1994），頁23-52。

109 朱高正，《康德四論》（台北：台灣學生書局，2001），頁20。

主的討論〉，收入錢競編，《紀念王國維先生誕辰120周年學術論文集》（廣州：廣東教育出版社，1999），頁27。

79 周策縱，《論王國維人間詞》（台北：時報文化，1986），頁91。

80 陳永正，《王國維詩詞箋注》，頁414。

81 陳鴻祥，《王國維與近代東西方學人》（天津：天津古籍出版社，1990），頁60-63。

82 Eberhard Jüngel著，林克譯，《死論》（香港：三聯書局，1992），頁12。

83 俞曉紅，《王國維紅樓夢評論箋說》（北京：中華書局，2004），頁70。我最早讀的版本，收入莊嚴出版社編輯部，《曹雪芹與紅樓夢》（台北：莊嚴出版社，1982），頁241-270。

84 王德威，《被壓抑的現代性：晚清小說新論》（台北：麥田，2003），頁62。

85 Henry Sidgwick著，王國維譯，《西洋倫理學史要》，收入謝維揚、房鑫亮主編，《王國維全集・第十八卷》（杭州：浙江教育出版社，2009），頁135。

86 Harald Hoffding著，王國維譯，《心理學概論》，收入謝維揚、房鑫亮主編，《王國維全集・第十八卷》（杭州：浙江教育出版社，2009），頁515。本書最早1907年出版。Harald Hoffding (1843-1931) 也是丹麥著名的神學家。

87 余英時，《陳寅恪晚年詩文釋證》（台北：時報文化，1986），頁82。

88 繆鉞，《詩詞散論》（台北：台灣開明書店，1977），頁77。

89 王斑，〈王國維壯美說的政治無意識〉，收入汪暉等主編，《學人》第6輯（1994），頁568-569。

90 Georges Bataille著，吳懷晨譯，《愛神之淚》（台北：麥田，2020），頁55。這本書討論人類的死亡意識。

91 溫儒敏、丁曉萍編，《時代之波——戰國策派文化論著輯要》（北京：中國廣播電視出版社，1995），頁279。

92 白先勇，《驀然回首》（台北：爾雅出版社，1982），頁29。

62 王汎森，《執拗的低音：一些歷史思考方式的反思》（北京：三聯書店，2014），頁156。

63 Leislie H. Farber著，沈潔民、劉謐辰譯，《神秘的意志世界》（上海：上海文化出版社，1988），頁80。

64 徐復觀，《儒家政治思想與民主自由人權》（台北：八十年代出版社，1979），頁179-180。

65 陳夢家，《殷墟卜辭綜述》（台北：大通書局影印，1971），頁269-331。這本書是我碩士資格考的參考書之一。

66 Carine Defoort著，傅揚等譯，〈心齋坐忘：中國哲學研究的方法論反思〉，《中國哲學與文化》第16輯（上海：上海古籍出版社，2018），頁17。

67 Werner Stegmaier著，田立年譯，《尼采引論》（北京：華夏出版社，2016），頁145-146。

68 杜正勝，〈古代研究的現代意義〉，《當代》第93期（1994），頁112。

69 張灝著，高力克、王躍譯，《危機中的中國知識分子：尋求秩序與意義，1890-1911》（北京：中央編譯出版社，2016），頁19。

70 柳詒徵，《國史要義》（台北：中華書局，1957），頁218。

71 王國維，《觀堂集林》（石家莊：河北教育出版社，2001），頁288-303。

72 成祖明、趙亞婷，〈重新檢視王國維的《殷周制度論》——走出王國維的「二重證據法」〉，《科學社會戰線》2018年第8期，頁109。

73 余英時，《史學與傳統》（台北：時報文化，1982），頁113-114。

74 津田左右吉著，曹景惠譯，《論語與孔子思想》（台北：聯經，2015），頁545。

75 津田左右吉著，曹景惠譯，《論語與孔子思想》，頁552。

76 沈曾植，《海日樓文集》（廣州：廣東教育出版社，2019），頁178。

77 羅志田，《風雨雞鳴：變動的時代的讀書人》（北京：三聯書店，2019），頁65-66。

78 王汎森，〈王國維與傅斯年——以《殷周制度論》與《夷夏東西說》為

45 Erik H. Erikson著，康綠島譯，《青年路德：一個精神分析與歷史的研究》（台北：心靈工坊文化，2017），頁417。

46 三島由紀夫著，邱振瑞譯，《太陽與鐵》（台北：大牌出版，2013），頁207。

47 林水福，《日本文學導遊》（台北：聯合文學，2005），頁58。

48 羅振常，《善本書所見錄》（上海：上海古籍出版社，2020），頁252。

49 姚柯夫編，《人間詞話及評論匯編》（北京：書目文獻出版社，1983），頁481-482。

50 佛雛，《王國維哲學譯稿研究》（北京，社會科學文獻出版社，2006），〈前言〉；陳永正，《王國維詩詞箋注》（上海：上海古籍出版社，2011），〈前言〉。

51 陳鴻祥，《王國維年譜》，頁356。

52 今井登志喜，《歷史學研究法》（東京：東京大學出版會，1969），頁7。明治時代的學者已經可以讀到Droysen的著作。

53 Johann Gustav Droysen著，胡昌智譯，《歷史知識的理論》（台北：聯經，1986），頁5。我大學閱讀的書。

54 Michael J. Maclean, "Johann Gustav Droysen and the Development of Historical Hermeneutics." *History and Theroy*, Vol. 21 No.3 (1982), p. 355.

55 胡昌智，《歷史知識與社會變遷》（台北：聯經，1992），頁27。

56 陳寅恪，《金明館叢稿二編》（北京：三聯書店，2001），頁270。

57 黃川田修，〈華夏系統國家群之誕生——討論所謂夏商周時代之社會結構〉，收入中國社會科學院考古研究所夏商周考古研究室編，《三代考古》3（北京：科學出版社，2009），頁81-112。

58 張豈之主編，《侯外廬著作與思想研究》第19卷（長春：長春出版社，2016），頁299。

59 張豈之主編，《侯外廬著作與思想研究》第19卷，頁316。

60 劉若愚著，杜國清譯，《中國文學理論》（台北：聯經，1981），頁311。

61 Johann Gustav Droysen著，《歷史知識的理論》，頁88。

遼寧教育出版社，1995），頁158。
27 Margaret Atwood著，嚴韻譯，《與死者協商：瑪格莉特·愛特伍談寫作》（台北：麥田，2004），頁221。
28 黃進興，《學人側影》（沙田：香港中文大學出版社，2019），頁178-179。
29 孫敦恒，《王國維年譜新編》（北京：中國文史出版社，1991），頁8。
30 原田敬一著，徐靜波譯，《日清、日俄戰爭》（香港：香港中和，2018），頁269-271。
31 陳鴻祥，《王國維年譜》（濟南：齊魯書社，1991），頁50。
32 黑川俊隆編，《東京遊學案內》（東京：少年園，1895），頁132。
33 臺靜農，《臺靜農遺稿輯存》（鄭州：海燕出版社，2015），頁86。
34 伊藤之雄著，林靜薇譯，《明治天皇》（新北市：廣場，2019），頁512。
35 石錦，〈早期中國留日學生的活動與組織〉，收入氏著，《中國近代社會研究》（台北：李敖出版社，1990），頁293-322。留日學生政治主張以君主立憲為多。
36 楊國強，《晚清的士人與士相》（北京：三聯書店，2008），頁242及279-280。
37 Harold Z. Schiffrin著，邱權政、符致興譯，《孫中山與中國革命的起源》（台北：谷風出版社，1988），頁222。
38 周作人，《知堂憶往》（北京：中國文史出版社，2020），頁127。
39 永井荷風著，侯詠馨譯，《新譯江戶藝術論》（台北：紅通通文化出版社，2020），頁310。
40 永井荷風著，侯詠馨譯，《新譯江戶藝術論》，頁264。
41 楊牧，《文學知識》（台北：洪範書店，1981），頁171-172。
42 王國維，《靜庵文集》（瀋陽：遼寧教育出版社，1997），頁114。
43 王國維，《靜庵文集》，頁194。
44 陳平原、王楓編，《追憶王國維》（北京：中國廣播電視出版社，1996），頁388。

100-101。

8 林庚白，《孑樓隨筆》（台北：秀威，2011），頁169-170。另參看蔡登山先生為本書所撰寫的導讀。

9 孟森，《明代史》（台北：國立編譯館，1993），頁83-84。

10 景嘉，《一讀書人の節操》（東京：アジア問題研究會，1980），頁156。

11 景嘉，《一讀書人の節操》，頁157。

12 葉渭渠，《日本文學思潮史》（台北：五南，2003），頁387。

13 金梁，《道咸同光四朝佚聞》（台北：廣文書局，1978），頁78。

14 賴惠敏，《天潢貴冑：清皇族的階層結構與經濟生活》（台北：中央研究院近代史研究所，1997），頁84。

15 金梁，《清帝外紀清后外傳》（台北：廣文書局，1980），頁179。

16 愛新覺羅・載灃，《醇親王載灃日記》（北京：群眾出版社，2014），頁422。

17 愛新覺羅・載灃，《醇親王載灃日記》，頁430。

18 繆荃孫，《繆荃孫全集，雜著》（南京：鳳凰出版社，2014），頁199。

19 錢文忠，〈神州袖手人陳三立〉，收入氏著，《末那皈依》（台北：網路與書，2008），頁30。

20 徐一士，《一士類稿，一士譚薈》（重慶：重慶出版社，1998），頁107-112。

21 瞿鴻禨，《瞿鴻禨集》（長沙：湖南人民出版社，2010），頁5。

22 葉純芳，〈羅振玉在日本〉，林慶彰主編，《近代中國知識份子在日本2》（台北：萬卷樓，2003），頁104-105。

23 John Berger、Jean Mohr合著，張世倫譯，《另一種影像敘事》（台北：三言社，2007），頁93。

24 杜維運，〈錢謙益其人及其史學〉，收入氏著，《清代史學與史家》（台北：東大圖書，1984），頁224。

25 唐振常，《往事如煙懷逝者》（上海：上海人民出版社，1990），頁1-20。

26 劉夢溪，〈了解之同情——陳寅恪先生的闡釋學〉，《國學今論》（瀋陽：

為二重證據法來源於阮元。

64 劉師培，《劉師培史學論著選集》（上海：上海古籍出版社，2006），頁463。

65 劉節，《中國史學史稿》（鄭州：中周古籍出版社，1984），頁204-205。

66 G.W. Bowersock著，于海生譯，〈布克哈特論古代晚期〉，收入氏著，《從吉本到奧登》（北京：華夏出版社，2017），頁156-177。

67 毛漢光編，《歷代碑誌銘塔誌銘雜誌銘拓片目錄》（台北：中央研究院歷史語言研究所，1987），頁84。

68 汪辟疆，《光宣以來詩壇旁記》（瀋陽：遼寧教育出版社，1998），頁118-120。

69 董橋，《倫敦的夏天等你來》（香港：香港牛津大學出版社，2002），頁192。

70 Rainer Maria Rilke著，唐際明譯，《每個生命都是永恆的開端：慢讀里爾克》（台北：商周，2015），頁247。

71 Philippe Lejeune著，楊國政譯，《自傳契約》（北京：三聯書店，2001），頁87。

第二章

1 愛新覺羅．溥儀，《溥儀文存》（北京：群眾出版社，2017），頁43附圖。

2 James Elkins著，陳榮彬譯，《繪畫與眼淚》（台北縣：左岸文化，2004），頁242-243。

3 李金髮，《生之疲乏》（石家莊：河北人民出版社，1990），頁136。

4 羅繼祖，《蜉寄留痕》（上海：上海古籍出版社，1999），頁58。

5 鄭毓瑜，《文本風景：自我與空間的相互定義》（台北：麥田，2005），頁221。

6 李學勤，〈方以智死難事迹考〉，收入氏著，《李學勤早期文集》（石家莊：河北教育出版社，2007），頁442。

7 余英時，《現代儒學論》（River Edge：八方文化企業公司，1996），頁

46 小森陽一，〈天皇制與現代日本社會〉，《讀書》2003年12期，頁3。

47 田中彰著，張晶、馬小兵譯，《岩波日本史》第7卷（北京：新星出版社，2020），頁185。

48 布施豐正著，馬利聯譯，《自殺與文化》（北京：文化藝術出版社，1992），頁1。

49 李亦園，《師徒・神話及其他》（台北：正中書局，1983），頁127。

50 許紀霖、田建業編，《杜亞泉文存》（上海：上海教育出版社，2003），頁73。

51 曹賜固譯，《日本短篇小說傑作選》（台北：志文，1994），頁26。

52 京都的東洋史學，起於明治維新時代。創始人如那珂通世、內藤湖南等。見劉正，《京都學派》（北京：中華書局，2009），頁27-41。

53 詩作於1903年。蕭艾，《王國維詩詞箋校》（長沙：湖南人民出版社，1984），頁17。

54 錢鍾書，《談藝錄》（台北：書林，1988），頁25。

55 Peter D. Kramer著，連芯譯，《佛洛伊德：幽微的心靈世界》（台北縣：左岸文化，2010），頁207。

56 王德威，《想像中國的方法：歷史・小說・敘事》（北京：三聯書店，1998），頁16。

57 陳援菴，《通鑑胡注表微》（台北：華世出版社，1974），頁366。

58 陳援菴，《通鑑胡注表微》，頁411。

59 張廣達，《史家、史學與現代學術》（桂林：廣西師範大學出版社，2008），頁54。

60 王曉朝譯，《斐多篇》（台北縣：左岸文化，2007），頁67。

61 石計生，《成為抒情的理由》（台北：寶瓶文化，2005），頁91。

62 《中國大百科全書・考古學》（北京：中國大百科全書出版社，1986），頁539。

63 程仲霖有類似的說法。程仲霖，《晚清金石文化研究：以潘祖蔭為紐帶的群體分析》（北京：社會科學文獻出版社，2018），頁242-243。他認

（生），《內閣大庫書檔舊目》（北平：國立中央研究院歷史語言研究所，1933），頁1-2。

30 桑兵，《晚清民國的學人與學術》（北京：中華書局，2008），頁4。

31 魯迅，《而已集》（南昌：江西教育出版社，2019），頁121-127。

32 尾跋「此體蓋始於宋之中葉。」又，題後即書後筆記。「題者，取審諦之義。」題跋多出金石家。見吳曾祺，《涵芬樓文談》（台北：商務印書館，1980），頁8-11。〈附錄〉

33 彭博，《魯迅小說絕望與希望的對比結構》（上海：學林出版社，2001），頁63。

34 〈不能忘，常思量〉，《聯合報》109年10月25日，A2。

35 王彬彬，《魯迅晚年情懷》（上海：上海人民出版社，2015），頁169。

36 曹聚仁，《魯迅評傳》（無出版地，無出版年月），頁286。這是1970年代我在高雄三民區一家舊書店買的。

37 胡頌平，《胡適之先生晚年談話錄》（台北：聯經，1984），頁233。

38 梁啟超退出政壇以後，有意控制全國的文科教育。1925年進入清華，他不只想主持清華國學院，甚至一度有心控制清華校務。張朋園，《梁啟超與民國政治》（台北：中央研究院近史所，2006），頁156。

39 梁啟超，《飲冰室主人自說》（南京：江蘇人民出版社，1999），頁276。

40 張灝著，高力克、王躍譯，《危機中的中國知識分子：尋求秩序與意義，1890-1911》（北京：中央編譯出版社，2016），頁130。

41 國立成功大學歷史學系，《中國現代史參考資料》（台南：成大，1982），頁203。

42 顧頡剛，《當代中國史學》（上海：上海古籍出版社，2006），頁102。

43 邵盈午，《清華四大導師》（北京：東方出版社，2009），頁124。

44 沈培，〈羅振玉學術思想簡述〉，陳少峰主編，《原學》第1輯（1994），頁295。

45 王爾敏，《二十世紀非主流史學與史家》（桂林：廣西師範大學出版社，2007），頁182。

物》（台北：智庫，1995），頁265。

18 牟宗三，《中國哲學的特質》（上海：上海古籍出版社，1997），頁89。

19 楊聯陞，《楊聯陞論文集》（北京：中國社會科學出版社，1992），頁135。我在讀研究生時期，見過楊先生一次，並簡單的跟他問過問題。

20 牟宗三，《中國哲學的特質》，頁56。

21 林志宏，〈身體終結與記憶的開始：以王國維之死為例〉，收入氏著，《民國乃敵國也：政治文化轉型下的清遺民》（台北：聯經，2009），頁273-306。

22 A. Alvares著，賴永松譯，《自殺的研究》（台北：晨鐘出版社，1974），頁60。

23 周中孚，《鄭堂札記》（南京：鳳凰出版社，2017），頁42。秦躍宇點校本。

24 R. G. Collingwood著，黃超民譯，《歷史的見解》（台北：正文書局，1977），頁174。這是我最早閱讀的版本。

25 James Hillman著，魯宓譯，《自殺與靈魂：超越死亡禁忌，促動心靈轉化》（台北：心靈工坊，2016），頁142。靈魂（psyche）含有宗教意味，與個人特定身心問題有關。

26 徐俊西主編，《馮雪峰、潘漢年卷》（上海：上海文藝出版社，2010）頁259。

27 包子衍，《雪峰年譜》（上海：上海文藝出版社，1985），頁26。

28 Edward W. Said著，單德興譯，《知識分子論》（台北：麥田，1997），頁163。中國社會科學院歷史所定宜莊教授指出「應該承認的是，清朝所指代的中國與中華民國和中華人民共和國所指代的中國，並非同一概念，尤以清朝與民國的區別為最大。」見定宜莊，〈晚清時期滿族的國家認同〉，收入汪榮祖主編，《清帝國性質的再商榷——回應新清史》（中壢：中央大學出版社，2014），頁191-192。

29 魯迅批評羅、王兩人介入明清內閣大庫收藏書籍、案卷（文書、檔案）的買賣事。內閣位於紫禁城東南隅，有兩大庫房收貯相關典籍。見方甦

2 Anatole Broyard著，尹萍譯，《病人狂想曲》（台北：天下遠見，1999），頁85。

3 約恩・呂森著，尉佩雲譯，〈回首往事：對我學術生涯的簡要回顧〉，《世界歷史評論》10（上海：上海人民出版社，2018），頁274。學者的學術自傳是必要的（resultant）。

4 C. S. Lewis著，鄧軍海譯注，《文藝評論的實驗》（上海：華東師範大學出版社，2015），頁151。

5 賴建誠譯注，〈史學一生：法國年鑑學派領袖布勞代爾訪問錄〉，《食貨月刊》第15卷第5、6期（1985），頁87。

6 關於王國維的研究，見薛宇飛編，《王國維研究資料要目》（武漢：崇文書局，2011）。

7 葉國良，〈二重證據法的省思〉，收入葉國良等編，《出土文獻研究方法論文集・初集》（台北：台大出版中心，2005）頁1-18。

8 Arthur Kleinman著，劉嘉雯、魯宓譯，《道德的重量：不安年代中的希望與救贖》（台北：心靈工坊文化，2007），頁229-262。我1998年受Kleinman教授的幫助，到哈佛訪問半年之久。

9 Arthur Kleinman著，劉嘉雯、魯宓譯，《道德的重量：不安年代中的希望與救贖》，頁187。

10 Andre Comte-Sponville著，唐解譯，《哲學小引》（上海：上海人民出版社，2019），頁56。

11 余秋雨，《山居筆記》（台北：爾雅，1995），頁30。

12 夏目漱石著，李永熾譯，《我是貓》（台北：桂冠，1993），頁429。

13 Quentin Skinner編，《人文科學中大理論的復歸》（台北：社會理論出版社，1991），頁165。

14 R. D. Laing, *The Divided Self*（Tavistock, 1965）, p.94.

15 楊凱麟等，《字母會M死亡》（新台市：衛城出版，2018），頁129。

16 李歐梵，《看電影》（上海：上海書店，2008），頁179。

17 Paul Brand、Philip Yancy著，江智惠、陳怡如譯，《疼痛：不受歡迎的禮

245 三島由紀夫著，隰桑譯，《葉隱入門》（南京：江蘇文藝出版社，2010），頁21。《葉隱》一書是山本常朝（1659-1719）的作品。內容主要是涉及武士的操守。

246 余達心，《生命真精彩——文學世界中的人性光芒》（九龍：基督教文藝出版社，2003），頁108。

247 Rollo May著，方紅、郭本禹譯，《存在之發現》（北京：中國人民大學版社，2008），頁182-183。

248 Gaius Davies, *Genius, Grief and Grace: A Doctor Looks at Suffering and Success* (Scotland: Christian Focus, 2008), p. 13.

249 Michael White主張要把問題外化。如何外化？學者如何與其他人的提問分開。不是不重視有名學者的提問。別人的提問對自己往往形成一種壓力，把人困住。Michael White主張找出「自主而不受認可的知識」。重點是我們要的知識是自主的。見Michael White、David Epston著，廖世德譯，《故事・知識・權力：敘事治療的力量》（台北：心靈工坊文化，2018），頁66。

250 Paul de Man, *The Resistance to Theory* (Minneapolis: University of Minnesota Press, 1989), p. 11.

251 Paul Freire著，方永泉譯，《受壓迫者教育學》（台北：巨流，2003），頁139。

252 吳宓，《文學與人生》（北京：清華大學出版社，2000），頁52。

253 Pierre Bourdieu著，劉暉譯，《自我分析綱要》（北京：中國人民大學版社，2012），頁134-136。

254 Gilles Deleuze著，王紹中譯，《尼采》（台北：時報文化，2018），頁54。

第一章

1 韓炳哲著，包向飛等譯，《時間的味道》（重慶：重慶大學出版社，2017），頁3。〈篇首語〉。

226 胡平生、馬月華校注，《簡牘檢署考校注》，頁58。

227 馬先醒很早就質疑王氏的說法。見馬先醒，《簡牘學要義》（台北：簡牘學會，1980），頁114-115。

228 河北省文物研究所定州漢墓竹簡整理小組，《定州漢墓竹簡論語》（北京：文物出版社，1997），頁1-4。

229 錢穆，《四書釋義》（台北：台灣學生書局，1978），頁9。

230 「仁」在《論語》中一共出現108次。

231 孫欽善，《論語注譯》（香港：商務印書館，2019），頁154。

232 黨晴梵，《先秦思想史論略》（西安：陝西人民出版社，1959），頁38。

233 杜預，《春秋經傳集解》（台北：七略出版社影印，1988），頁126。

234 陳來，《古代宗教與倫理：儒家思想的根源》（北京：三聯書店，1996），頁315。

235 宮崎市定著，王新新等譯，《宮崎市定讀《論語》》（桂林：桂林師範大學出版社，2019），頁226。

236 Neville Morley著，曾毅譯，《古典學為什麼重要》（北京：北京大學出版社，2020），頁105。

237 Neville Morley著，曾毅譯，《古典學為什麼重要》，頁101。

238 關於沈從文1949年之前的創作，見王德威，《寫實主義小說的虛構：茅盾、老舍、沈從文》（上海：復旦大學出版社，2011），頁270-313。

239 張新穎，《沈從文的後半生：1948-1988》（桂林：廣西師範大學出版社，2014），頁16-24。

240 沈從文，《沈從文全集》第27卷（太原：北岳文藝出版社，2002），頁3。

241 沈從文，《沈從文全集》第27卷，頁15。

242 沈從文，《沈從文全集》第27卷，頁195。

243 沈從文，《沈從文全集》第27卷，頁315。

244 嚴俊，《翠翠》（1953）。女主角林黛（1934-1964）後來也自殺。林黛自死原因為何，陳存仁（1908-1990）曾經做過相關研究，可惜我不同意他的說法。

p. 7.

210 《聯合報》民國109年11月6日，A2。

211 黃國樑，〈RCEP孤立台灣，恐成東亞鐵鏽帶〉，《聯合報》民國109年11月15日，A3。

212 Stephen Greenblatt著，梁永安譯，《暴君：莎士比亞論政治》（新北市：立緒文化，2019），頁6。

213 黃仁宇，《近代中國的出路》（台北：聯經，1995），頁73。

214 季甄馥，〈瞿秋白《中國革命中之爭論問題》研究〉，收入氏著，《瞿秋白與中共黨史》（上海：上海社會科學院出版社，2014），頁76。

215 王揖唐，《晚清民初詩壇見聞：今傳是樓詩話》（台北：新銳文創，2018），頁59。

216 寺山修司著，張智淵譯，《我這個謎》（台北：大田，2019），頁86。

217 Michael Ondaatje著，章欣、慶信譯，《英倫情人》（台北：輕舟出版，1997），頁187。

218 Anthony Minghella，《英倫情人》（1996）。

219 黃季剛，《文字聲韻訓詁筆記》（北京：木鐸出版社，1983），頁20。

220 這兩篇文獻的主角都是周公。周公對康叔的訓誡之詞，以及周公營建洛邑的情況。見王世舜，《尚書譯注》（成都：四川人民出版社，1982），頁148-163；頁181-191。

221 黃彰健，《周公孔子研究》（台北：中央研究院歷史語言研究所，1997），頁277。這兩篇文獻都與周公的教訓有關。

222 Wendell Berry, "Notes from an Absence and Return," in *A Continuous Harmony* (Washington, D.C.：Shoemaker & Hoard, 1972), pp. 35-36.

223 胡平生、馬月華校注，《簡牘檢署考校注》（上海：上海古籍出版社，2004），頁59-60。胡平生把王國維在這本書的引文一一詳注。王氏的很多說法都站不住腳。

224 林劍鳴編譯，《簡牘概述》（台北：谷風出版社，1987），頁49。

225 胡平生、馬月華校注，《簡牘檢署考校注》，頁14。

北：麥田，1996），頁130。

195 Eric J. Hobsbawm著，鄭明萱譯，《極端的年代：1914-1991》上冊，頁145。

196 易孟醇注釋，《毛澤東詩詞箋析》（長沙：湖南大學出版社，1989），頁35。

197 張玉法，〈中國近代歷史的動向〉，《仙人掌雜誌》第7號（1977），頁61。

198 徐永昌，《求己齋回憶錄》（北京：中華書局，2016），頁263-264。北伐什麼時候開始？黎東方指出孫中山至少進行兩次北伐。第一次主要是與桂系軍閥及陳炯明（1878—1933）作戰。第二次1924年，孫聯合段祺瑞與張作霖對直系軍閥作戰。見黎東方，《蔣公介石序傳》（台北：聯經，1976），第15及22章。

199 徐永昌，《求己齋回憶錄》，頁310。

200 劉維開，〈蔣介石軍事方面的人際網絡〉，收入林馨琴主編，《蔣介石的親情、愛情與友情》，（台北：時報文化，2011），頁168。

201 陳志凌，〈馮玉祥〉，收入中共黨史研究會編，《中共黨史人物傳》第58卷，（西安：中共黨史研究會，1996），頁321。

202 梁啟超，《國學小史》（北京：商務印書館，2014），頁298。這本小書是梁啟超在1920年於清華學校的演講稿。

203 楊念群，〈什麼是中國式自殺〉，收入氏著，《生活在哪個朝代最鬱悶》（桂林：廣西師範大學出版社，2013），頁182-186。

204 吳咏慧，《哈佛瑣記》（北京：三聯書店，1997），頁130。

205 劉向，《列女傳》（瀋陽：遼寧教育出版社,1998），頁33。

206 孟東籬又名孟祥森（1937-2009）。孟祥森翻譯了大量的哲學作品。

207 孟東籬，《愛生哲學》（台北：爾雅出版社，1985），頁131-132。

208 Herve Vautrelle著，李沅洳譯，《什麼是暴力？》（台北：開學文化，2018），頁36。

209 Jennifer Michael Hecht, *Doubt: A History* (New York: HarperCollins, 2004),

178 魯迅，《魯迅三十年集補遺》（香港：新藝出版社，1970），頁95-96。

179 謝冰瑩，《女兵自傳》（台北：力行書局，1979），頁96。

180 曾慶榴，《廣州國民政府》（廣州：廣東人民出版社，1996），頁429。

181 陳蘊茜，《崇拜與記憶——孫中山符號的建構與傳播》（南京：南京大學出版社，2009），頁515。

182 張挺、江小蕙，《周作人早年佚簡箋注》（成都：四川文藝出版社，1992），頁25。

183 陳天錫，《戴季陶先生編年傳記》（台北：中華叢書委員會，1958），頁55。

184 朱自清，〈哪裡走〉，收入氏著，《朱自清詩文選集》（北京：人民文學出版社，1955），頁103。

185 唐寶林、林茂生，《陳獨秀年譜》（上海：上海人民出版社，1988），頁333。

186 姚柯夫編，《陳中凡年譜》（北京：書目文獻出版社，1989），頁24。

187 唐寶林、林茂生，《陳獨秀年譜》，頁334。

188 廖國良、田園樂編，《中國工農紅軍事件人物錄》（上海：上海人民出版社，1987），頁3。

189 Philip A. Kuhn，〈西方對近代中國政治參與及政治體制的影響〉，《新史學》第2卷第3期（1991），頁126。

190 秦永立編，《斯大林年譜》（北京：中央編譯出版社，1999），頁213。

191 林緒武，《《新民主主義論》精學導讀》（北京：科學出版社，2019），頁68。《新民主主義論》是毛澤東在1940年的著作。

192 林明德，《日本史》（台北：三民書局，1993），頁356-358。

193 William McNeill著，劉景輝譯，《歐洲史新論》（台北：台灣學生書局，1979），頁165。我上過劉景輝老師的西洋上古史的課。他翻譯的這本書，我讀過十次以上。現代台灣有關世界史的研究數量很多，像McNeill這種通史性的書更是需要。

194 Eric J. Hobsbawm著，鄭明萱譯，《極端的年代：1914-1991》上冊（台

160 葉蠖生，《現代中國革命史話》（北京：開明書店，1951），頁26。

161 鄧珂雲、曹雷編，《曹聚仁卷》（香港：三聯書店，1998），頁87。

162 國民黨大老胡漢民訪問蘇聯和共產國際之後，提到托洛斯基與斯大林兩派都以中國問題做為自己權力之爭。這是當時侵共反蘇的背景。見須力求，《胡漢民評傳》（許昌：河南教育出版社，1990），頁210-214。

163 李玉貞，《孫中山與共產國際》（台北：中研院近史所，1996），頁519。

164 徐懋庸，《徐懋庸回憶錄》（北京：人民文學出版社，1982），頁45-46。

165 張太雷（1898-1927）曾擔任共產國際鮑羅廷的翻譯。張曾在湖南長沙高等師範就讀。1920年代與李大釗、毛澤東等組織少年中國學會。其妻陸靜華協助張從事地下革命工作。

166 魏巍、錢小惠，《鄧中夏傳》（北京：人民出版社，1981），頁219。

167 史學史研究室編，《新史學五大家》（北京：社會科學文獻出版社，1996），頁321。

168 柳無忌等著，《我們的父親柳亞子》（北京：中國友誼出版公司，1989），頁149。

169 郭長海、金菊貞編，《柳亞子文集補編》（北京：社會科學文獻出版社，2004），頁200。

170 夏志清，《文學的前途》（台北：純文學出版社，1985），頁45-46。

171 季鎮淮，〈聞一多先生年譜〉，收入《聞一多全集》（武漢：湖北人民出版社，1994），頁486-487。

172 方治（1895-1989）在1949年以後曾任福建省政府秘書長等職位。

173 夏衍，《懶尋舊夢錄》（北京：三聯書店，2006），頁79。

174 Boris Valentinovich Averin著，北京對外貿易學院俄語教研室譯，《帝國主義在滿洲》（北京：商務印書館，1980），頁269。

175 許滌新是中國經濟學者。1949年後曾任中國統戰部長。

176 彭柏山。他曾被歸為胡風反革命集團（1950年代一件文藝鬥爭事件）份子。文革期間被活活打死。

177 黃源，《黃源回憶錄》（杭州：浙江人民出版社，2001），頁37。

Perspectives 41 (1998), pp. 151-166. 中國式的公德與其私德密不可分。所謂利他最主要是利己。

147 勞思光，《中國之路向》（沙田：尚智出版社，1981），頁56。

148 黃錦樹，《民國的慢船》（台北：季風帶文化有限公司，2019），頁19。

149 閻崇年，《清朝皇帝列傳》（北京：紫禁城出版社，2002），頁364。

150 新鳳霞，《我和皇帝溥儀》（太原：北岳文藝出版社，1991），頁1-2。

151 張宣武等著，《我所知道的馮玉祥》（北京：中國文史出版社，2017），頁142。這本書是曾經跟過馮玉祥部屬的回憶錄。

152 白崇禧，〈十六年清黨運動的回顧〉，《中國國民黨廣西省黨務整理委員會宣傳部》，頁8。這本小冊子收入《清黨運動、十六年來清黨運動的回顧》影印本。中央研究院近代史研究所收藏。

153 張玉法，《中國現代史略》（台北：東華書店，1978），頁182。

154 西山會議派指的是1925年11月23日，在孫中山去世以後，國民黨內部右派元老如林森、鄒魯等在北京西山碧雲寺所召開的會議。與當時的廣州政府相對立。

155 張學繼，〈1927年蔣介石下野的原因〉，《民國史論叢》第1輯（北京：中國社會科學出版社，2008），頁57-78。

1930年，北平以汪精衛為主的改組派重新聯合部分西山會議派，與南京政府對抗。東北的張學良選擇與南京結合。「軍權之局，則由原先的六個中心，轉變為北平與南京兩大中心。」見蔣永敬，〈國民黨三巨頭胡汪蔣的分合〉，收入氏著，《百年老店國民黨滄桑史》（台北：傳記文學出版社，1993），頁295-297。

157 楊天石，〈「4・12」政變前後武漢政府的對策〉，收入氏著，《蔣介石崛起與北伐》（台北：風雲時代，2009），頁440。

158 林濟，《國民黨元老——居正傳》（武漢：湖北人民出版社，1993），頁180-189。

159 李達嘉，《商人與共產革命》（台北：中研院近史所，20172刷），頁478。

132 陳文華，〈我所知道的徐高阮先生〉，頁49。

133 陳平原編，《生生死死》（北京：人民文學出版社，1992），頁131。

134 Raymond Williams著，丁爾蘇譯，《現代悲劇》（南京：譯林出版社，2007），頁4。

135 Raymond Williams著，丁爾蘇譯，《現代悲劇》，頁49-50。

136 三島由紀夫著，莊靜靜譯，《音樂》（台北：新潮社，2001），頁112。

137 余英時，《未盡的才情：從日記看顧頡剛的內心世界》（台北：聯經，2007），頁28。

138 吳學昭，《吳宓與陳寅恪》（香港：三聯書店，2016），頁68。

139 Terry Eagleton著，李尚遠譯，《散步在華爾街的馬克思》（台北：商周，2012），頁151。

140 李澤厚，《中國古代思想史論》（台北：漢京文化，1987），頁274—275。

141 陳子善編，《知堂集外文・《亦報》隨筆》（長沙：岳麓書社，1988），頁776。周作人引用筆記雜著甚多，我受益周氏的作品甚多。

142 John Gibbert Reid著，孫瑞芹、陳澤憲譯，《清帝遜位與列強（1908-1912）》（北京：中華書局，1982），頁333。

143 汪暉的提問：「單純地從滿人及其皇室為保持滿洲認同的角度論證滿洲的自足性以致後來形成滿洲國的必然性，即使從皇權本身的多重性的角度看，也是站不住腳的。如果只是從滿漢關係的角度討論清代的合法性問題，我們如何解釋清代前期歷史中反復出現的清朝皇帝與滿蒙貴族的衝突呢？」汪暉，《亞洲視野：中國歷史的敘述》（香港：香港牛津大學出版社，2010），頁79。

144 吳震，《孔教運動的觀念想像：中國政教問題再思》（上海：復旦大學出版社，2019），頁90-109。

145 葉啟政主編，《當代西方思想先河——十九世紀的思想家》（台北：正中書局，1991），頁133-134。

146 Vincent Jeffries, "Virtue and the Altruistic Personality," Sociological

115 夏目漱石著，陳系美譯，《道草》（新北市：大牌出版，2020），頁290。夏目漱石在這本書再次提到乃木希典將軍。

116 南懷瑾，《孟子與滕文公、告子》（台北：南懷瑾文化，2014），頁110。

117 南懷瑾，《孟子與滕文公、告子》，頁158。南先生把孟子佛教化了。

118 Jürgen Habermas著，黃瑞祺譯，收入氏著，《知識與人類興趣：一個概觀》（台北：巨流，1985），頁260。

119 王國維曾經自己在京都永觀堂獨居。他的別號觀堂取於此時。見胡晶清編，《作家寫作家》（台北：長歌出版社，1976），頁295-296。

120 京都在賀茂與高野兩河之間有一個名為糾之森林的美景。

121 陳芳明，《危樓夜讀》（台北：聯合文學，1996），頁231。

122 町田三郎，《明治の漢學者たち》（東京：研文出版，2009），頁23。

123 石守謙，〈賦彩製形——傳統美學思想與藝術批評〉，收入郭繼生主編，《美感與造形》（台北：聯經，1982），頁58。

124 內藤湖南著，欒殿武譯，《中國繪畫史》（北京：中華書局，2008），頁176。

125 「中國戲劇的所謂『悲』只是指好人遭遇磨難，或含屈而歿，未得現世好報」。見王國維，《宋元戲曲史》（台北：五南，1912），頁42。曾永義教授導讀部分。

126 劉夢溪，《紅學》（北京：文化藝術出版社，1990），頁192。

127 劉大杰，〈晴雯的性格〉，收入《散論紅樓夢》（台北：台灣明倫書局，1973），頁138。

128 劉大杰，〈晴雯的性格〉，頁149。

129 陳文華，〈我所知道的徐高阮先生〉，《文化旗》26號（1969），頁47。

130 徐復觀先生指出史語所挖空心思要趕走徐高阮。「要打掉你的飯碗，讓你一家活活餓死。」見徐復觀，〈哭高阮〉，《文化旗》25號（1969），頁25。

131 徐高阮夫人是客家人。陳文華也是苗栗客家人。陳是東海大學中文系畢業，受教於徐復觀。1975-2000年服務於紐約聯合國總部。

100 Jane Kenyon, "Having it Out with Melancholy," in Jane Kenyon, *Collected Poems* (Minnesota: Grey Wolf Press, 2005), p.231.

101 Joshua Shenk, "A Melancholy of My Own," in Nell Casey ed., *Unholy Ghost: Writers on Depression* (New York: HarperCollins, 2002), p. 249.

102 林國華，〈在不幸中騙人：論政治哲學是對哲學生活的政治辯護〉，收入萌萌主編，《啟示與理性》（北京：中國社會科學出版社，2001），頁227。

103 Alfred Adler著，吳書榆譯，《阿德勒心理學講義》（台北：經濟新潮社出版，2015），頁56。

104 榮祿（1836-1903）為溥儀外祖父。官至總管內務府大臣。

105 陳寅恪，《寒柳堂集》（北京：三聯書店，2001），頁203。

106 Alfred A. K Nope著，胡濱、吳乃華譯，《北京的隱士——巴克斯爵士的隱蔽生活》（濟南：齊魯書社，1986），頁305。

107 桑兵，《晚清民國的國學研究》（上海：上海古籍出版社，2001），頁171。

108 「經世之學假高名以營利，義理之學借道德以沽名，卑者視為利祿之途，高者用為利權之餌，外逞匡時化俗之談，然實不副名，反躬自思亦必啞然失笑。是則托兼愛名而博為我之實益。」劉師培，《清儒得失論》（北京：中國人民大學出版社，2004），頁269-270。

109 《左傳》襄公二十三年：「既有利權，又執民柄。」

110 郭沫若認為謚法其源於戰國時代。見郭沫若，〈謚法之起源〉，收入氏著，《金文叢考》（北京：人民出版社，1954），頁100—113。

111 汪受寬，《謚法研究》（上海：上海古籍出版社，1995），頁36。

112 汪受寬，《謚法研究》，頁126。

113 戶田一康著，《日本文豪100年》（新北市：光現，2019），頁184。

114 「《心》所揭示的是一個完全封閉的精神世界，敘述者『我』直到先生自殺之後才得以進入這個世界。」見孫歌，《求錯集》（北京：三聯書店，2003），頁250-251。

89 《資本論》中文翻譯本有三大冊。為了瞭解王國維，我重看中文譯本，還是看不懂。在台灣的禁書年代，我曾經讀過郭大力的繁體字版《關於馬克斯的資本論》（沒有出版社及出版年）。這本書強調所有的政治經濟學都是資產階級學者寫的，只有馬克斯是站在無產階級立場寫作。問題是學者看不太懂他的書，還有哪位台灣工人會讀他的書？

90 Louis Althusser著，杜章智譯，《列寧與哲學》（台北：遠流，1990），頁77。

91 袁英光、劉寅生，《王國維年譜長編》（天津：天津人民出版社，1996），頁536-537。

92 Giacomo Leopardi著，王凌緯譯，《時尚與死亡的對話》（新北市：八旗文化，2019），頁232。

93 張盈盈著，魯伊譯，《張純如：無法忘卻歷史的女子》（北京：中信出版社，2012），頁343。

94 翟志成，〈王國維尋死原因三說質疑〉，《新亞學報》第29卷（2011），頁155-196。

95 荊棘銅駝形容國土淪喪後的殘山剩水。語出西晉敦煌人索靖（公元239-303）。

96 義熙是東晉安帝的年號（公元405-419）。劉裕在義熙年間兩次北伐（南燕、後秦）。

97 陳衍，《石遺室詩話》（北京：人民文學出版社，2004），頁150。明代萬曆年間張燧《千百年眼》提到宋元之際遺民也不多：「如文信國、謝疊山、張、陸數公之外，指不多屈」張燧，《千百年眼》（石家莊：河北人民出版社，1987），頁207。這本書是業師阮芝生先生的贈書。

98 劉克敵，〈「一剎那中」顯現之靜安醫生——從書信往來看王國維最後十年日常生活〉，《困窘的瀟灑：民國文人的日常生活》（桂林：廣西師範大學出版社，2013），頁167。

99 劉克敵，〈「一剎那中」顯現之靜安醫生——從書信往來看王國維最後十年日常生活〉，頁171。

70 David Harvey著，胡訢諄譯，《跟著大衛・哈維讀《資本論》》（台北：漫遊者文化，2019），頁259。
71 沈曾植，《海日樓札叢》（台北：河洛圖書出版社，1975），頁14。
72 沈曾植，《海日樓札叢》，頁36。
73 沈曾植，《海日樓札叢》，頁132。
74 王正華，〈羅振玉的收藏與出版：『器物』、『器物學』在民國初年的成立〉，收入朱淵清主編，《器物學與藝術史》，頁29。
75 陳平原，〈學術史研究隨想〉，《學人》第1輯（1994），頁3。
76 余英時，《人文與民主》（台北：時報文化，2010），頁53-54。
77 勞幹，《中國的社會與文學》（台北：文星書店，1964），頁66。
78 陳平原，《中國現代學術之建立：以章太炎、胡適之為中心》（北京：北京大學出版社，2020），頁12。這本書經過修訂，是目前討論章太炎最好的一本著作。
79 魯迅，《三閒集》（上海：北新書局，1932），頁3。
80 戴季陶，《日本論》（北京：九州出版社，2005），頁142。
81 A. C. Decoufle著，賴金男譯，《革命社會學》（台北：遠流，1989），頁139。
82 David Shub著，王建玄譯，《列寧》（台北：北辰文化，1987），頁73。
83 侯外廬主編，《中國思想史綱》下冊（北京：中國青年出版社，1991），頁335。
84 吳玉章，《辛亥革命親歷記》（北京：北京出版社，2020），頁139。
85 許倬雲，〈試擬中國社會發展的幾個論點〉，收入氏著，《求古編》（台北：聯經，1982），頁6。
86 熊十力，《讀經示要》（台北：明文書店，1984），頁453。
87 熊月之，《晚清新學書目提要》（上海：上海書店出版社，2007），頁778。
88 中國較早的《資本論》譯本應該是侯外廬翻譯的。侯氏是左派歷史學者，三譯《資本論》。

氏著，《古代禮俗與風俗》（台北：台灣書店，1997），頁18-29。北向的座位並不比西向更卑。

56 孫德謙，《太史公書義法》（北京：中國社會科學出版社，2020），頁18。

57 傅樂成，《漢唐史論集》（台北：聯經，1981），頁3。

58 王汎森，〈什麼可以成為歷史證據——近代中國新舊史料觀點衝突〉，《新史學》第8卷第2期（1997），頁93-132。

59 Colin Renfrew、Paul Bahn主編，陳勝前譯，《考古學：關鍵概念》（北京：中國人民大學出版社，2012），頁126。

60 例如實物不全的話，有些問題無法討論。例如先秦時代的列鼎制度。出土文物的器物組合部分不全的話，對於西周時代貴族的身分制度不能有什麼解釋。見王世民，〈關於西周春秋高級貴族禮器制度的一些看法〉，收入《文物與考古論集》（北京：文物出版社，1986），頁158-166。

61 王正華，〈羅振玉的收藏與出版：『器物』、『器物學』在民國初年的成立〉，收入朱淵清主編，《器物學與藝術史》（上海：中西書局，2019），頁13。

62 陳介祺，《簠齋鑑古與傳古》（北京：文物出版社，2004），頁59。

63 黃永年，〈明器稱謂考〉，收入氏著，《茭蒲青果集》（北京：中華書局，2012），頁122-129。

64 張自成主編，《百年中國文物流失備忘錄》（北京：中國旅遊出版社，2001），頁226。

65 佟濟煦（1884-1943）。曾任滿洲國執政府內務官，並設立延光室書畫出版社。也可以說佟濟煦對中國文物的保存有貢獻？

66 葛兆光，《考槃在澗》（瀋陽：遼寧教育出版社，1996），頁27。陳先生這段話請看葛兆光的個人解釋。

67 錫良（1853-1917）蒙古鑲藍旗人。曾推動君主立憲運動。金梁，《光宣小記》（上海：上海書店，1998），頁35。

68 羅振玉，《面城精舍雜文甲乙編》，頁214。

69 劉體仁，《異辭錄》（太原：山西古籍出版社，1996），頁199。

38 周策縱，《論王國維人間詞》（台北：時報文化，1986），頁27。

39 劉衍文，〈章太炎與黃季剛〉，《萬象》第5卷第2期（2003），頁110。

40 趙清，〈張勛傳〉，收入《歷史人物集》（上海：上海人民出版社，1976），頁185-187。

41 羅繼祖，《兩啟齋筆塵》（上海：上海書店，2000），頁80。

42 周法高，《柳如是事考》（台北：三民書局，1978），頁3。

43 周法高，《柳如是事考》，頁54。

44 周法高，《柳如是事考》，頁55。

45 吳景洲，《故宮5年記》（上海：上海書店，2000），頁43。

46 吳景洲，《故宮5年記》，頁38。

47 Frances Wood and Christopher Arnander著，張宇揚譯，《盟友背信：1戰中的中國》（南京：江蘇人民出版社，2019），頁203。

48 所謂圯橋進履。張良屈己尊師，取得不傳之兵書。吳宓，《吳宓評注顧亭林詩集》（北京：人民文學出版社，2010），頁187。

49 「秦始皇統一中國以後，六國舊貴族和士都隱姓埋名，躲避起來。項梁、張良、張耳、陳余都是這樣的。」見何茲全，《讀史集》（上海：上海人民出版社，1982），頁187。

50 吳宓，《吳宓評注顧亭林詩集》，頁188。

51 我是根據1990年的日記抄錄的。

52 李澤厚，《中國近代思想史論》（台北：三民，1996），頁459。

53 姚祖恩，《史記菁華錄》（台北：聯經，1982）卷1，頁10。

54 樊噲在鴻門宴時身處營外，之後入營試圖說服項羽不可聽從小人離間。

55 呂思勉分析鴻門宴事件甚詳細。見呂思勉，《史學四種》（上海：上海人民出版社，1981），頁65。劉項爭霸，先入關中者王之。項軍四十萬，劉軍僅僅十萬。劉邦手下將領曹無傷向項羽告密，劉邦將入關為王。項羽的叔父項伯、同時也是張良的舊識勸張良離去，不要同劉邦一起送死。鴻門宴中項羽面東而坐，張良面西而侍。項伯與項羽同坐在一邊，面對著營門。劉邦跟范增相對而坐。見葉國良，〈鴻門宴的坐次〉，收入

《選堂文史論苑》（上海：上海古籍出版社，1994），頁309。

23 鄭振鐸，《中國文學研究》（台北：民主出版社影印，出版年不明），頁1252。

24 胡成，《困窘的年代：近代中國的政治變革和道德重建》（上海：上海三聯書店，1997），頁234。

25 曾朝旭等，《論語義理疏解》（永和：鵝湖月刊雜誌社，1983），頁13-14。

26 荒木見悟著，廖肇亨譯，《佛教與儒教》（台北：聯經，2008），頁214-215。

27 黃宗羲，《黃宗羲全集》第1冊（台北：里仁書局，1987），頁140。

28 吳宓，《空軒詞話》（香港：龍門書店，1967），頁21。

29 褚玉璞（1887—1929），為張宗昌手下營長，後轉投奉系。

30 潘復（1883—1936），曾任張作霖政府國務總理等職。

31 王汎森、邱仲麟編，《傅斯年眉批題跋輯錄》第4冊（台北：中研院史語所，2020），頁283。這本書保留不少傅斯年對羅振玉、王國維的評語。

32 金粉指的是女性妝飾用的鉛粉。形容舊朝的繁華。俞潤生箋，《蕙風詞話・蕙風詞箋註》（成都：巴蜀書社，2006），頁733。況周頤論詞之標準也與王國維相同，強調境界問題。當時談詞的創作與學理，只有他們兩個人發揮境界之說。

33 張世英主編，《黑格爾辭典》（長春：吉林人民出版社，1991），頁763。

34 Howard M. Feinstein著，季廣茂譯，《就這樣，他成了威廉・詹姆斯》（北京：東方出版社，2001），頁251。

35 Achille Mbembe, "Necropolitics," *Public Culture* 15:1(2003), pp. 11-40. 所謂死亡政治，是一個人受到他人利用社會特別是來自於政治等力量所支配，最後只有死亡。只有死亡，沒有其他選擇。

36 C.S. Lewis著，魯繼曾譯，《痛苦的奧秘》（香港：基督教文藝出版社，1986），頁161。

37 梁啟超，《中國之武士道》（台北：台灣中華書局，1971），頁14。楊度的序文。

9 高明，〈羅振玉傳〉，收入氏著，《高明傳記文輯》，頁212。

10 Andre Maurois著，陳蒼多譯，《傳記面面觀》（台北：台灣商務印書館，1986），頁108。

11 Shana Julia Brown, "Pastimes: Scholars, Art Dealers, and the Making of Modern Chinese Historiography, 1870-1928" (University of California, Berkeley, Dissertation, 2003).

12 陳永發主編，《兩岸分途：冷戰初期的政經發展》（台北：中研院近史所，2006），頁29。請參閱導讀的部分。

13 Robert D. Hare著，王敏雯譯，《沒有良知的人：那些讓人不安的精神病態者》（台北：遠流，2017），頁121。

14 見宋人洪興祖，《楚辭補注》（台北縣：漢京文化，1983），頁6及頁11。

15 葉嘉瑩，《人間詞話七講》（台北：大塊文化，2015），頁95。

16 這裡羅振玉用女媧補天與羲和浴日的典故，表達人定勝天，自己功勞也大的意思。汪濤、Denis Thouard，〈重創『經典』：羅振玉與謝閣蘭的考古學〉，收入朱淵清主編，《考古學的考古》（上海：中西書店，2019），頁38。

17 Peter Blau著，孫非等譯，《社會生活中的交換與權力》（台北：久大，1991），頁373。

18 Gilles Deleuze、Felix Guattari著，林長杰譯，《何謂哲學？》（台北：台灣商務，2004），頁182。

19 田志豆，《王國維詞注》（香港：三聯書店，1985），頁75。這本書收入王國維詞共115闋。

20 1907年6月王國維妻莫夫人病危，是月26日去世。王氏的創作中，悼亡之作很多。見佛雛，《王國維詩學研究》（北京：北京大學出版社，2000），頁153—157。

21 王氏這闋詞做於1907年。王國維隨羅振玉赴北京學部任職。此時溥儀只2歲。

22 繆鉞，〈二千多年來中國士人的兩個情結〉，收入復旦大學中文系編，

註釋

序

1 我寫這篇自序的時候聽聞台大學生在五天內有三起自殺。從2020年1月至11月底為止，有78位學生自殺；人數比因新冠肺炎致死的還多。見〈當活著非理所當然，誰是他們的心靈捕手〉，《聯合報》民國109年11月29日，A2。

2 Leonard Koren著，藍曉鹿譯，《擺放的方式：安排物件的修辭》（台北：行人文化實驗室，2020），頁40。

3 關於歷史上鬍子的歷史，見沈從文，〈從文物來談談古人的鬍子問題〉，收入氏著，《龍鳳藝術》（香港：商務印書館，1986），頁190-198。沈從文說並不是中年人或老年人或耆人官名臣就要留鬍子。

4 羅振玉在1933年出任監察院院長。同一年擔任滿日文化協會會長。1937年6月退休。見吉林省檔案館編，《溥儀宮廷活動錄（1932-1945）》（北京：檔案出版社，1987），頁2。這本編年史很有用。其中記載溥儀兩次訪問日本。1935年四月溥儀訪日回滿洲國後表達要效忠天皇。另外一次1940年5月，溥儀從日本請回天照大神奉祀。所以溥儀的國，是日本天皇的國。同時也祭拜日本的神。

5 陳學霖，《金宋史論叢》（沙田：中文大學出版社，2003），頁23。

6 高明，〈羅振玉傳〉，收入氏著，《高明傳記文輯》（台北：黎明文化，1978），頁228。

7 Emil Brunner著，蔣慶譯，〈論權力〉，收入劉小楓編，《當代政治神學文選》（台北：校園書房出版社，2002），頁60。

8 秩父宮（1902-1953）是昭和之弟，1938年曾以少將身分參與中日戰爭。Mark Driscoll著，朱新偉譯，《絕對欲望，絕對奇異：日本帝國主義的生生死死，1895-1945》（北京：中央編譯出版社，2017），頁292。

聯經評論
民國的痛苦：王國維與絕望的一九二七

2022年8月初版
2023年7月初版第二刷

定價：新臺幣380元

著　　者	李　建　民
叢書主編	涂　豐　恩
校　　對	謝　達　文
內文排版	菩　薩　蠻
封面設計	鄭　宇　斌

出　版　者	聯經出版事業股份有限公司
地　　址	新北市汐止區大同路一段369號1樓
叢書編輯電話	(02)86925588轉5319
台北聯經書房	台北市新生南路三段94號
電　　話	(02)23620308
郵政劃撥帳戶	第0100559-3號
郵撥電話	(02)23620308
印　刷　者	世和印製企業有限公司
總　經　銷	聯合發行股份有限公司
發　行　所	新北市新店區寶橋路235巷6弄6號2樓
電　　話	(02)29178022

副總編輯	陳　逸　華
總 編 輯	涂　豐　恩
總 經 理	陳　芝　宇
社　　長	羅　國　俊
發 行 人	林　載　爵

行政院新聞局出版事業登記證局版臺業字第0130號

本書如有缺頁，破損，倒裝請寄回台北聯經書房更換。　ISBN 978-957-08-6307-9 (平裝)
聯經網址：www.linkingbooks.com.tw
電子信箱：linking@udngroup.com

國家圖書館出版品預行編目資料

民國的痛苦：王國維與絕望的一九二七/李建民著．初版．
新北市．聯經．2022年8月．352面．14.8×21公分（聯經評論）
ISBN 978-957-08-6307-9（平裝）
[2023年7月初版第二刷]

1.CST：王國維　2.CST：學術思想　3. CST：傳記

782.884　　111006037